大日本帝国の崩壊と
引揚・復員

増田 弘 編著

慶應義塾大学出版会

引揚・復員関連地図(1944-1947年)

目　次

序　論　引揚・復員研究の視角と終戦史の見直し　　増田　弘　1

第 1 章　大日本帝国の崩壊と残留日本人引揚問題
　　　　――国際関係のなかの海外引揚　　加藤　聖文　13
　はじめに　13
　Ⅰ　ポツダム宣言受諾と現地定着方針　14
　　1　ソ連の対日参戦／2　現地定着方針の決定／3　引揚者対策の決定／4　現地定着方針の背景／5　満洲における状勢悪化
　Ⅱ　東久邇宮内閣と残留日本人引揚問題の迷走　25
　　1　東久邇宮内閣成立の背景／2　重光外相との路線対立／3　対ソ交渉ルートの途絶／4　GHQ 指導下の引揚体制確立
　Ⅲ　米国の対中政策転換と残留日本人引揚の実現　32
　　1　USFCT による送還計画／2　ソ連軍の満洲撤兵問題／3　米国の対中政策転換／4　全日本人送還の基本方針確定
　おわりに　39

第 2 章　日本軍の武装解除についての一考察　　加藤　陽子　49
　はじめに　49
　Ⅰ　武装解除をめぐる攻防　50
　　1　東条英機／2　ポツダム宣言中の武装解除／3　バーンズ回答中の武装解除
　Ⅱ　昭和天皇と遼東還附の詔勅　55
　　1　講和を躊躇させたもの／2　8 月 10 日の「聖断」／3　8 月 14 日の「聖断」／4　遼東還附の詔勅／5　『昭和天皇独白録』中の武装解除問題

Ⅲ　アメリカのジレンマ　61
　　1　無条件降伏論のくびき／2　さまざまなシグナル／3　ビラでの呼びかけ／4　情報戦／5　南原繁と高木八尺
　Ⅳ　実際の武装解除過程　68
　　1　池田純久／2　8月14日の閣議決定／3　実行の指示書／4　連合国方針の徹底／5　終戦犯罪
　おわりに　76

第3章　大陸引揚者と共産圏情報——日米両政府の引揚者尋問調査
　　　　　　　　　　　　　　　　　　　　　　　　　　佐藤　　晋　81
　はじめに　81
　Ⅰ　進駐直後の情報要求　82
　Ⅱ　前期集団引揚と尋問調査　86
　Ⅲ　尋問からの「収穫」　90
　Ⅳ　日本側の協力態勢　92
　Ⅴ　朝鮮戦争におけるインテリジェンスの失敗　96
　Ⅵ　日本政府の引揚者調査　98
　おわりに　104

第4章　中華人民共和国の日本人「戦犯」処理——裁かれた「帝国」
　　　　　　　　　　　　　　　　　　　　　　　　　　大澤　武司　109
　はじめに　109
　Ⅰ　不完全なる「敗者の帰還」　111
　　1　撫順組「戦犯」の誕生／2　太原組・西陵組「戦犯」の誕生
　Ⅱ　認罪と「帝国」　116
　　1　撫順組「戦犯」の認罪過程／2　太原組「戦犯」の認罪過程
　Ⅲ　「戦犯」の帰還　123
　　1　西陵組「戦犯」の帰還／2　「戦犯」裁判への道／3　「戦犯」裁判における「帝国」
　おわりに　130

第5章　朝鮮半島からの引揚と「日本人世話会」の救護活動
　　——朝鮮総督府・京城帝国大学関係者を中心に
　　　　　　　　　　　　　　　　　　　　　　　　永島　広紀　139
　　はじめに　139
　　I　民間人の引揚開始と「京城日本人世話会」　141
　　II　事務局長・金子定一の去就　145
　　III　「在外同胞援護会」・「聖福病院」・「二日市療養所」　145
　　IV　『京城日本人会会報』発行のあとさき　149
　　V　京城日本人世話会と森田芳夫　150
　　おわりに　152

第6章　ラバウルからの日本軍の復員過程　　　　増田　弘　161
　　はじめに　161
　　I　終戦の過程　163
　　　1　終戦以前の状況／2　玉音放送／3　今村司令官の決断／
　　II　連合国軍（豪軍）への降伏過程　165
　　　1　オーストラリア軍への降伏／2　降伏調印式／3　オーストラリア軍の上陸
　　III　第8方面軍の解体と抑留過程　168
　　　1　日本軍の武装解除／2　強制収容所生活の開始／3　戦犯裁判／4　炎天下の強制労働
　　IV　帰還準備と復員過程　173
　　　1　復員の準備体制／2　日本本土の復員受入れ準備／3　遺骨の送還／4　復員の繰り上げと完了
　　おわりに　177

第7章　遺骨の帰還　　　　　　　　　　　　　浜井　和史　185
　　はじめに　185
　　I　復員・引揚にともなう遺骨の帰還　186
　　　1　遺骨が帰還するまで／2　「帰らぬ遺骨」をめぐって／3　遺骨収容問題の「発見」
　　II　フィリピンからの遺体（遺骨）の送還（1949年）　196

1 「静かな帰還」／2 忘れられた「釜墓地」と「帰らなかった」遺骨
おわりに　204

参考文献リスト　213
あとがき　217
索　引　221

序論 ｜ 引揚・復員研究の視角と終戦史の見直し

増田　弘

　近年、太平洋戦争終結を境界とする戦前から戦後へのさまざまな位相の連続性と非連続性に関する研究成果が相次いで創出されている。それらはおおむね、1）日本人および日本社会の意識の変遷を対象とする研究、2）戦中期における日本の占領統治とその崩壊に関する研究、3）終戦から戦後への混乱・収拾期ないし占領・独立期に関する研究に分類できよう。

　本書は上記の3）に該当する。終戦に伴う引揚・復員に関する個人的体験記は無数に存在し、映画やテレビ・ドラマのほか、学会シンポジウム等で取り上げられる機会が多い。とくに酷寒の地シベリアでの日本人抑留問題がその象徴ともいえる。ただし学術研究という見地からすれば、ようやく端緒についたばかりである。この背景には、1）や2）にも共通することであるが、敗戦と戦後を冷静に客観視できる社会環境が整ったことと、日本および関係諸国（アメリカ、イギリス、中国〈台湾側も含む〉、ロシア〈旧ソ連時代を含む〉、オーストラリア、オランダなど）での膨大な資料・史料の公開に基づく研究環境が整ったことを挙げることができよう。

　そのような好ましい学術的環境の後押しを受けながら、本研究はさらに二つの新たな展望を求めて、いささか意欲的な取り組みを試みている。

　第1は、マクロの視点に基づいた、従来のアジア冷戦の起源に関する歴史的定説の見直しである。これまで「アジア冷戦」の起源は「ヨーロッパ冷戦」の延長線上にとらえられてきた。つまり、ポーランドやドイツの戦後をめぐる米英・ソ間の対立線（いわゆる鉄のカーテン）が時間的な経過とともにアジア領域まで拡大・移動する中で、1948-49年の朝鮮半島や中国大陸での分断国家が相次ぎ誕生したと解釈されてきたのである。しかしながらわれわれは、アジア冷戦の起源については1945年8月の「大日本帝国崩壊」という

別個の歴史的文脈から考察されるべきであると提起したい。なぜか。

まず着眼すべきは、冷戦という「新秩序」が形成される以前、アジアにおける「旧秩序」がアジア唯一のリージョナル・パワーであった大日本帝国を中心として形成されており、朝鮮や台湾など今日もなお安定性を欠く北東アジア地域は、第二次世界大戦の終結までこの大日本帝国の版図に含まれていたという事実である。そして、これら地域の"解放"のあり方が、現在へと連なる分断や対立に密接な関連をもっているという事実である。これら二つの事実は、米英およびソ連の対ドイツ反攻の結果として形成されたヨーロッパの冷戦構造とアジアの冷戦構造との本質的な相違点を体現している。

それゆえ、アジアの冷戦構造の本質を究明することは、ヨーロッパ冷戦史とは異なるアジア冷戦史の解明をもたらすことを意味し、ひいては、その後の日本とアジアとの関係を考察する上でも、きわめて重要な意義をもつことにもなる。とすれば、大日本帝国下の北東アジア地域の秩序が、大戦の結果、どのように崩壊し、どのような態様で再編成されて新しい秩序の形成となっていったのか、まずもって実証的な研究を積み重ねることが肝要となろう。本書はそのような企図に基づいていることを指摘しておきたい。

第2は、ミクロの視点に基づいた、終戦直後の敗者である大日本帝国（政府・国民）と、新たな日本の支配者となった勝者アメリカならびに連合国軍最高司令官総司令部（General Headquaters / Supreme Commander for the Allied Powers: GHQ/SCAP）など連合国側との相互作用に関する歴史の空白を埋めるとともに、これまでの個々の事例研究を再検証することである。

そもそも本研究は、大日本帝国崩壊の必然的現象ともいうべき外地邦人の「引揚」と「復員」を視座とした"終戦史研究"である。いわゆる内地の約720万に及ぶ軍人の復員や疎開していた民間人の郷里復帰は、終戦の年末までには完了したにもかかわらず、日本の植民地を含む外地の邦人約688万人（軍人約367万人、民間人約321万人）の本土帰還はかなり遅れ、とくにソ連・モンゴルでの抑留者や中国大陸での残留者の帰国は1950年代から60年代までずれ込むなど、一様に彼らは終戦以後に第二の苦難を強いられたのである。

ではこれら引揚者や復員者は現地でどのような苦難を強いられたのか、またその苦難をいかに克服していったのか、そして彼らの帰国までのプロセス

とは一体どのようなものであったのか。本書はこのような問題意識と視角から、いまだ不透明な終戦直後の諸々の実態に光を当てる。以下、本書の構成と各章の要旨を紹介しておきたい。

第1章　大日本帝国の崩壊と残留日本人引揚問題
　　　　──国際関係のなかの海外引揚
第2章　日本軍の武装解除についての一考察
第3章　大陸引揚者と共産圏情報──日米両政府の引揚者尋問調査
第4章　中華人民共和国の日本人「戦犯」処理──裁かれた「帝国」
第5章　朝鮮半島からの引揚と「日本人世話会」の救護活動
　　　　──朝鮮総督府・京城帝国大学関係者を中心に
第6章　ラバウルからの日本軍の復員過程
第7章　遺骨の帰還

　第1章の加藤（聖文）論文は、大日本帝国の唐突な崩壊に伴う海外邦人の引揚問題を扱う。とくに、終戦直後の日本政府が海外に居住していた日本人の早期引揚に否定的で「現地定着」方針を固めていたにもかかわらず、なぜ満洲などに居住していた民間人約300万人の大半が結果的には1年半余の短期間に帰還できたのか、と加藤は疑問を呈する。同時に、当初連合国側も残留日本人の祖国送還に対して消極的姿勢を示していたにもかかわらず、1945年末から46年春にかけて、アメリカが主導する形で残留日本人の引揚促進を決定し、それに基づいてGHQが急速に引揚援護体制を確立していくが、アメリカがなぜ、またどのように当初の消極的姿勢を積極的姿勢へと転換したのか、と問題を提起する。
　前者に関して、終戦直後の次官会議では、日本の総人口の1割にも達する軍民併せて660万人の受入れは、米穀の不足と非農業人口の増加を招くために困難であると想定され、そのため日本政府は現地定着を原則とし、やむを得ない場合のみ引揚を受容するとの限定的な引揚方針を決定した。船舶数の極端な不足や食糧不足といった物理的な制約とは別に、海外邦人の居住環境が急速に悪化するとは予想されていなかったのである。その後、満洲方面の

状況悪化に伴う早期の引揚実施が切実に求められたものの、日本政府はその現地定着方針を早期引揚へと転換することはなかった。加えて、東久邇宮内閣は連合国との交渉機関の役割を担う「終戦連絡中央事務局（いわゆる終連）」をめぐり、重光外相と緒方内閣書記官長とが激しく対立し、その影響を受けて引揚政策は迷走を続けた。こうして当初の現地定着方針から引揚実施方針へと重点が移ることなく終わったのである。

　後者の米軍主導の引揚実施に関しては、マーシャル陸軍参謀総長と中国戦域米軍のウェデマイヤー司令官との交信の中から、中国残留の日本人送還計画が具体化され、それがトルーマン大統領の対中政策発表へと結実する。以後アメリカの対応は迅速であり、船舶運営会に対してリバティ船やLST（大型揚陸艦）など米国船215隻を貸与し、1カ月で改装と船員・燃料・食糧を確保して出港させる命令が下った。1946年1月には引揚に関する会議が開催され、GHQ、米太平洋艦隊など9組織の下で、全地域の残留日本人を本国に送還するための引揚計画が整えられた。以降、米艦船を主体とする帰還輸送が急速に実施され、それまで日本船舶によって行われていた日本人の引揚事業は画期的な飛躍を遂げるのである。

　引揚問題の中心であった満洲を含む中国からの日本人の送還は、GHQではなく中国戦域米軍が主導的役割を果たして実現されたのであり、その背景にはソ連が絡んだ米中関係が大きな影響を及ぼしていたと結論する。

　第2章の加藤（陽子）論文は、終戦前後の日本軍の武装解除問題を扱う。1945年8月10日未明、最高戦争指導会議メンバーのみによる御前会議で、昭和天皇の「聖断」によって軍部側が主張する「国体護持・自主的武装解除・自主的戦犯処罰・保障占領拒否」の4条件が斥けられ、東郷外相らの「国体護持」の1条件によるポツダム宣言受諾が決定された。軍部側にとって「自主的武装解除」、換言すれば「連合国による日本軍の武装解除拒否」は、国体護持を別とすれば、最重要条件であった。それゆえ、日本政府が国体護持1条件での受諾を連合国側に伝えたのちも、陸軍は米国務長官バーンズの8月13日回答に対して懐疑的であった。たとえば、外務省が「天皇と日本政府の国家統治の権限は、連合国最高司令官の"制限"の下に置かれる」との解釈を、陸軍は"隷属"と訳し、連合国側は国体護持の1条件を認めている

とはいえず、それゆえ「ポツダム宣言受諾はできない」とさえ主張した。つまり、陸軍は国体護持のためには「軍備」を必要とし、軍備のない状態は「国体の根本的破壊」と見なしていたわけである。実際、8月12日には梅津参謀総長と豊田軍令部総長が反対する旨の帷幄上奏を行った。にもかかわらず、その後の歴史に明らかな通り、終戦後の武装解除は連合国軍によって実に"気の抜ける"ほど平穏裏に実行されたと指摘する。

　他方、終戦前のアメリカは、日本政府・国民と、軍国主義者・戦犯との間に一線を引き、前者が後者を連合国に引き渡し、軍隊の完全な武装解除を行えば、連合国の対日占領は終わると展望していた。天皇と国民を軍から引き剝がすことは、米軍兵力の犠牲を極小化するためにも必要な措置であった。この観点から「天皇利用計画」が浮上し、東京帝国大学で学んだこともある日本政治専門家のファースと、同大学法学部の南原繁、高木八尺両教授らが接点をもち、アメリカと日本国民にとっての天皇の価値が次第に重要性を帯びていく。この接点が実は8月10日の天皇の聖断にもつながるとの秘話が明かされる。

　こうして終戦を迎え、対日占領を開始する際、アメリカ側が注視したのは内地にいる約720万もの日本軍の復員と武装解除であった。これに対して日本側はしたたかであった。緒方内閣書記官長をトップとする「終戦事務連絡委員会」は、米軍が接収し廃棄されるべき日本軍の兵器を民間大企業の5社に請け負わせた。つまり、軍と軍隊が武装解除された際の巨大な量のモノを日本の内閣はまず民の中に隠し、民の中に隠せなかったものを米軍に接収させ、非軍事化のために米軍が解体を命じた廃兵器を、再び今度は民間の会社が解体・処分を受けもつ構造を形成したのである。米軍の進駐前を狙い、兵器を破壊し、石油や自動車等の軍用資材を民間へと横流しし、復員兵に糧食を分配した軍の行為は、1945年末の帝国議会でも激しい批判にさらされた。国体護持の保証としての自主的武装解除の末路がこのような"終戦犯罪"に収斂したことを、加藤は「敗戦後の日本の姿」と厳しく総括する。

　第3章の佐藤論文は、ソ連・中国からの引揚者を対象とする日米両国政府の尋問調査の実態に焦点を当てる。その際、①冷戦は終戦直後に始まっていた、②共産主義側を仮想敵国とする日米協力態勢の萌芽がみられた、③占領

期・独立期を通じてアメリカ側はGHQの連合国軍翻訳通訳部（Allied Translation and Interpreters Service: ATIS）を中心に対共産圏インテリジェンス活動を実施したとの前提に基づき、アメリカはどのように日本軍の情報収集インフラを利用したのか、また共産主義勢力下に置かれた地域（南樺太・千島列島・満洲・朝鮮北部）から送還された日本人に対して、どのような尋問を行ってソ連情報を得ようとしたのかを明らかにする。

終戦直後、アメリカは準備不足と引揚者の多さから、日本人の尋問では所期の成果を収め得なかったが、日本人送還に関する米ソ協定が締結された1946年末以降、ソ連地区から引き揚げてきた日本人63万4千人に対して万全の態勢を敷いた。ATIS以外にも441CIC下の日系二世で編成された「第319軍事諜報中隊」が動員され、最重要人物を尋問する「中央尋問センター」も東京に設置された。こうして米軍チームは、戦犯の摘発、軍国主義者の監視といった表の目的とは裏腹に、ソ連国内および共産勢力支配地域の各都市の軍事的な地形図、飛行場、兵器弾薬集積場、鉄道、部隊の配置状況等に関する情報獲得のために尽力した。しかし朝鮮戦争時に北朝鮮軍の侵略開始を予測できなかったばかりでなく、中国軍の参戦をも読み誤るなど、彼らの尋問上に不備があったことは否定できない。その理由として佐藤は、ATISがまとめた『尋問報告書（Interrogation Reports）』上の「ソ連偏重・中国軽視」の傾向を指摘し、それがこのような失敗をもたらした一因であると分析する。

他方、日本政府の引揚者調査はアメリカのそれと明らかに異なっていた。終戦直後には、引揚者から現地収容所の状況等の聞き取りや未帰還者の調査などを主目的としたが、樺太引揚者の中にソ連から特殊指令を受けた者を発見すると、次第にソ連共産主義の日本への浸透を阻止する方向、つまりカウンター・インテリジェンスへと重きを置くように変化していく。また朝鮮戦争末期以降、中国大陸から大量の日本人が引き揚げてくると、日本政府は中国共産党軍と共に転戦してきた約3万人もの帰還者から中国軍の装備と戦闘方法、志気・思想状況などを情報収集することを主目的としていく。その際に米軍に協力して引揚者への調査を行った関係者が「内閣調査室（いわゆる内調）」の設置に関与し、内調は外務省や国家警察（いわゆる国警）から独立した総合的情報活動機関と位置づけられていく。またアメリカ流ノウハウを

土台とする中国の軍事情報や地誌情報を収めた『中共事情』が通巻1千冊も発刊される。

　以上のように終戦直後から日米両国政府は重点の置き方に差があったとはいえ、大陸からの引揚者を対象とするインテリジェンス活動を活発に実施していた事実が明かされる。

　第4章の大澤論文は、中国側の日本人戦犯に対する処理とその本土帰還について論考する。中国内部で日本人戦犯がどのように処理されたのかはこれまで不透明であったが、大澤は1950年代に拘留されていた、いわゆる「太原組」「西陵組」「撫順組」の日本人戦犯1,500人余を研究対象とし、各組の人数、出身部隊名を調査した上で、「中国関係戦犯容疑者」として選考される状況、抑留生活の実態、そして帰国に至る過程を解明する。

　終戦後の中国は、国内復興のために残された多くの日本人や技術者の留用を渇望していた。そのために国民政府は日本軍の早期帰還を促す一方で、有用な日本人の残留にも意を尽くした。中でも山西省の閻 錫山軍は、日本の第1軍将兵の一部を個人として採用し、1946年には1万1,000人に達する日本人部隊を編成して国共内戦に参加させた。これに対して在華米軍や国民政府中央、さらには中国共産党も警戒を強め、日本人部隊の解散を強く迫った。結局2,600人余が残留したが、以後、この残留組は中国共産党軍によって捕虜となり、1952年秋には重い戦犯が太原戦犯管理所へ、それ以外が西陵農場へと送致された。ここに太原組と西陵組が誕生するのである。

　一方、ソ連は労働力確保のために日本人捕虜の送還を先送りにしていたばかりでなく、諜報機関や細菌部隊関係者、関東軍参謀部員、満洲国政府関係者などを送還の対象外としていた。それでも1949年2月、ソ連邦閣僚会議は戦犯容疑者を除く捕虜の完全送還を決定し、日本人の戦犯容疑者の選考を終えると、中国政府に1,056名の戦犯を引き渡した。その大半が撫順戦犯管理所へ送られる。これが撫順組である。

　これら日本人戦犯の管理に関しては、周恩来から国際法に基づく処遇や日本民族の習慣・風習への尊重など寛大な指示が出されており、人道主義的配慮の下での拘留生活となった。しかし帝国主義教育を叩きこまれた日本人戦犯や捕虜は、無条件釈放を要求するなど中国側に敵対的であった。これに手

を焼いた戦犯管理所職員から不満の声が高まったものの、上層部は日本人戦犯の思想改造や自己反省の重要性を粘り強く説いた。その結果、1952 年に一中隊長の罪の告白が契機となって、以後、公開の「認罪大会」の動きが拡大し、頑迷な将官・佐官級戦犯の「認罪坦白」へと進展していく。そのような折、李德全らの中国紅十字代表団が訪日し、非公式ながら日本人戦犯の釈放を伝達する。1955 年半ば、日中両国間の関係改善ムードの中で、中国側は撫順組・太原組の最終処理に動き、翌 56 年に「寛釈大多数、懲治極少数」の精神を体現する対日戦犯処理を決定し、6-8 月についにこれら日本人戦犯は祖国帰還を果たすのである。知られざる事実といえよう。

　第 5 章の永島論文は、朝鮮半島からの日本人引揚と、その際の日本人世話会の救護活動に焦点を当てる。1945 年初め、第 17 方面軍・朝鮮軍管区に編制替えされた朝鮮軍は、沖縄に続く地上戦を想定して、第 58 軍の指揮下で全羅南道・済州島を中心に陣地を構築するなど防備に全力を上げた。以来終戦時まで朝鮮半島は臨戦状態に置かれていたのである。ところが米軍側は戦後を見越して朝鮮への本格的空爆などを避けた。その結果、終戦後、朝鮮軍は本土への復員を迅速に遂行できた。しかし朝鮮軍隷下の第 20 師団は、ニューギニアの東部戦線に移動していたため、その生存者の復員は直接日本本土に向けて実施された。一方、ニューギニア方面に派遣されていた朝鮮人の軍属や労務者約 5 千人は博多港から釜山へ向かうこととなり、日本人の引揚とは逆コースで実施されることとなった。

　他面、南部朝鮮（いわゆる「南鮮」）からの民間人の引揚は、初期の混乱を除けば、米軍政庁との協力体制の下で計画的に遂行され、1946 年 5 月までにはほぼ業務が完了する。その際、いわば縁の下の力持ち的役割を果たしたのが「京城日本人世話会」であった。当時同会は、元朝鮮総督府殖産局長の穂積眞六郎会長以下、特別委員や常務委員約 80 余人から成る組織であり、医療救護の体制も整えていた。まもなく京城と同様の日本人世話会が釜山にも設置され、双方の連動組織はさらに日本の主要な引揚港である博多港に近い福岡市内に「在外同胞援護会」の設置をもたらす。これは外務省管轄下にあり、やがて同会の医療部として「聖福病院」を併設することになる。なお日本人世話会は、引揚時の列車手配のほか、罹災者・傷病者の救護を主たる

業務とし、『会報』も発刊していた。永島は、このような民間の自主的組織の活躍こそが、朝鮮南部での邦人の引揚成功の隠された一大要因であったと説明する。同時に、この事実が終戦直前にソ連の勢力下に置かれた北部朝鮮とは際立った違いであったと結論する。

　第6章の増田論文は、南方のニューギニア北東に位置するニューブリテン島のラバウルを拠点とする第8方面軍約8万余人に焦点を当て、終戦から復員に至る2年余の期間を、①終戦過程、②オーストラリア軍（豪軍）への降伏過程、③日本軍の解体と抑留過程、④帰還準備と復員過程の4段階に区分して、個々の状況と実態を解明する。

　まず終戦過程では、今村方面軍司令官によるトップダウン型の決着方法が取られたこと、そして彼の卓越したリーダーシップが混乱に陥りがちな部内の危局を救ったことが最大の特色であった。次に豪軍への降伏過程では、9月6日に英太平洋艦隊が厳しく警護する中、航空母艦グローリー号上にて降伏調印式が挙行される経緯が明かされる。以降、第8方面軍は豪軍によって武装解除されるが、個人所有の軍刀・兵器・所持品の没収から、重砲以下の各種兵器類、弾薬、戦車、トラック類の引き渡しと廃棄処分、軍旗の焼却へと進んだ。この間、日本の作業隊は豪軍側からさまざまな圧力を受けながらも、「豪軍の指令は即ち陛下の御命令なり」との信条を固く守り、誠実にこれを実行した。そのため、日本側は豪軍側から一定の信頼を得ることとなった。ここに日本軍は実質的に解体されたのである。

　続いて日本軍は12カ所の強制収容所（キャンプ）の設営を命じられ、その完了後、豪軍の監視下で抑留生活を開始した。その際日本軍将兵は、日本への早期帰還は戦災を受けた本土にとって負担となると自重し、農耕地の開墾による自給自足の確立に励んだ。しかし各キャンプに割り当てられた強制労働は過酷であった。広い地域に及ぶ作業（軍需品の荷役、清掃・雑役、道路作業等）が多く、炎天下、栄養補給が不足する中で、しかも豪軍将兵からの虐待に堪えねばならなかった。それに加えて、日本軍は戦犯容疑者の摘発に怯えざるを得なかった。現地には中国やマレーで捕虜となった数千名の者が日本軍と契約を結んで労務者として使用されていたが、豪軍側はこれを「俘虜虐待」と見なして、彼らに首実験をさせた。こうして多くの将兵が次々と

戦犯容疑者のキャンプへと収容されていった。

他面、日本軍側は降伏直後から復員への準備を開始していた。今村を「復員管理官」とし、隷下各部隊の復員担当者を定め、内地到着をもって「復員完結日」とし、その日をもって「除隊（召集解除）」、つまり「退職」と見なし、それ以前は軍隊の態勢を維持する方針を決定した。ただし復員は最後列に連なるものと予想していた。ところが米軍船舶による送還作業が促進された結果、ニューギニア方面の復員開始が繰り上がり、1945年末には突然ニューギニア東部の第18軍から本土への引揚が開始された。次いでブーゲンビル島やソロモン諸島の第17軍の復員へと及び、本隊のラバウル部隊も翌46年3月から本格的な帰還となり、6月には完了するのである。このような復員までの紆余曲折が明かされる。

第7章の浜井論文は、海外での戦没者の遺骨が戦後どのように日本本土に送還され、家族の下へと戻されたのかという問題意識に立ち、1953年に日本政府が「遺骨収集団」を派遣する以前の段階における「遺骨帰還」の過程と、フィリピン最大のカンルーバン強制収容所からの日本人の「遺骨帰還」の事例に焦点を当てる。

そもそも海外での日本人戦没者は、1937年の盧溝橋事件から1945年の降伏に至る期間に約240万人にも及ぶ。そして終戦直後には、海外から日本本土への遺骨の送還は「宰領者」によって優先的に実施された。ところが輸送が混乱する中で復員が急速に進捗すると、遺骨の取り扱いが荷物と同様の粗略な扱いとなって、輸送の途中で紛失するケースも多発していく。しかも持ち帰られた遺骨の数は、戦没者全体からみれば少数に止まり、南方を中心として海外に多数の遺骨が残される結果となった。ようやく1951年9月のサンフランシスコ平和条約の調印時、改めて遺骨収容問題が国民の関心を集めることとなり、まもなく「南方遺骨引揚促進会」や「南方遺骨引揚協議会」が発足した。以降、硫黄島や沖縄に調査団が派遣され、さらに南方へと拡大され、遺骨収容が本格化するのである。

他方、太平洋戦争での激戦地であるフィリピンでは、1948年以降、米軍がアメリカ管理下の日本人戦没者の処置を検討し始め、遺体の送還に関して日本側に発掘・火葬計画や人員・費用など具体案を提示するよう求めてきた。

そこで外務省と引揚援護庁復員局が中心となり、「内地還送」の原則に基づいて、①日本の輸送船を利用する、②発掘作業は日本人が行う、③必要物資は日本側が調達して火葬に附して輸送するなどの方針を決定した。これに対してアメリカ側は自己の手で遺体を日本まで輸送し、上陸時に日本側代表に引き渡すとの方針を示し、結局日本側はこれを承諾する。こうして同年末から戦没者の輸送が実施され、翌49年2月に上陸先の佐世保での火葬が終了し、遺族への遺骨の伝達が開始されるのである。

このように遺骨収容問題はすでに60年もの長きに及ぶものの、今なお「遺骨帰還」への取り組みが継続されており、その意味での戦後はまだ終わっていないと浜井は指摘する。

総じて、本書には終戦史に関する新たな事実の発見が見られる。たとえば、①海外邦人の引揚に対する日本政府の方針は「早期帰還」ではなく「現地定着」という冷淡なものであり、しかも情報不足に伴う現地の環境悪化への配慮のなさが判明したこと。②日本陸軍の「国体護持」の主張は「自主的武装解除」要求と理論上深く結びついていたこと。③米軍進駐以前に日本政府と軍は合同して、膨大な日本軍兵器を大手民間企業に横流しするなど民の中に隠す工作を図ったり、復員兵には糧食を分配するといった"終戦犯罪"を行ったこと。④日本政府は終戦直後には引揚者から現地収容所の状況や未帰還者の調査を主目的としたが、次第にソ連共産主義の浸透阻止へと重点を移していったこと。⑤朝鮮南部からの順調な日本人引揚には「日本人世話会」の隠れた支援や活躍ぶりがあったこと。⑥ラバウルの第8方面軍が終戦という衝撃にもかかわらず、統制を乱すことなく復員の完了まで一致結束した背景には、今村司令官の卓越したリーダーシップの存在が大きかったこと。⑦終戦直後の日本本土への遺骨の送還は「宰領者」による優先権の下に実施されたものの、復員・引揚の進展に伴い遺骨の帰還が混乱して停滞していったことなどである。

他方、勝者連合国側の敗者日本側に対する終戦後の巻き返しの動向が明かされた。たとえば、①終戦当初に復員や引揚に消極的であったアメリカ側が、マーシャル、ウェデマイヤーという本国と現地トップ間の合意を軸に中国残

留の日本人送還を決定し、大統領の命令下にそれを迅速に実施していったこと。②終戦前のアメリカが日本政府・国民と軍国主義者・戦犯との間に一線を引き、前者が後者を引き渡した上で、日本軍を完全に武装解除すれば、連合国の対日占領は終了すると展望していたこと。③その文脈から「天皇利用計画」が浮上し、東京帝国大学のファースと南原・高木らとの水面下の連携が天皇聖断の隠された要因であったこと。④終戦直後に帰還日本人への尋問調査には準備不足であったGHQ側は、1947年以降にソ連地区から引き揚げてきた日本人に対しては、日本語に精通する日系二世を動員するなど万全の態勢を敷き、ソ連内の軍事機密に関する情報を収集したものの、朝鮮戦争時には北朝鮮軍の進攻や中国軍の介入を予測できずに終わったこと。⑤中国内部の日本人戦犯（ソ連側から引き渡された日本人戦犯も含まれる）に対しては、周恩来の命令によって人道主義的で寛大な保護措置が取られた結果、日本軍将校の「認罪」の動きが次第に拡大するなど、その粘り強い政策が効果をもたらしたこと。⑥GHQはアメリカの戦没者処理を優先したため日本戦没者への対応が遅れがちとなり、太平洋戦争の激戦地フィリピンからの日本人戦没者の送還に関しても、米軍側の意向に従い米軍側の手で日本人の遺体が輸送されて本土上陸後に日本側代表に引き渡されるとの方法を採らざるを得なかったことなどである。

　要するに、今回の研究を通じて、「終戦」と「戦後」との間には一定の隙間、いわゆるタイム・ラグが存在したことが判明した。つまり終戦がことごとく戦時期を断絶させたわけではなく、また終戦が直ちに戦後に直結したわけではないことが改めて確認できた。ちょうど江戸時代が明治維新期まで残影したように、廃刀令や断髪令が明治初期にまでズレ込んだのと同様に、終戦の一定期間はいまだ戦時体制の連続線上にあり、多くの日本人（とくに内地の政府関係者）の意識内には戦後という新たな時代への切り替え（いわば終戦から戦後への非連続性）があったわけではない。終戦期はかなり戦後期まで食い込んでいるといえよう。今後もそのような日本人の意識の推移にも関心を向けつつ、終戦史を見つめ直す必要があると思われる。

第1章 大日本帝国の崩壊と残留日本人引揚問題
―― 国際関係のなかの海外引揚

加藤 聖文

はじめに

　大日本帝国の崩壊以前、占領地・植民地に居住していた民間人は300万人を超えた。しかしながら、連合国は、帝国崩壊によって残留日本人となった彼らの送還に関して大きな関心を示さず、日本政府も物理的・社会的限界を理由として、帰還ではなく現地定着を求めたのである。しかも、最大の残留者を数えた満洲において、事態は予想を超えて悪化の一途を辿り、早期引揚が求められるようになった後にいたっても、対象者を限定した引揚しか計画されなかった。にもかかわらず、結果的に兵士を除いた残留日本人は、敗戦から1年余の間で大半が引き揚げることになる。

　本章では、なぜ現地定着から引揚早期実施へと方針が転換するにいたったのかを考察することを目的とする。その具体的アプローチとして、敗戦による現地定着方針の確定から限定的引揚の開始による引揚援護事業の萌芽を日本政府（東久邇宮内閣期）の対応を中心に明らかにすることを第1とし、1945年末の米国主導による引揚実施決定を経て1946年春の連合国軍最高司令官総司令部 (General Headquarters, the Supreme Commander for the Allied Powers: GHQ/SCAP) による引揚援護体制の確立までを対象として、引揚実施の国際的背景を明らかにすることを第2とし、以上二つの視点から立体的な実像を解明していきたい。

　本章で扱う問題の先行研究については、決して充分なものとはいえず、唯一、加藤陽子「敗者の帰還」が先駆的業績として挙げられるのみである[1]。敗戦から引揚実施にいたる過程の基本的枠組みは加藤論文において明らかにされており、本稿も多く依拠するところであるが、発表以降に新史料が公開

されたことなどもあり、再検証を必要とする点も多々ある。とくに、本章では日本政府は当初の現地定着から早期引揚実施へと重心が移ったと捉えるのではなく、最後まで現地定着が第一義であって、引揚は限定的実施にとどまっていたという立場を取る。そして、米軍主導による引揚実施に関しては、加藤論文では、蔣介石の要請を伝えた9月12日付大統領宛国務次官のメモランダムをその起点として重視するが、本章では、陸軍参謀総長マーシャル（George C. Marshall）と中国戦域米軍（the United States Forces in China Theater: USFCT）総司令官ウェデマイヤー（Albert C. Wedemeyer）の役割に注目する。なかでも敗戦直前の8月12日からはじまったマーシャルとウェデマイヤーとのやり取りを中国からの日本人送還の起点と捉え、USFCTによって日本人送還計画が具体化し、満洲からのソ連軍撤兵が現実的課題となるなか、12月15日のトルーマン（Harry S. Truman）大統領による対中政策の転換を受けて、満洲を含めた大規模な送還計画へと発展、最終的にGHQの元で一元化された日本人引揚が実行に移されたと解釈する。

　一般的に日本人引揚問題（とりわけソ連軍が占領する満洲からの）は、当初からGHQが主導的役割を果たしたと見なされがちである。とくに、日本人がマッカーサー（Douglas MacArthur）に対して早期引揚を嘆願した結果、満洲からの引揚が実施されたという「神話」まで流布されている[2]。しかし、本章で明らかにするように、当初のGHQは満洲からの日本人引揚には消極的であり、日本人引揚実施決定後の受入体制構築に主導的役割を果たしたものの、実施決定までの米国の政策決定に主体的役割を果たしたのではない。

　以下、残留日本人をめぐって現地定着か早期引揚かで揺れる日本政府の対応を東久邇宮内閣内部での軋轢を交えながら分析し、国際関係のなかで米国主導の引揚が実施される過程を明らかにする。

I　ポツダム宣言受諾と現地定着方針

1　ソ連の対日参戦

　1945年7月17日からドイツのベルリン郊外で開催された米英ソ三国によるポツダム会談は、ヨーロッパの戦後処理が中心議題であったが、同時にド

イツ降伏後も依然として続いていた対日戦の終結も一つの懸案であった。とくにソ連側は、同年2月に開かれたヤルタ会談において米英ソ三国によって取り決められたドイツ降伏後2-3カ月後に対日参戦することを取り決めた密約の再確認と、対日作戦発動後の具体的な軍事行動についての協議を強く求めたのである3)。

　ソ連の対日参戦の動きは、1944年末頃から明らかになる。ノルマンディー上陸作戦によってヨーロッパ第二戦線が形成され、米英軍とソ連軍による挟撃態勢が整ったことで、ドイツの敗勢が決定的となった1944年10月、米英ソ三国外相によるモスクワ会談に出席したハル（Cordell Hull）国務長官に対してスターリン（Joseph V. Stalin）首相はドイツ降伏後の対日参戦を明言、11月7日の革命記念日で日本を公然と批判した。そして、同月28日から開催されたテヘラン会談においてスターリンはローズヴェルト（Franklin D. Roosevelt）大統領に対して対日参戦の意志を伝えていた。

　当時のローズヴェルトは対日戦終結のためには、日本本土上陸作戦が必要であると認識していた。しかし、そのためには満洲を含めた中国大陸にほぼ無傷のまま展開している150万を超す日本軍を大陸に釘付けにして、本土決戦転用を阻止しなければならなかったが、米軍単独では難しく、また蔣介石の国民政府軍が期待できない以上、ソ連軍の参戦が強く望まれていたのである。

　このような事情からソ連側の対日参戦の申し入れは、米国にとって好都合であって、それがヤルタ協定において正式に米英ソ三国の合意事項となった。しかし、ドイツ降伏直前にローズヴェルトが病死し、副大統領であったトルーマンが大統領になると状況は一変する。その背景には、米国が密かに進めていた原爆開発が成功したことによって米国単独で対日戦終結の目途が立ち、ソ連の対日参戦の重要度は格段に低下したという事情があった。

　結局、ポツダム会談において発表されたポツダム宣言は、トルーマンがソ連側に事前に知らせることもなく独断で発表したため、宣言に参加するものと思いこんでいたスターリンの焦りを生み、ソ連の対日参戦を急がせる結果となった4)。

　対日戦終結をめぐる米ソの角逐が、大日本帝国崩壊の最終段階において大

きな歴史的意義を与えることになるが、このことは帝国内に居住する民間人の保護、さらには引揚問題に重大な影響を及ぼすことになったのである。

7月26日に発表されたポツダム宣言を日本政府が米西海岸からの短波放送を通じて把握したのが27日である。当時の鈴木貫太郎内閣のなかで明確に終戦を意図していたのが東郷茂徳外相（大東亜相を兼任）と米内光政海相であり、鈴木首相も戦争終結を内閣の使命ととらえていた。しかし、終戦のきっかけとなるポツダム宣言に対して、内閣として明確な反応を示さなかった。結局、8月6日の米軍による広島への原爆投下が行われ、原爆投下に衝撃を受けたスターリンは対日参戦を繰り上げ、9日にソ連軍は満洲へ侵攻した[5]。

ソ連軍は「八月の嵐」と呼ばれた満洲侵攻作戦の一環として、関東軍の退路を遮断する目的で朝鮮北部へも攻撃を開始、やがて満洲作戦の進展によって、当初は補助的役割を与えられていた第2極東軍を樺太作戦へ転用したことによって、戦線は南樺太および千島列島へと拡大していった[6]。

戦争末期に活発な動きを見せる東郷や木戸幸一内大臣らの和平派は、終戦に持ち込むために本土決戦を唱える陸軍主戦派をいかに押さえるかに関心が集中していたため、こうした戦争最末期になって起きた国際政治上の大激変にまで、まったく思考を巡らすことができなかった。米国とのあいだで戦争を終結させ、本土決戦を回避し、皇室を維持することだけが和平派の考えていたことであった。ソ連の参戦によって大日本帝国領内すべてが戦場となり、その結果として起こりうるであろう残留日本人の生命財産の危機をいかに守るかといったシュミレーションを行っていたものは、政府や軍部の内でも外でも皆無であった。8月9日のソ連参戦から15日の玉音放送までの1週間は、いかにポツダム宣言を受諾するかにだけ、政治の関心は向けられたのである。

2 現地定着方針の決定

8月14日夜の二度目の御前会議による「聖断」によってポツダム宣言受諾が連合国に伝えられたが、それと同時に、東郷大東亜大臣の名で中国および東南アジアの日本軍占領地に置かれていた在外公館宛に暗号電信が発信さ

れた[7]。電信は在外公館にある御真影および暗号設備の措置を第1に挙げ、次いで以下に挙げる残留日本人に対する措置を挙げていた。

(二) 居留民に対する措置
一、一般方針
(イ) 帝国か今次措置を採るの已むなきに至りたる事情に付周到懇切に説示すると共に大御心に従ひ冷静沈着皇国民として恥するなき態度をもつて時艱に善処する如く指導す
(ロ) 居留民は出来得る限り定着の方針を執る
(ハ) 居留民の生命財産の保護に付ては万全の措置を講す

この電信が残留日本人の現地定着方針を日本政府が公式に指示した最初であるが、早速、楠本実隆駐華公使から「雑商売ニ従事シ居ル日本人ハ結局自立ニ堪ヘ得ザル」ので「中央ニ於テ成ルベク早ク全般ノ計画決定ノ上指示アリ度キ」といった実現性に対する疑念が寄せられた[8]。

さらに、22日にはソ連軍が進入した張家口の日本軍部隊（戍部隊）からは参謀総長・陸軍大臣宛に「大東亜省の指示は本職の意図と反対にして、居留民の引揚げを遅延せしめ」るもので、ソ連軍と共産党軍が張家口を接収した場合、居留民の生命財産は保護されないだろうとの電信がもたらされていた。後に明らかになる満洲での事態と同様、ソ連軍の侵攻地域では、当初から現地定着方針は実情から乖離した危険な選択であった[9]。

しかし、26日に廃止された大東亜省の業務を引き継いだ外務省では現地定着をさらに一歩進め、29日に管理局が策定した「在支居留民利益保全対策ノ件（案）」では、中国による対日賠償請求の取引材料として、在華日本資産の譲渡と日本人の労務提供をもちかけ、「在支居留民ハ成ルベク支那ニ帰化セル様」国民政府側と極秘交渉を行うことが計画されるほどであった[10]。

大東亜省管轄地域の残留日本人に対しては14日の段階で現地定着の指示が行われた一方、植民地であった朝鮮と台湾、および大戦末期の1944年に内地へ編入された樺太に居住する日本人に対しては、19日になって所管官庁である内務省が「朝鮮、台湾及樺太ニ関スル善後措置要領」を策定して、

「将来ニ稽ヘ出来ル限リ現地ニ於テ共存親和ノ実ヲ挙グベク忍苦努力スルヲ以テ第一義タラシムルモノトス」と現地定着を基本方針とすることを決定した[11]。

植民地においてはそもそも「居留民保護」という概念が存在せず、内務省の所管事項にも含まれていなかった。朝鮮の独立、台湾の中華民国への復帰は明らかになっていたとはいえ、大日本帝国からの離脱に関する具体的なプロセスが明確でない以上、内務省としては現地定着による「様子見」の姿勢が強かったと考えられる。

こうして植民地を含めた国外における残留日本人の現地定着が基本方針として現地に伝えられ、最終的には8月31日の終戦処理会議において、「戦争終結ニ伴フ在外邦人ニ関スル善後措置ニ関スル件」が決定され、「出来得ル限リ現地ニ於テ共存親和ノ実ヲ挙グベク忍苦努力」することが、日本政府の方針として確定するのである[12]。

この時決定された現地定着方針が、この後の政府の対応を規定することになる。ただし、その一方で現実的には引揚者が発生し、彼らを国内に受け入れざるを得ない事態が起こることは想定されていた。

3　引揚者対策の決定

現実に起こりうるであろう引揚者への対策は、21日の次官会議において決定されていた。ここでは、引揚の計画立案を総合計画局（同日廃止され内閣調査局へ引継）と内務省管理局が担当し、あわせて朝鮮人の徴用解除、陸海軍病院の軍事保護院への引継、海港検疫方策の厚生省担当、軍用医薬品の厚生省引継などが決まっていたのである[13]。

さらに、24日の次官会議では、厚生省内に「軍人軍属、外国又ハ外地ヨリ帰還スル邦人」などの「就職確保ニ必要ナル事項ヲ調査審議」するために「臨時復員対策委員会」（委員長は厚生次官）が設置されることが諒解された[14]。このように、引揚実施の際の具体的な受入体制が早くも整備され始めていたのである[15]。

日本政府は、現地定着を基本方針としたものの、生命財産が脅かされるなど人道上の理由によって国内へ引揚を希望する者に対しては、積極的な受入

保護を図った。そうした引揚者に対する最初の政府方針は、8月30日の次官会議において決定された「外地（樺太ヲ含ム）及外国在留邦人引揚者応急援護措置要綱」（以下に全文を掲載）において示されている[16]。

一、引揚者上陸地ノ地方長官ハ現地ニ県職員ヲ派遣シ之ガ援護並連絡指導等ニ万遺憾ノナキヲ期スルコト
二、上陸地並ニ其ノ他ニ於テ一時的ニ要スル共同的ノ宿舎施設、食料、医療及輸送ニ要スル経費ハ国庫ニ於テ負担スルモノトスルコト
三、引揚者ニシテ縁故先アルモノハ縁故先ニ定著セシメ無縁故者ニ対シテハ宿泊施設ヲ供与シ食料及生活必需物資ノ斡旋ニ付テハ特ニ関係諸団体ト緊密ナル連絡ノ上万全ヲ期スルコト
四、引揚者ニ対シテハ引揚証明書ヲ交付シ之ニ依リテ食糧、物資等ノ配給ヲ受ケシメ又定著地及宿泊施設ニ到着スル迄ノ鉄道無賃乗車券ノ交付ヲ受ケシムルヤウ措置スルコト
　前項ノ引揚証明書ヲ以テ転出証明書ニ代フルヤウ特別ノ措置ヲ講ズルコト
五、引揚者ニシテ外地通貨又ハ満洲国通貨ヲ所持スル者ニ対シテハ上陸地金融機関ト連絡ノ上内地通貨トノ交換又ハ内地預金ヘノ振替ヲ斡旋スルコト
六、引揚者ニ対シテハ極力就職ノ斡旋、職業輔導ヲ為シ生活困難ナルモノニ対シテハ戦災援護会支部ニ於テ援護ノ方途ヲ講ズルコト
七、本件ノ実施ニ当リテハ朝鮮総督府東京出張所、台湾総督府東京出張所、樺太庁東京出張所及関係団体ヲシテ協力セシムルコト

要綱で示された方針は、上陸地での援護主体が地方行政官庁とされていたり、通貨交換が無制限となっているなど必ずしも後の公式引揚から実施される引揚者援護とは異なる内容であるが、引揚証明書や無賃乗車券の発行、関係諸団体との連携による生活支援など引揚者援護の原型となるものも見られた。
　しかし、次官会議での議論において、平山孝運輸次官から「外地ハ出来ル丈頑張ルコトニナリ居リ発表ハ考ヘルコト」、多田武雄海軍次官からも国家の大方針が定まっていない以上、「今回ノモノハ差シ当リノ対策ト了解」し

たいとの意見が出され、緒方竹虎内閣書記官長も「原則トシテ滞在セシメテ仕事ヲサセルトイフ方針」であることが確認された結果、この要綱は未発表とされたように、あくまでも引揚は対象者を限定したものとされていた[17]。

この次官会議決定を受けて、前述した31日の終戦処理会議において現地定着とあわせて引揚者受入体制の整備が決定された。そして、ここでは「止ムヲ得ズ引揚ゲル者ニ対シテハ努メテ便宜ヲ与ヘ成ルベク速カニ引揚ゲシムル方途ヲ構ズ」と限定的な引揚を対象としたものにとどまったのである[18]。

4 現地定着方針の背景

ポツダム宣言において連合国が求めたものは、日本軍の無条件降伏による武装解除と本国帰還であって、連合国は海外に残留する民間人についてまったく関心を払っていなかった。しかも、8月26日午後6時を期して日本の全船舶の運航停止と出港禁止の命令が連合国によって下されたため、実際上、日本側が自主的に引揚船を出すことは不可能となっていた[19]。また、仮に船舶の運航が許可されたとしても、復員に要する船舶は当初、連合国ではなく日本政府が残存するわずかな船舶でやりくりしなければならず、さらには日本の港湾および近海に米軍が大量に投下していた機雷の除去も必要であった。

さらに、国内の輸送能力の低下と農作物の不作、さらには米穀供給源であった朝鮮や台湾の喪失によって国内の食糧事情は極度に悪化、戦災による都市部の住宅不足も深刻化していた[20]。

前述した8月30日の次官会議において、館研究官の私案として配布された「四国共同宣言受諾ニ伴フ人口政策上ノ諸問題（未定稿）―特ニ人口ノ産業配分及地域配分ノ変化ニ関スル事項（二〇、八、二三）」では、外国在留日本人約200万人の60%である120万人・外地在住日本人約225万人の70%である157万5,000人が引揚げ、400万人の兵士が復員した場合、日本の人口は7400万人から7900万人（朝鮮人180万人の帰還を差し引く）に増加し、米穀1200万石の生産不足と非農業人口の増加を招き、「多数ノ人口ヲ急速ニ受容スルコトハ殆ンド不可能」と結論づけ、兵士は長期的かつ段階的な復員、残留日本人は「積極的ニ将来ニ於ケル民族発展ノ見地ヨリ、他方積極的ニ急

激大量ナル内地ヘノ人口流入ヲ緩和スル為、極力引揚人口ノ割合ヲ少カラシメ、現在地残留人口ノ割合ヲ高カラシムルコト」が提案されていたように[21]、日本の総人口の1割近くにものぼる軍民合わせて660万人が海外から引揚げてくることによって日本社会が受ける影響は計り知れないものと予想されていたのである。

　このように、この時期の日本政府は、現地定着方針を原則とし、やむを得ざる場合に限って引揚を受け入れるという限定的かつ選択的な引揚方針を採っていた。すなわち、敗戦直後の日本政府は、現地定着と限定的引揚の二本柱を基本としながらも、「恒久的大方針ハ未決」の状態にあったといえる[22]。そして、こうした背景には、前述した船舶数の不足や食糧不足などといった物理的な制約の他に海外（旧植民地を含む）の日本人をめぐる環境が急速に悪化することが予想されていなかったことがあげられる。

　9月に入ると4日には禁止されていた日本船舶の運航解禁の情報がもたらされ、船舶運営会（運輸省管轄下）では配船計画の立案が開始された[23]。こうしたなかで9月5日には「外征部隊及居留民帰還輸送ニ関スル件」が閣議決定された[24]。

一、外征部隊及居留民帰還輸送ノ為現有稼働船舶ノ大部ヲ之ニ充当ス
　　居留民ノ輸送順序ハ各地ノ治安、気候、自活其ノ他ノ諸条件ヲ勘案シ先ツ満鮮及支那方面ヲ優先的ニ処理ス
二、現有船舶ノミヲ以テセハ輸送処理極メテ緩慢ナル実情ニ鑑ミ極力連合国ヨリ船舶ヲ借用スル如ク措置ス
三、第一項船舶ノ供用ハ現在諸機構ヲ極力活用スル如ク措置スルモ成ル可ク速カニ政府ニ於テ一元的運用可能ナル如キ組織ヲ設置シ手交スルモノトス

　この閣議決定は、①残存船舶の大半を帰還輸送に振り分け、満洲・朝鮮・中国本土からの輸送を優先すること、②残存船舶だけでは限界があるので連合国からの船舶貸与を求めること、③なるべく早く政府内に船舶輸送の一元的管理機関を設置すること、以上の3項目を柱とするものであったが、さらにこれらを具体化したものとして「外征軍並居留民帰還輸送処理要領（案）」

が策定された[25]。

第一　方針
一、帰還輸送ノ重点ヲ大陸特ニ支那及満洲ニ指向ス
二、此ノ間爾他ノ方面ニハ重患者輸送ノ為必要最小限度ノ船腹ヲ充当スルト共ニ該船腹ノ往航ヲ利用シテ補給ヲ実施ス
三、連合国ノ船舶借用ニ就テハ別途交渉ス
　註日本船舶ノミヲ以テ輸送スルモノトセハ帰還輸送完了ノ時期ハ概ネ昭和二十二年中期ト予想ス

　処理要綱の方針では、帰還輸送の重点を中国本土と満洲に置き、それ以外の地域は重病人輸送のための最低限の輸送船舶を割当て、また往路は現地への補給物資を積載することで現地での自活を助けることとしていた。また、日本側船舶のみで輸送を行う場合、1947年中期までのおよそ2年間かかると予想していた。
　こうした方針の下に具体的な船腹数と帰還輸送の順序は以下のように定められた。

第二　要綱
一、本輸送ノ為使用可能船腹（別紙第一参照）ヲ予期スルコト左ノ如シ
　1、直チニ使用可能ナルモノ
　　遠洋航海可能船　約二八万総屯
　　内訳
　　　臨時標準船　約二〇万総屯
　　　在来船　約八万屯
　　近海航海可能船　約一四万総屯
　　内訳
　　　臨時標準船　約一〇万総屯
　　　在来船　約四万総屯
　　大中破船中昭和二十一年九月以降使用可能ナルモノ（予想）

遠洋航海可能ナルモノ　　約一〇万総屯
　　　近海航海可能ナルモノ　　約五万総屯
　二、帰還輸送ノ順序並船舶ノ運用左ノ如シ
　　1、在来船並臨時標準船ノ各約二分ノ一ヲ先ツ満洲（主トシテ北鮮及大陸）及支那（主トシテ天津、青島、上海、香港、安東）ニ充当シ約七、五ヶ月乃至九、五ヶ月ヲ以テ右輸送ヲ終了
　　2、前項輸送終了後ハ左ノ如ク配給ス
　　　遠洋航路使用可能船
　　　　イ　南京、中部太平洋、比島
　　　　ロ　其他ノ南方諸地域
　　　　ハ　台湾
　　　近海航路使用可能船
　　　　イ　千島
　　　　ロ　朝鮮
　　　　ハ　樺太
　　　　ニ　伊豆小笠原及南西諸島
　三、重患者輸送ノ為配船ヲ予定スルコト左ノ如シ
　　比島、中部太平洋、南東方面各一隻
　四、輸送開始時期ヲ昭和二十年十月ト予定ス
　五、輸送概見別紙第一第二ノ如シ

　この時期の日本政府の認識をうかがえる点で、これらの閣議決定は重要である。日本政府は9月に入った段階で、復員と引揚に関して具体的な方針を定め、10月から実施する計画を立てつつあった。しかも、治安状況の悪化が伝えられ始めていた満洲（朝鮮北部を含む）からの引揚と100万人を超す兵力がほとんど無傷で残っていた中国本土からの復員を第1とし、翌年春から夏の間にかけて完了させ、満洲と中国本土が完了した後に南方からの復員、台湾や朝鮮南部・樺太および千島からの引揚に移ることを計画していたのである。

5 満洲における状勢悪化

　実施計画の第1に満洲方面が当てられたのは、治安悪化が最大要因であった。満洲方面からは8月30日に山田乙三駐満大使（関東軍司令官が兼任）より陸軍省経由で重光葵外相に対して、満洲内の避難民が約50万人にのぼり、在満日本人全体の困窮が予想されるため、婦女子・病人等約80万の速やかな引揚を実施するよう要請があったが、続いて朝鮮軍管区からも陸軍に対して9月4日付で朝鮮残留日本人85万人は「極力鮮内ニ定着セシムヘク努力ナルモ」、約50万人は引揚が必要である。ただし、関東軍の80万人引揚要請については朝鮮半島内の陸上輸送は困難のため、大連・羅津等の港湾からの引揚計画を立案するよう要請してきていた[26]。

　このような状況悪化の情報がもたらされたなかで、閣議ではじめて「在外邦人ノ生命財産ハ大ナル危険ニ瀕シツツアリ」との認識が表明され、特に「大陸ニ於ケル事態ノ即急ナル改善ハ之ヲ望ミ得サルヲ覚悟」しなければならない状況下にあることが言及されていた。そして、連合軍からの船舶借用は「望ミヲ嘱スル能ハサル公算大」である以上、日本政府が主体となって「当分国内ノ逼迫ヲモ忍ヒ断固適切ナル措置」を取り、「外地軍、在外邦人ハ見殺シ」にすることがないよう「最善ヲ尽シテ外地軍民ヲ救出」することが求められていた。この日は、これまでの現地定着方針を転換するかのような緊迫した閣議となっていたのである[27]。

　しかし、この日本政府による計画は、当初から連合国およびGHQの物的支援が見込めないものであって、日本政府が連合国側との間で密接な連携に基づくものではなく、しかも陸海軍との間では船舶使用の目的が異なっていた[28]。

　さらに、満洲方面の治安悪化の最大要因であるソ連との交渉手段は完全に断たれており、当初から現地で起きている実際の状況や国際情勢への対応を欠いた机上の空論といえるものであった。事実、この決定は何の実行も伴わないまま早くも暗礁に乗り上げてしまったのである。

　その後、9月20日には次官会議において、「内地ニ引揚ヲ為ス者及内地ヨリ朝鮮又ハ台湾ニ引揚ヲ為ス者ニ対スル応急保護ノ実施ニ当ラシムル為」に「門司、下関其ノ他必要ナル地」に「引揚民事務所」を設置することが決定

された[29]。この引揚民事務所は後の地方引揚援護局へつながる組織であったが、この決定によって現地定着方針が転換されたわけではなかった。

続く24日の次官会議で「海外部隊並ニ居留民帰還ニ関スル件」が決定されたが、内容は、「海外部隊並ニ海外居留民ニ関シテハ極力之ヲ海外ニ残留セシムル」ことが依然として大前提とされ、残留者の生命財産の保証と生活の安定、および引揚者の帰還措置と帰還後の就業斡旋などを行うための関係各機関の連絡調整を目的とする「海外部隊並ニ居留民帰還対策委員会」を内閣調査局に設置するというものであった[30]。

結局、9月5日の閣議で満洲方面からの急速引揚実施が切実に求められたのにもかかわらず、状況を好転させる術を持たない日本政府は、現地定着から早期引揚へと転換する最終的な大方針を確定させ得なかった。そして、10月に入るとGHQ主導の下で南朝鮮や太平洋地域からの引揚が本格的に実施されることになり、国内の引揚受入体制が急速に整備されることになる。しかし、そこには日本政府が主体的に関わる余地はなく、GHQによる政策の実施機関としての役割しか与えられなくなっていたのである。

II 東久邇宮内閣と残留日本人引揚問題の迷走

1 東久邇宮内閣成立の背景

日本政府が現地定着か早期引揚かの判断を明確にできなかったのは、敗戦にともなうさまざまな外的要因の影響が大きかったが、当時の東久邇宮内閣の脆弱性も内的要因として検討する必要があろう。とりわけ、敗戦国の「外交」をめぐる混乱は無視できないものがある。

8月15日正午に玉音放送が流れた後、鈴木内閣は総辞職した。内閣総辞職を受けて昭和天皇は木戸幸一内大臣に対して後継首班選定を下命、木戸は平沼騏一郎枢密院議長と協議した上で東久邇宮稔彦王を推薦、天皇の了解を得た[31]。従来の後継首班選定は、重臣を交えて行われていたが、今回は木戸と平沼の二人だけで選定されたという異例の経緯を経たものであった。

木戸には、敗戦という未曾有の事態に直面して、皇族内閣によって混乱を最小限に食い止めようという思惑があった。そして、東久邇宮が後継首班候

補として浮上したのは、以前から幅広い政治的人脈を持ち、第三次近衛文麿内閣総辞職後に首班候補ともなったこと、さらに反東条的立場であったことなどが要因として考えられる。

翌16日に東久邇宮に大命が降下し、組閣にあたって木戸と石渡荘太郎の意見を参考にしつつ緒方竹虎と近衛に相談の上、閣僚が決定された。占領軍とのあいだで重要な役割を担う外相には当初、有田八郎を予定していたが、有田は重光葵を推薦し、近衛も重光を支持していたため重光に決定した。また、自刃した阿南惟幾の後任陸相は、陸軍三長官が土肥原賢二を推薦したが、東久邇が拒絶し下村定に決定、海相は米内が留任した[32]。

また、組閣と同時に、朝香宮鳩彦王を支那派遣軍、竹田宮恒徳王を関東軍と朝鮮軍、閑院宮春仁王を南方軍へ派遣し、各軍司令官へ天皇の聖断を伝達することを決定、各皇族は22日にそれぞれの任地へ赴き詔書必謹を徹底させていった。

東久邇宮内閣が正式に発足したのは翌17日である。内閣の当面の課題は、国内秩序を維持しつつ連合国軍の進駐を平穏裡に行うことであった。そのためには、軍内部の暴発を押さえつつ武装解除を滞りなく完了する必要があり、陸海軍から小畑敏四郎を国務相、高木惣吉を内閣副書記官長に起用した。また、実現しなかったが、石原莞爾を内閣顧問にしようとしたことも併せると、小畑や高木といった反東条系の軍人の登用は、連合国による戦争責任追及を東條らに負わせようとしていたとも考えられる。ただし、東久邇宮は皇道派全盛期から小畑とそりが合わず、近衛・緒方の推薦により渋々承諾した経緯があった[33]。

さらに、近衛は前述したように小畑の他にも重光を推薦しているが、この重光の起用が東久邇宮内閣の不安定要因となる。

2　重光外相との路線対立

憲政史上初となる皇族内閣が期待されていたことは、連合国の管理下において終戦処理を円滑に遂行することであった。そのためには、連合国との交渉体制を整える必要があり、8月22日には終戦に関する重要事項を審議するための終戦処理会議（首相・外相・陸相・海相・国務相《近衛》・参謀総長・

軍令部総長、幹事として内閣書記官長にて構成）と停戦協定事項実施のための大本営及政府終戦事務連絡委員会（委員長は外相、委員は関係各省局長）が設置された[34]。

さらに、26日には、関係各省間の連絡を緊密化し、連合国との交渉機関の役割を担う終戦連絡中央事務局（終連）および地方事務局が外務省の外局として設置された[35]。海外残留日本人の引揚に関しては、終連において関係各省の情報交換が行われ、後にGHQとの間で引揚計画が実施される下地が作られていった。

しかし、「日本の独立主権は、たとえ制限されても、飽くまでこれを維持している建前をとりたかった」重光外相は、連合国との交渉窓口は外務省が一手に引き受けるべきとの考えを持っていたため、終連を外務省のコントロール下に置いて各省間の調整の主導権を握ろうとしたのである[36]。

これに対し、「終戦連絡事務局の役目は、単なる外交でなく、国体問題に関する諒解を取付けることから、戦後産業復興に関する予備的交渉に至るまで、いはば政府と同じ幅の機関でなければならぬ」と考えていた内閣書記官長の緒方竹虎は、終連事務局長はあくまでも総理が兼任すべきとの持論であった[37]。

結局、連合国による日本占領政策が軌道に乗る以前では、日本政府内部ではどの程度主権が制限されるのか図りかねていた。したがって、重光が考えたように外務省が連合国と日本政府との間の交渉窓口になり得る可能性も否定できなかった。重光は、海外残留日本人に関しても現地定着方針が決定された以上、大使館はともかく領事館などは日本政府の出先機関として存続する可能性があると考えていた[38]。

重光にすれば、連合国との関係はすべて外交専権事項であって、海外残留日本人問題に関しても日本政府が主体的に処理できるものと捉えていたのである。しかし、緒方は連合国との関係が外交事項であるという解釈は、敗戦の結果はじまる占領という現実を無視したものであって、外務省が交渉窓口になるということは虚構にすぎないと見ていた。そのため、連合国との交渉は日本政府の窓口である終連を通じてなされるべきとして重光と激しく対立したのである。

緒方の意見に近く重光には批判的であった東久邇宮は、重光の主張を入れて外務省中心で終連を組織したものの、「仕事振りがあまりに官僚的で、事務が進行せず、後手々々になつて、各省および民間からも、その無能について不満の声が高かったので」、内閣直属に改めて民間人を登用するとの改革案を重光に提示したが、強い反対にあったため、9月17日に重光を更送した[39)]。

　こうして、9月に入って残留日本人をめぐる現地情勢が悪化しつつあるとの情報が次々ともたらされ、現地定着方針が早くも限界を見せつつあった時期に政府内部では重光と緒方のあいだで対連合国方針をめぐって激しい路線対立が起き、重光の実質的な罷免にまで発展したのである。

3　対ソ交渉ルートの途絶

　日本政府の内紛をよそに、9月2日の降伏文書調印以後、連合国はGHQによる日本の占領政策を本格的に開始した。GHQは当初、残留日本人の引揚に対して船舶を供与せず、日本側の残存船舶のみ使用する方針であった。これは、第二次世界大戦によって世界各地に展開していた米軍兵士の本国への早期帰還を求める米国世論の圧力を受けた米国政府が、米軍船舶を兵士の帰還に優先的に割り当てたため、米軍としても日本側へ船舶を供与する余裕がなかったことによる[40)]。

　そのため、日本政府による引揚輸送は、主に航路の短い朝鮮半島との往復に限られることになった。しかし、朝鮮半島は米ソ両軍によって北緯38度線を境に南北に分断されたため、満洲方面からの避難民が朝鮮半島を南下するルートは遮断されており、朝鮮半島と日本との連絡は、比較的混乱の少ない38度線以南の日本人の引揚と日本内地からの朝鮮人の帰還ルートとして機能するだけであった。

　敗戦当時のさまざまな国内事情が、日本政府による現地定着を基本方針とする物理的要因となった。しかし、ポツダム宣言を受諾すれば戦争が終結し、以後は連合国とのあいだで国際法に基づいた敗戦処理が粛々と行われるであろうという甘い観測が、政府内部にあったという心理的要因も見逃すことはできない。国際情勢に対する無感覚と受動的態度は日本政府の政策余地を狭め、最終的には米国主導で引揚体制が構築され、日本政府は全く受動的な立

場でしか関わることができないという結果に陥っていく。

　敗戦時に植民地も含めた海外に残留していた民間人のうち、米軍管理下にあったものは北緯38度線以南の朝鮮南部と南洋群島およびフィリピンにいた日本人だけであった。しかも、すでに米軍占領下にあった南洋群島とフィリピンの民間人の多くは収容所に収容されていた。また、中国軍（国民政府軍）管理下となった満洲を除く中国本土には50万人以上の民間人が残留していたが、実質的には現地日本軍の保護下にあった。

　確かに米中両軍の管理地域の民間人の保護に関しては、大きな支障がないとの予測も可能であったが、もっとも多い200万人を数えた満洲と朝鮮北部および南樺太・千島列島はソ連軍の管理下にあったことが事態を複雑にしたのである。

　対日参戦の際、米英中三国の同意を得ずにポツダム宣言に強引に参加したソ連は、8月14日の日本政府による宣言受諾表明以後も満洲・朝鮮北部・南樺太・千島列島の完全な軍事占領を目標として、連合国のなかでも唯一、戦闘を継続していた。

　実質的には、9月2日の降伏文書調印式前後まで続いたソ連軍の侵攻は日本政府にとって全く予測できない事態であった。大戦末期の対ソ和平工作の失敗に引き続き、日本政府はソ連の動きを完全に読み誤ったのであり、これが海外引揚の過程で、満洲を中心としたソ連軍侵攻地域において多大な犠牲者を生む要因となったのである。

　ソ連軍侵攻地域の居留民が日本政府の予想をはるかに超えた悲惨な状況にあることが明らかになったのは、9月に入ってからであった。関東軍も当初は現状を比較的楽観視していたが、前節で触れたように8月30日には避難民らの早期引揚を要請するようになった。そして、状況がますます悪化するなか、9月5日になって関東軍に出張していた朝枝繁春大本営参謀から陸軍宛に在満日本人の窮状が深刻化し、大部分は餓死・凍死に至ることが予想される以上、速やかな引揚実施を求めるとの電信がもたらされた[41]。しかし、同日に関東軍幕僚が一斉に拘留されて組織が消滅したため、居留民保護を担う日本側代表機関がなくなってしまい、満洲方面からの情報が途絶することになる。満洲国の実質的な支配権を握っていた関東軍は、関東軍司令官が駐

満大使を兼任していたため、居留民保護は関東軍司令官の権限であったが、大使兼任の山田乙三司令官もソ連軍に拘引されるに及んで、居留民保護の司令塔が不在となってしまったのである。

　事態が緊迫化するなか、9月1日の段階で外務省は利益代表国であるスウェーデン経由でソ連に対して、占領地域内の残留日本人の生命財産の保護と警察官を含む官公吏の抑留解除、北朝鮮内の工場および発電所従業員の継続雇用、満洲から北朝鮮へ流入した避難民保護などを要請していた。しかし、ソ連は日本の降伏によって外交関係は失われ、利益代表国としての役割も終わったとスウェーデンに回答し、日本側の要請を取り合わなかった[42]。

　日本はスウェーデン以外にも国際赤十字委員会やGHQを通じて残留日本人保護を要請した。GHQに対しては、9日に満洲地域の残留日本人保護をソ連側へ伝えるよう要請したが、ソ連の対応はスウェーデンと同様で、しかも在ソ日本人の地位はソ連によって「一方的ニ処理」されると通告してきたのである[43]。

　ソ連は、対日参戦する際、米英中三国の了解を得ないままポツダム宣言に参加したが、同時に日本占領に関しても米ソ共同統治を要求していた。ソ連の要求は米国の拒否するところとなり、占領政策は最高責任者である連合国軍最高司令官によって実施されることとなったが、ソ連はその際、ソ連軍総司令部は連合国軍最高司令官の指揮下に置かれないと一方的に宣言していた。そのため、GHQはソ連に対して影響力を行使することはできず、結果的にソ連軍占領地域の日本人管理に関しては、まったく関与することはできなくなっていたのである。日本が外交ルートによって事態の打開を図る術は、9月上旬には早くも喪われていたといえる。

4　GHQ指導下の引揚体制確立

　東久邇宮内閣では、重光外相更迭の後、10月1日に終連事務局官制を改正、GHQとの交渉は内閣主導で行われることになったが、直後の4日にGHQが山崎巌内相ら内務省幹部および道府県の警察部長・特高関係者らの免職および全ての政治犯・思想犯の釈放を指令したことから、東久邇宮は翌5日に内閣総辞職を行った。後継内閣は元外相の幣原喜重郎が首班となったものの、

25日にはGHQは日本の外交権全面停止を指令したため、終連は交渉機関から連絡機関へと性格が変わり、ここに日本政府が外交ルートを通じて主体的に引揚問題に関わることは不可能となったのである。

その後、引揚問題は、10月に入って太平洋諸島からの復員が本格的に開始されたことを契機に受入側の体制整備が急速に進み始める[44]。

GHQの管轄地域である南朝鮮では、朝鮮（釜山）と日本（博多）との間の船舶輸送が8月28日から行われていた[45]。南朝鮮からの日本人引揚は、日本からの朝鮮人帰還と対になったものであったが、正式な機関輸送の他にも密航船などによる無秩序引揚も行われていた。しかし、10月3日に在韓米軍政庁のアーノルド（Archibald V. Arnold）軍政長官が日本人の早期引揚実施を発表[46]、23日から京城（北朝鮮からの避難民中心）と仁川在住日本人を皮切りに、南朝鮮からの計画的引揚が開始された[47]。また、兵士の復員も9月下旬から始まっていたが、10月に入って兵士と民間人の引揚輸送が本格化し、翌年4月までに、北朝鮮からの避難民を除くほとんどの日本人が南朝鮮から引き揚げた。

太平洋地域と南朝鮮からの引揚実施に合わせて、GHQは12日に日本政府に対して引揚に関する中央の責任官庁の決定を指令し、18日に厚生省が責任官庁と定められた。これまで兵士の復員は陸海軍、民間人の引揚は内務省が管轄していたが、以後、厚生省が一元的に管轄することになったのである。これを受けて厚生省では22日に社会局内に引揚援護課を設置し、11月24日には地方引揚援護局官制を公布して、GHQによって指定された引揚港で日本人の受入と朝鮮人・台湾人などの送出を行う体制を整えた。なお、同月30日には陸海軍が廃止され、それぞれ第一復員省・第二復員省となった[48]。

また、10月10日にはGHQの一機関として米太平洋艦隊の下に日本商船管理局（Shipping Control Administrator for Japanese Merchant Marine: SCAJAP）が設置され、100トン以上の鋼船すべてを管理下に置いた。そして、11月23日には船舶運営会を再編した商船管理委員会（Civilian Merchant Marine Commitee: CMMC）がSCAJAPの下部機関として設置され、日本船舶を引揚者輸送に全面的に使用することが許可された[49]。

こうして、GHQの指導の下で国内の引揚体制が11月中には完成し、GHQ

の下で引揚輸送が能率的に動き出した。しかし、この時点での輸送は、残存したわずかな日本船舶のみが充てられていたため、兵士を含めた海外残留日本人の完全引揚までは4年かかる見込みであった[50]。しかも、ソ連軍が占領し、最大の残留者を数える満洲からの引揚はまったく見通しが立っていなかった。

III 米国の対中政策転換と残留日本人引揚の実現

1 USFCTによる送還計画

　残留日本人をめぐる環境は、とりわけ満洲において悪化の一途を辿っていたが、引揚が実施される見通しは全く立っていなかった。しかし、残留日本人の救済といったレベルとはまったく別の必要性から日本人の引揚が米国内部の政策課題として浮上してきたのである。

　日本で第1回の御前会議が開かれ、ポツダム宣言受諾の意思が米国へ伝えられた8月11日以降、各地に展開していた日本軍の武装解除と送還が現実の課題となった。この問題に早くから関心を持っていた米陸軍参謀総長マーシャルは、参謀本部時代の腹心で現在はUSFCT総司令官ウェデマイヤーとの間で米軍兵士の本国帰還と同時に日本軍の取り扱いについて意見交換を進めていた。そして、12日のウェデマイヤー宛電信では、早くも中国に展開する日本軍と民間人の送還に関して、中国各地の港から日本側船舶を使った送還計画の構想を伝えていた[51]。

　これに対して、マーシャルと同じく、早くから日本降伏後の国民政府による中国安定化と日本軍の武装解除および送還に強い関心を持っていたウェデマイヤーは、14日付の返電でマーシャルの計画に賛同するものの、日本軍による被占領地域への国民政府軍の進駐能力不足と共産党軍の抵抗の可能性が懸念材料であるので、国府軍進駐に合わせて日本軍を段階的に武装解除していく方法を蒋介石に提案するとの意見を述べた[52]。

　そして、ウェデマイヤーは蒋介石に対して、日本軍部隊の降伏受領・武装解除と復員、地方政府の再建、戦争犯罪人の調査・逮捕を柱とした中国被占領地域の回復に関する「日本の降伏（"Japanese Capitulation"）」と名づけられ

た計画を示し、日本人送還に対する米中の基本合意を図ったのである[53]。

また同時に、8月21日に陸軍省からの回答を得たUSFCTは、350万人の日本人を中国から送還する計画立案に取りかかった[54]。

USFCTの方針は、日本軍の武装解除による被占領地の回復に関して、国府軍が主体で行うことを支援する立場を基本としていた。そして、9月12日に重慶で引揚に関する米中共同委員会の最初の会合が開かれた[55]。

しかし、合意された当初の計画は、日本軍および民間人の現況や中国内の交通事情、さらには船舶利用などに関する情報が不足していたため不確実なものであった。さらに、共同委員会で様々な検討が重ねられた結果、日本人を受け入れる立場にあったGHQと協議する必要性が認識されるようになり、ウェデマイヤー自身が直接マッカーサーに計画を説明するために東京へ飛んだ。こうしてUSFCTの計画にGHQが関与することは、中国戦線内に限定されていた計画が、すでに太平洋地域で進められつつあった日本人送還とリンクし、アジア・太平洋全域を統合する計画に発展することを意味していた[56]。

また、8月末より、計画に基づいてUSFCTの支援の下で国府軍の移動が始まったが、その過程で日本の民間人と彼らの資産の取り扱いが問題化し、日本軍の武装解除と民間人の保護は切り離して処理できないことが明らかになった[57]。

9月9日に支那派遣軍は国民政府に降伏し、月内には華南・華中に国府軍が進駐していった。しかし、蔣介石は、華北の日本軍の武装解除に関しては、国府軍進駐前に米軍が行うよう要請し、米第3水陸両用軍団がこれを行った。また、米軍が華北での活動と国府軍の輸送に関与するなかで、米第7艦隊も日本人送還に重要な役割を担うことになった[58]。

こうして日本軍の武装解除と国府軍の進駐が進むなかで、10月25日から27日にかけて上海で米軍側（GHQ・USFCT・米第3水陸両用軍団・米第7艦隊・駐華米軍連絡団）と中国側（国民政府軍事委員会・陸軍総司令部）との間で引揚に関する合同会議が開かれ、日本人送還に関する基本計画（"October Plan"）が決定された[59]。

この計画は、まず、国府軍の責任の下で日本人（兵士と民間人）を送出港

(天津・青島・上海・広東など)へ移送し、米第7艦隊とSCAJAPの責任の下で中国本土・台湾・日本間の海路輸送を行うという二段階で進めるというものであった[60]。

この決定を受けて中国地区(台湾および香港並びに北緯16度以北のインドシナを含む)からの日本人送還が実行に移されることになったが、この段階では満洲からの送還は米中関係者間で計画されておらず、GHQもこの地域の日本人送還はソ連軍の責任の下で行われるとの立場であった[61]。

2　ソ連軍の満洲撤兵問題

しかし、当初は満洲を切り離していた日本人送還計画であったが、ソ連軍撤兵期日が迫ると同時に国共対立が激化するなか、急展開を見せるようになる。中国では、日本降伏直後から共産党が華北から満洲にかけて影響力を浸透させ、国府軍の北上が阻止されていたため、華北の日本軍を武装解除するために米軍が天津に進駐した。しかし、共産党は米軍の華北展開を警戒しており、国共対立に巻き込まれることを嫌った米軍は、共産党支配地域への介入を避けようとした。

一方、満洲を含めた中国全土の統一と支配の確立を目指していた蔣介石は、日本降伏の半年前から満洲接収の計画に取りかかり、9月中には組織と人選を固めていた。そして、10月12日には東北行営主任熊式輝が長春に入り、ソ連側との交渉が始まった[62]。しかし、この段階では国府軍を満洲まで進駐させる物理的能力はなかったため、東北行営の活動は限られており、米軍の支援による国府軍の北上が絶対に必要となっていた[63]。

中ソ両国は、8月14日に中ソ友好同盟条約を締結する際、日本の降伏後、3カ月以内にソ連軍は撤兵することが了解事項として確認されていた。ソ連側が当初、中国側に伝えた撤兵期日は12月3日であったため、国民政府側は10月下旬から軍隊を大連・安東・営口・葫蘆島に上陸させソ連軍の完全撤退と同時に満洲の接収を完了させる計画であった[64]。

しかし、ソ連側は国府軍の大連上陸を認めなかったため、蔣介石は貸与された米艦と米軍の偵察支援の下で営口・葫蘆島に上陸することを決定した[65]。しかし、葫蘆島に接近した米艦が中共軍の発砲を受け、内戦への深

入りを避けて上陸を断念したとの報を受け、満洲への速やかな進駐は断念せざるを得なくなった[66]。

さらに、この時期、日本人技術者の留用をめぐって米中間で摩擦が起きていた[67]。国民政府にとって産業復興のために日本資産の接収だけでなく、技術者の留用もまた不可欠であった。しかし、この留用は技術者ばかりでなく、軍人まで含まれるようになり、日本の影響力を排除したい米国にとって望ましいことではなかったのである[68]。

蔣介石にとっては、戦後復興のためには、金融・経済・軍事などで米国からの支援の拡大が必要であった。さらに、国内統一のためには、共産党の根拠地となりつつあった華北と満洲に国府軍を進駐させ、共産党の影響力を排除しなければならず、そのためには米軍の支援が必要であった。しかし、大戦末期から蔣介石との関係が悪化していた米国は、積極支援派であったウェデマイヤーとは異なり、中国問題に深入りすることを避けていたのである[69]。

こうしたなかで、11月に入ると状況は大きく変わる。その要因は、ソ連軍の撤退が現実的な課題となってきたことであった。

国民政府は早期の満洲進駐を断念したが、さらに満洲での共産党軍の活動が活発化し、ソ連軍との交渉も停滞していたため、11月15日に長春の東北行営を山海関へ撤退させることを決定した[70]。

しかし、東北行営撤退の通知を受けてからソ連側は急に交渉に前向きになった。そして、19日に中国外交部からペトロフ（Apollon A. Petrov）駐華大使に対して、国府軍の満洲接収に協力するならば、撤退期限を1月3日まで1カ月延期に同意すると提案した結果、30日にはソ連側から同意するとの回答がもたらされた[71]。また、この間の26日には国府軍が錦州に進駐し葫蘆島も占領したことで、満洲の中心部へ軍を進める体勢が整った[72]。こうして、11月下旬以降、ソ連軍の撤退に向けた国府軍の満洲進駐が具体化していった。

3 米国の対中政策転換

一方、米国政府内部では、20日にウェデマイヤーが陸軍省宛に報告書を提出した（その他、マッカーサー・米太平洋方面司令長官・米第7艦隊司令長官・

米第3水陸両用軍団司令官・駐華米軍連絡団長へ写しを送付)。そこでは満洲を含めた中国情勢の不透明さと国民政府の脆弱性を分析した上で、米軍は速やかに中国から撤退するか駐留を継続して国民政府を支え日本人の送還を完了させるかの具体的な政策を明らかにし、USFCT の権限の見直しを求めていた[73]。

これを受けて同日、国務（バーンズ《James F. Byrnes》）・陸軍（パターソン《Robert P. Patterson》）・海軍（フォレスタル《James V. Forrestal》）三長官による国務・陸・海軍三省調整委員会（the Stat-War-Navy Coordinating Commitee: SWNCC）が開かれ、ウェデマイヤーからの報告を基礎に、ソ連の影響力を排除するために、米軍支援の下、国府軍を満洲へ移送し、あわせて在満日本人を送還する必要性が話し合われた[74]。当初は満洲への深入りを避けていた米国であったが、ソ連軍撤退が現実的課題となるなかで、満洲への関与を深め始めていたのである。

さらに、21日になって蒋介石がトルーマンに宛てて、ソ連は、中ソ友好同盟条約の精神に違背して国府軍の満洲進駐を阻み、共産党の勢力拡張に手を貸していると訴え、事態の悪化を防ぐために米国の協力を強く求めた[75]。

蒋介石は翌日にもトルーマンに宛てて書簡を送り、米軍の物的支援による華北への国府軍進駐をウェデマイヤーと協議したことを伝え、ソ連の支援を受けた中共軍を排除して華北と満洲に国府軍を進駐させて中国の安定を実現するとともに、日本軍の武装解除と日本民間人の送還を実行するために、米国の協力を再度強く求めた[76]。

トルーマンは27日に魏道明駐米大使と会見し、米中協力体制の緊密化を約束した。この日、ウェデマイヤーと同じく反共産党の立場であったハーレイ（Patrick J. Hurley）駐華大使が、国務省内に多い中国共産党支持派との軋轢を理由に辞意を表明し、マーシャルが特派大使として国共調停に当たることが決まった。魏道明は、ハーレイ辞任によって明らかになった国務省内の共産党支持派は下院で問題視されており、さらに、マーシャルのような大物の特派は、米国が中国を重視するようになったことの顕れであると本国へ伝え、今後の米国の対中政策転換に期待を抱いた[77]。

実際、トルーマンはハーレイ辞任後から、中国に残留している日本軍問題

の解決を対日戦の総仕上げと位置づけ、国民政府への支援を柱とする中国政策の転換を考えるようになった[78]。

12月3日にウェデマイヤーは、マーシャルから米国の新しい対中政策が決定し、これまでの日本人送還計画も大きく変わることが伝えられた。計画の重要な変更点は、これまで除外されていた満洲の日本人送還が組み込まれたことであった[79]。

特派大使として中国へ向かうことになったマーシャルにとって最大の懸念材料は、中国に日本軍と民間人が残留することで、日本の影響力が維持され、不安定な中国情勢のなかでキャスティングボートを握ることであった。それを防止するためには、日本人の送還を速やかに進めなければならないと考えていたのである[80]。

その後、14日になってウェデマイヤーとUSFCTにとって重要な決定が統合参謀本部から伝えられた。統合参謀本部は、ウェデマイヤーの権限の範囲を調整し、これまで曖昧であった中国戦域を、満洲・台湾・海南島、さらには北部仏印を含むものであることを明確化したのである。これによって、USFCTはThe Commanding General China Theater（COMGENCHINA）となり、満洲を含むすべての中国に残留する日本軍の武装解除と日本人送還を国民政府を支援しつつ実行し、中国復興の責任を負うとされた。そして、満洲への国府軍移送を支援することも明確にされた。この指令は、先月20日に提出されたウェデマイヤーの報告書が基礎になっているといえるもので、まさにこの時から、USFCTは政治的役割を積極的に引き受けることになったのである[81]。

マーシャルから伝えられた対中政策は、12月15日にトルーマン大統領によって正式に発表された。トルーマンはこれまでの曖昧な対中政策を転換して、中国問題に対して積極的に関与することを表明し、中国安定化のためにマーシャルを特使として派遣し、国民政府と共産党との調停に乗り出すことを明らかにした。そして、その文脈のなかで中国社会の不安定要因となりかねない200万を超す中国残留日本人を速やかに送還する必要があるとの認識を示したのである[82]。

なお、10月から米軍の支援を受けて満洲を除く中国本土の日本兵と民間

人の送還が行われていたが、限られた船舶数では短期間で終わらなかった。国民政府が負担していた日本兵や残留日本人に供与する食糧は3カ月分しかなく、補給を考えると100億元もの経費がかかる見通しであった[83]。国民政府にとって送還の遅延は、財政負担の増加につながっていたのであり、その点からもこれまで以上の大規模な送還計画が必要となっていた。

4　全日本人送還の基本方針確定

　トルーマンの対中政策発表以後の米国の対応は素早かった。日本国内では早くも27日に、船舶運営会に対して、米船215隻（リバティー型戦時標準船・LST《Landing Ship Tank》が中心）を貸与し、1カ月で改装と船員・燃料・食糧を確保し出港させよとの命令が下った[84]。

　また、10月25日に陳儀台湾省行政長官と安藤利吉台湾総督とのあいだで受降式が行われ、国民政府に接収された台湾では、12月18日に米中側から現地日本軍に対して復員実施が告げられ、25日には復員第一船が基隆を出航した。さらに、31日には台湾省行政長官公署が在台日本人の本国送還を発表、3月下旬から引揚が開始されることになった[85]。

　こうして、対中政策の転換を受けて日本人の送還計画の再整備が図られることになったが、これ以降、GHQが大きな役割を果たすようになる。GHQは日本人の送還に関しては、これまで南朝鮮などに限定されていたが、USFCTによる日本人送還計画に関わるなかで、東アジア全域の送還計画の中心的役割を担うようになった。それが制度的に確定するのは、1946年1月の日本人引揚に関する会議においてである。

　1946年1月15日から17日にかけて東京で「引揚に関する会議」が開催された。GHQ・米太平洋艦隊・COMGENCHINA・西太平洋米陸軍・米第5艦隊・米第7艦隊・米第8軍・米第24軍団・SCAJAPの9組織の代表者が参加して開かれた会議では、全地域の残留日本人の本国送還が基本方針として確認された。計画の中心である中国では第7艦隊と在中米軍が使用する船を使って国府軍の軍事移動に充て、同時に日本人の送還も行うこととされたが、中国以外の南朝鮮・フィリピン・太平洋地域・沖縄からの日本人送還、日本からの朝鮮人送還、南朝鮮からの中国人送還などについても一括した合

意がなされ、すべてのアジア・太平洋地域から日本人を送還するための総合的な輸送体系が構築されたのである[86]。

この会議以降、日本に貸与された約200隻もの米軍船舶を中心とした帰還輸送が実行に移され、わずかな日本船舶によって行われていた日本人の引揚は「画期的な飛躍」を遂げることになる[87]。

一方、満洲からのソ連軍撤退は、延長された期日の1月3日になっても実現されなかった。しかし、10日にマーシャル調停の下で国共両軍の停戦合意がなされてから国府軍の進駐は徐々に進み、3月14日にソ連軍はついに瀋陽（旧奉天）から撤退し、瀋陽を東北行政の中心とした国民政府によって全満洲残留日本人の送還体制が構築され、5月から米軍貸与船舶を中心にした送還が本格的に実行されていくことになった[88]。

満洲からの日本人引揚が現実的になるなかで、GHQは、3月16日に日本政府に対して「引揚に関する基本的指令」を出し、海外残留日本人の送還と朝鮮人・台湾人・中国人・沖縄県人の帰還のための輸送および日本国内の受入・送出、ならびに引揚者に対する取扱に関する具体的業務が明確になった[89]。

こうして、海外と日本とを結んだ残留日本人の引揚が制度的・組織的に構築され、ソ連軍占領下にあった大連・北朝鮮・南樺太を除くすべての地域からの日本人引揚が実施されていくことになったのである。

おわりに

大日本帝国の拡張は、「居留民保護」を名目とする軍事行動によって行われたが、その終末において本当に必要とされるべき「居留民保護」が考慮されることはなかった。敗戦後の日本は、さまざまな要因によって残留日本人の現地定着を方針とせざるを得なかったが、政府内部で「居留民保護」という理念が根本において欠落していたことが最大の要因であって、実際は成り行き任せの「棄民」に近いものであったといえよう。

しかし、現実には敗戦から1年弱のあいだで、兵士も民間人も大半が引揚げることができた。当初は短くて3年はかかると見られていた引揚が、驚異

的な速さで行われたのは、米軍の力によるところが大きい。しかし、結果として成果を収めたことが、初期の日本政府は定着と引揚とのあいだで揺れ動いていたことや、敗戦国という現実を直視せずに相手国の好意に過度に期待していたこと、米国は人道的理由よりも国際政治上の観点から日本人の引揚に関与したことなど、検証しなければならない多くの問題点を覆い隠してしまったといえる。

海外残留日本人の引揚は、さまざまな国際関係が絡み合った問題であって、決して日本国内だけの問題でも、日米二国間だけの問題でもない。また、第二次世界大戦終結から冷戦勃発までのあいだの共存と対立が並立する過渡的時代の問題であって、米国のソ連や中国共産党に対する対応は、冷戦期のような対立の視点からだけで読み解けるものでもない。

本章では、1945年8月の敗戦から年末の引揚計画実施までを中心に、米国の対中政策を軸として日本人の引揚問題を論じた。そのなかで、米国がソ連や中国共産党に対して、当初から対決姿勢を鮮明にしていたのではなく、むしろ共存に軸足を置いていたことが、日本人引揚問題にも大きな影響を及ぼしていた。

米国のこうした姿勢は1946年に入っても大きな変化はなかった。しかし、5月以降、満洲からの日本人引揚が本格化すると、ソ連軍占領下の大連・北朝鮮・南樺太に残留している日本人とシベリアに抑留されている日本軍兵士の引揚が問題として浮上したことから、米ソの間で冷戦の兆しが見え始める[90]。

これらの地域からの日本人引揚は、中国の問題であった満洲とは異なり、米ソの直接交渉でしか解決できない問題であって、春から始まった米ソ間の外交交渉が長期化するに従って、対立点が顕在化していった。この問題は、1946年12月19日に締結された「在ソ日本人捕虜の引揚に関する米ソ協定」によって、ソ連軍占領地域からの日本人とシベリア抑留兵士の引揚が実施されることで決着したが、むしろこれ以後の米ソ関係は、ヨーロッパの戦後処理をめぐって対立が深まり、1947年3月12日にはトルーマン・ドクトリンが発表され、米ソ冷戦が構造化していった。

このような米ソ冷戦下で、日本の引揚問題、とりわけシベリア抑留問題は

反共・反ソの宣伝材料となっていった。また、過去に遡って満洲引揚に対しても、非人道的なソ連と人道的な米国という記憶の再構成が進められ、これが現在まで一つの型として語り継がれることになるのである。

注

1) 加藤陽子「敗者の帰還―中国からの復員・引揚問題の展開」(『国際政治』第109号、1995年5月)。後に『戦争の論理―日露戦争から太平洋戦争まで』(勁草書房、2005年)収録。また、ソ連占領地域からの日本人引揚をシベリア抑留問題の視点から論じたものとして、横手慎二「スターリンの日本人送還政策と日本の冷戦への道 (一)」(『法学研究』第82巻・第9号、2009年9月) が挙げられる。横手論文は、満洲残留日本人引揚をめぐって外務省がスウェーデン・国際赤十字委員会・GHQを通じて行った外交交渉を根拠に、現地定着方針が「すぐに破棄された」と結論づけているが、外務省が行った交渉は残留日本人の生命財産の保護要請が中心であって、送還要請ではない。
　このほかには、引揚問題に対する政府の対応について、日本政府内部での総合調整に焦点を当てたものであるが、関口哲矢「終戦処理過程における各省間議論の展開―復員引揚げ問題を事例として」(『ヒストリア』第184号、2003年4月)、戦後日本外交のなかに位置づけたものとしては、佐藤晋「戦後日本外交の選択とアジア秩序構想」(『法学政治学論究』第41号、1999年夏)、外務省による日本人帰化政策と留用および引揚者の帝国意識については、浅野豊美「折りたたまれた帝国―戦後日本における『引揚』の記憶と戦後的価値」(細谷千博他編『記憶としてのパールハーバー』ミネルヴァ書房、2004年) が挙げられる。
2) 日本人救済総会会長の高碕達之助が、満洲の窮状を知らせるために日本へ密使を送り現地の窮状を政府に訴えたことは事実である (高碕達之助『満州の終焉』実業之日本社、1953年、220-231頁)。また、一部の日本人がGHQに対して早期引揚を嘆願したことも事実であるが (丸山邦雄『なぜコロ島を開いたか―在満邦人引揚げ秘録』永田書房、1970年、武蔵正道『死線を越えて―アジアの曙』自由社、増補版2002年)、そのことと満洲引揚実現とはまったく別の次元の問題である。しかし、無力な政府をよそに、個人の活動がGHQを動かし、満洲からの引揚を実現させたという見方は根強いものがある。
3) ポツダム会談における米ソの駆け引きとポツダム宣言発表にいたる過程と政治的意図については、仲晃『黙殺　ポツダム宣言の真実と日本の運命』上下巻 (日本放送出版協会、2000年)、および長谷川毅『暗闘―スターリン、トルーマンと日本降伏』(中央公論新社、2006年) 参照。

4) ソ連の対日参戦に関する最新の研究成果としては、長谷川『暗闘』参照。
5) ポツダム宣言を鈴木首相が「黙殺」したことが原爆投下、さらにはソ連参戦の原因となったと一般的には広く流布しているが、実際にはポツダム宣言発表前に原爆投下は決定されていたのであり、ソ連も対日参戦の名分に利用したに過ぎなかったことは、仲や長谷川による米ソの一次史料を駆使した詳細な研究によって明らかになっている。
6) ソ連軍の満洲侵攻作戦に関しては、David M. Glantz, *The Soviet Strategic Offensive in Manchuria, 1945: 'August Storm'*. Routledge, 2003. 参照。
7) 「三ヶ国宣言受諾に関する在外現地機関に対する訓令（別電）」（外交記録「ポツダム宣言受諾関係一件　善後措置および各地状況関係（一般及雑件）」（A'.1.0.0.1-2）外務省外交史料館所蔵）。なお、大東亜地域と呼ばれた満洲国・中国本土・東南アジア地域は大東亜省の管轄下にあり、居留民保護を扱う各地在外公館は大東亜相の指揮下にあった。この電信については、厚生省が編纂した『援護 50 年史』（ぎょうせい、1997 年、28 頁）では外務省からの発信であるとされ、前掲浅野論文でも外務省発信としている。しかし、上記の理由およびポツダム宣言受諾時に執った大東亜省の対応をまとめた記録である「『ポツダム』宣言ノ條項受諾ニ伴ヒ大東亜地域ニ関シ大東亜省及我方出先各機関ノ執リタル措置並ニ現地ノ状況（昭和二〇、八、一九）」（前掲「ポツダム宣言受諾関係一件　善後措置および各地状況関係（一般及雑件）」所収）では、大東亜省が「居留民ハ出来得ル限リ定着セシムル様措置スルコト（中略）等ヲ訓電セリ」と明記し、前記「三ヶ国宣言受諾に関する在外現地機関に対する訓令」と同内容の文書を発信したと記録されていることから発信元は大東亜省と見なすべきである。
8) 同上「『ポツダム』宣言ノ條項受諾ニ伴ヒ大東亜地域ニ関シ大東亜省及我方出先各機関ノ執リタル措置並ニ現地ノ状況」。
9) 「終戦に伴う支那派遣軍の動向並対策処理に関する電報綴」浜井和史編『復員関係史料集成　第 4 巻　支那関係復員処理に関する記録綴』（ゆまに書房、2009 年）。
10) 「在支居留民利益保全対策ノ件」（外交記録「太平洋戦争終結による在外邦人保護引揚関係雑件」（K'.7.1.0.1.）外務省外交史料館所蔵）。
11) 「朝鮮、台湾及樺太ニ関スル善後措置要領（案）昭和二〇、八、一九内務省管理局」（同上外交記録「太平洋戦争終結による在外邦人保護引揚関係雑件」外務省外交史料館所蔵）。
12) 「戦争終結ニ伴フ在外邦人ニ関スル善後措置ニ関スル件」（内閣総理大臣官房総務課資料「終戦処理に関する件」（本館 2A-040-00 資 00056100）国立公文書館所蔵）。
13) 引揚援護庁編・発行『引揚援護の記録』（1950 年）3 頁。
14) 「昭和二十年八月十四日起　次官会議事項綴」所収。なお、この時の厚生省の試算では 500 万（復員兵 365 万・引揚者の有業人口 135 万の合計）を基礎に 749 万人の新規雇

用が必要とされていた（「昭和二十年八月　東久邇宮内閣次官会議記録」（本館 4E-006-00 平 16 内閣 00002100）国立公文書館所蔵）。
15）　陸軍でも 8 月 22 日付で食糧自給対策として軍用地の開放が陸軍省副官から各軍管区参謀長宛の通牒が出された（「軍用地農耕利用ニ関スル通牒」、憲政資料室収集文書「善後措置委員会関係書類綴」国立国会図書館憲政資料室所蔵）。これは復員兵の帰農を想定したものであるが、後に引揚者にも対象が拡大され、戦後緊急開拓政策の端緒となるものといえよう。
16）　「閣甲第三九〇号　昭和二十年八月三〇日　一、外地（樺太ヲ含ム）及外国在留邦人引揚者応急措置要綱ノ件　二、戦災者越冬対策要綱ノ件」（「公文雑纂　昭和二十年第七巻　内閣・次官会議関係（一）」（本館 2A-015-00 纂 03079100）国立公文書館所蔵所収）。
17）　前掲「昭和二十年八月　東久邇宮内閣次官会議記録」所収。
18）　前掲「戦争終結ニ伴フ在外邦人ニ関スル善後措置ニ関スル件」。
19）　有吉義弥『占領下の日本海運―終戦から講和発効までの海運側面史』（国際海運新聞社、1961 年 44 頁）。
20）　例えば、朝鮮半島北緯 38 度線以南を管轄区域としていた第 17 方面軍は、米軍との停戦協定を結ぶに当たって、「内地ノ食糧及特ニ爆撃ニ伴フ住宅ノ不足等ノ為大陸居留民ノ全員引上ケハ人道上不可能ナル所以ヲ十分認メ之カ為留マル在留邦人ノ掩護、食糧等生活ノ安定保障ヲ十分考慮スルコト」を求めようとしていた（「京城以南地区ニ関スル停戦協定ニ於ケル提案要綱（案）昭和二〇、八、二四主任者」、旧陸海軍関係文書《マイクロフィルム：R134》）。
21）　前掲「昭和二十年八月　東久邇宮内閣次官会議記録」所収。
22）　「委員会第十四号　善後措置委員会審議事項及其後ノ推移一覧」（前掲「善後措置委員会関係書類綴」所収）。
23）　前掲『占領下の日本海運』56 頁。
24）　「公文類聚　第六九編　昭和二十年　第六五巻　交通・通信（郵便、電信電話）、運輸（鉄道、航空、船舶）」（本館 2A-013-00 類 0249100）国立公文書館所蔵。
25）　同上。
26）　「終戦支那関係綴第一号」（防衛省防衛研究所戦史研究センター所蔵/文庫/柚/418）。
27）　前掲「昭和二十年八月　東久邇宮内閣次官会議記録」所収。
28）　この閣議決定は、船舶運航禁止の解除を見越したものと考えられる。全日本船舶は米太平洋艦隊司令長官の管理下にあったため、閣議決定後の 6 日に管理責任者であるバレンタイン海軍少将に配船計画を提出して、解禁に向けた準備が行われた。しかし、陸軍は残存船舶で外征部隊の復員輸送に充てるべきと考えていたのに対して、海軍は民生

安定を重視して、物資の海上輸送に充てるべきと考えていたため、配船計画立案の段階で意見の対立が生じていた（前掲『占領下の日本海運』47-50、58-60頁）。

29) 前掲「昭和二十年八月十四日起　次官会議事項綴」所収。

30) 同上。

31) 『木戸幸一日記』1945年8月15日付。

32) 東久邇稔彦『一皇族の戦争日記』（日本週報社、1957年、203-205頁）、緒方竹虎伝記刊行会編『緒方竹虎』（朝日新聞社、1963年、146-147頁）、有田八郎『馬鹿八と人はいう』（光和堂、1959年、243-245頁）。なお、『一皇族の戦争日記』は日記の体裁を採っているが、実際には日記を基にした回顧録といえるものである。東久邇宮の日記（複製本は防衛研究所戦史研究センター所蔵）は公刊本に比べて記述が簡素である。

33) 東久邇『一皇族の戦争日記』210-211頁。

34) 「終戦処理会議設置ノ件」・「大本営及政府終戦事務連絡委員会設置ノ件」（『公文類聚第六十九編昭和二十年第五十三巻軍事二海軍・防空・国民義勇隊・終戦関係・雑載』（本館 2A-013-00 類 02937100）国立公文書館所蔵）。なお、同日付で最高戦争指導会議は廃止された。

35) 終連の設置経緯とその後の変遷については、荒敬『日本占領史研究序説』（柏書房、1994年）参照。

36) 重光葵『重光葵著作集 1 昭和の動乱』（原書房、1978年、299-300頁）。

37) 前掲『緒方竹虎』159頁。

38) 「1945年9月10日付在支各公館宛重光外相電信」（外交記録「ポツダム宣言受諾関係一件在外公館（領警を含む）の閉鎖接収及財産文書の処理引渡並在本邦中立国代表との接触停止関係（第2巻）」（A'.1.0.0.1-4）外務省外交史料館所蔵所収）。ちなみに、8月をもって大東亜省は廃止され、これまで大東亜省の所管であった中国・東南アジアにおける外交業務は外務省に引き継がれた。

39) 前掲『一皇族の戦争日記』233-234頁。

40) Albert C. Wedemeyer, *WEDEMEYER REPORTS!*, The Devin-Adair Company, 1958, pp. 356-357（邦訳『第二次大戦に勝者なし　ウェデマイヤー回想録』上下巻、講談社学術文庫版、1997年）、および、ハリー・S・トルーマン『トルーマン回顧録1』（恒文社、1966年、380-384頁）。

41) 「台湾軍・関東総軍電報（含渉外報）綴」（防衛省防衛研究所戦史研究センター所蔵/中央/終戦処理/581）。なお、この電信は2種類編綴されている。一つは9月5日付のもので、大半は不着となっているもの、もう一つは9月6日付で、5日付と同じ内容だが未着部分も判明している手書きのものである。本稿では6日付の文書を参考としたが、9月5日に関東軍総司令部は接収されているため、6日付は誤記と思われる。

42) *RUSSIA*（スウェーデン国立公文書館所蔵外務省文書/Avd:P/Grupp:19/Mål:S:I/General）。日本がスウェーデン経由でソ連へ伝えた要請は、現状認識を欠いた内容であった。なお、この時、外務省倭島英二事務官は、駐日スウェーデン公使館参事官エリクソン（Nils E. Ericson）に対して、海外に残留している民間人は390万人で、そのうち女性・子供・病人など含めた引揚希望者は260万人と想定するが、引揚完了まで2年以上はかかる見通しであると伝えていた。

43) 「満洲及北鮮ニ於ケル邦人保護ニ関スル交渉経過」（外交記録「引揚者及び未帰還者の保護救済関係」（K′.7.1.0.4）外務省外交史料館所蔵）。

44) 前掲『引揚援護の記録』2・26頁。太平洋諸島の兵士の食糧事情が劣悪な状態にあったため、急速な復員が必要となっていた。

45) 前掲『占領下の日本海運』64–65頁。

46) 森田芳夫『朝鮮終戦の記録――米ソ両軍の進駐と日本人の引揚』（巌南堂、1964年、352–353頁）。

47) 同上361–364頁。

48) 同上4–5頁。地方引揚援護局は、当初は浦賀・舞鶴・呉・下関・博多・佐世保・鹿児島の7局と横浜（浦賀）・仙崎（下関）・門司（博多）の3出張所であったが、港湾機能の現状などから最終的には、函館・浦賀・名古屋・舞鶴・田辺・宇品・仙崎・博多・唐津・佐世保・鹿児島の11局と戸畑（博多）・大竹（宇品）の2出張所、横浜援護所となった。

49) 前掲『引揚援護の記録』31頁。なお、商船は船舶運営会（のちにCMMC）、旧海軍艦船は海軍省（のちに第二復員省）が運営に当たった。CMMC設立の経緯と帰還輸送の活動に関しては前掲『占領下の日本海運』第2章に詳しい。

50) 同上書31頁。

51) Larry I. Bland and Sharon Ritenour Stevens, *The Papers of George Catlett Marshall: Volume 5 "The Finest Soldier" January 1, 1945–January 7, 1947*, The Johns Hopkins University Press, 2003, pp. 270–271.

52) Ibid. p. 271.

53) *USFCT Planning for Participation in the Repatriation of Japanese Nationals*（米国立公文書館所蔵/RG493/Box29/Folder1/p.3）。

54) Ibid. p. 3. 350万人の内訳は、満洲143万4,957人（内：民間人75万4,957人）を含めて、華北56万4,265人（内：民間人31万9,103人）・華中83万9,346人（内：民間人14万6,000人）・華南13万9,174人（内：民間人1万8,380人）・台湾49万1,220人（内：民間人32万3,269人）・仏印（北緯16度以北）3万938人（内：民間人1,187人）であった。

55) Ibid. p. 4. 米中共同委員会は USFCT 総司令部と中国国民政府軍政部・軍事委員会の各代表から構成された。
56) Ibid. p. 5. USFCT の送還計画は、ディッキー（Joseph Dickey）大佐の第 2 課（情報担当）と密接な連携の下でマクナミー（Roland W. McNamee）大佐を中心とした第 3 課で練られた。なお、当初、GHQ は USFCT の送還計画に懐疑的で、参謀長のサザーランド（Richard K. Sutherland）はウェデマイヤーに面と向かって実現に否定的な見解を述べた（Ibid. WEDEMEYER REPORTS!, pp. 351-352）。
57) Ibid. USFCT Planning for Participation in the Repatriation of Japanese Nationals. p. 5.
58) Ibid. p. 7.
59) Ibid. p. 8.
60) Ibid. pp. 8-9.
61) Ibid. p. 10.
62) 熊式輝『海桑集　熊式輝回憶録』（明鏡出版社、2008 年、486-493 頁）。東北行営は、熊式輝の他に、経済委員会主任の張嘉璈（張公権）と外交特派員の蔣経国が中心であった。なお、8 月 26 日に東北接収計画のなかで在満日本人・朝鮮人の処置も議題となっていた。そこでは、居留民化か帰化の 2 種類が検討されていた模様である。
63) 蔣介石は、9 月 10 日に宋子文を通じてアチソンに対して、ソ連軍撤退による満洲への国府軍部隊の移送援助を要請していた。この要請は 12 日に国務省経由でトルーマン大統領に伝えられ、トルーマンも統合参謀本部の説明に沿うかたちで米軍による支援を基本的には了解していた（Foreign Relations of the United States Diplomatic Papers 1945 Vol. VII the Far East China, 1969. pp.1027-1028.）。前掲加藤論文は、このやり取りを米軍主導による引揚実施の重要な転換点と捉えているが、トルーマンの了解はソ連軍撤退が前提であって、自らが積極的にこの問題に関与しようとしたものではない。この時点では、満洲のソ連軍の撤退は不透明であり、国府軍も満洲へ進駐する余裕はなかった。また、米国も国府軍進駐の支援を受動的なものにとどめており、満洲の残留日本人送還への積極的関与は想定されていなかった。
64) 董彦平『ソ連軍の満洲進駐』（原書房、1982 年、16 頁）。
65) 「蔣介石日記」1945 年 10 月 6 日・24 日付（スタンフォード大学フーバー研究所アーカイブズ所蔵）。
66) 同上、10 月 28 日付。
67) 同上、10 月 16 日付。
68) 日本人の留用は、国民政府側からの要請に対して、支那派遣軍が積極的に応じたことから考えると日中合作の面も強かった。この経緯に関しては、加藤聖文「海外引揚問題と日本人援護団体―戦後日本における帝国意識の断絶」小林英夫他編『戦後アジアに

おける日本人団体―引揚げから企業進出まで』(ゆまに書房、2008 年) 参照。

69) 大戦末期、中国戦線の指揮権をめぐり、中国戦域米軍総司令官スティルウェル (Josepf W. Stilwell) と蔣介石の対立が顕在化し、米国政府の蔣介石に対する評価も低下した。スティルウェルの後継ウェデマイヤーは蔣介石寄りであったが、米国の国民政府に対する厳しい見方は大戦終結後も続き、対中政策にも影響を及ぼしていた。これらの経緯については、バーバラ・W・タックマン『失敗したアメリカの中国政策―ビルマ戦線のスティルウェル将軍』(朝日新聞社、1996 年) および、前掲 *WEDEMEYER REPORTS!* 参照。

70) 前掲『ソ連軍の満洲進駐』46 頁、および前掲『海桑集』499 頁、ならびに Donald G. Gilln & Ramon H. Myers, *Last Chance in Manchuria: THe DIARY OF CHANG KIA-NGAU*, Hoover Institution Press. pp. 118-119.

71) 同上『海桑集』500-502 頁、および同上『ソ連軍の満洲進駐』63・70 頁。

72) *Ibid. Last Chance in Manchuria*. pp. 136-137. および前掲『ソ連軍の満洲進駐』68 頁。

73) *Ibid. WEDEMEYER REPORTS!*, pp. 447-458. なお、この報告書では、満洲について朝鮮と同じく米ソ英中 4 カ国による信託統治案が述べられている。

74) Walter Millis and E. S. Duffield, *The Forrestal Diaries*, The Viking Press, 1951, pp. 108-112. and *Ibid. USFCT Planning for Participation in the Repatriation of Japanese Nationals*, pp. 26-27.

75) 1945 年 11 月 21 日付トルーマン宛蔣介石電信 (外交部編・発行『外交部檔案叢書―界務類 第二冊 中蘇関係巻』2001 年、205-206 頁)。

76) 1945 年 11 月 22 日付トルーマン宛蔣介石書簡 (同上 206-207 頁)。

77) 1945 年 11 月 27 日付蔣介石宛魏明道電信 (同上 207-208 頁)。

78) Robert H. Ferrell, *Off the Record: The Private Papers of Harry S. Truman*, University of Missouri Press, p. 74.

79) *Ibid. USFCT Planning for Participation in the Repatriation of Japanese Nationals*. p. 22.

80) 1945 年 12 月 11 日付メイヤー宛マーシャル書簡 (*Ibid. The Papers of George Catlett Marshall*, pp. 383-384)。なお、マーシャルはウェデマイヤーほど反共で国民政府寄りではなく、中国問題に米国が深入りすることに慎重であった。そして、この中国問題への認識と対応の相違が訪中直後から顕在化し、やがてウェデマイヤーとの対立へとつながる (ウェデマイヤーとマーシャルの対立は、前掲 *WEDEMEYER REPORTS!* 参照)。米国政府内での対中政策転換とマーシャル特派に関しては、松村史紀『「大国中国」の崩壊―マーシャル・ミッションからアジア冷戦へ』(勁草書房、2011 年) 参照。

81) Ibid. pp. 29-30.

82) ハリー・S・トルーマン『トルーマン回顧録 2』(恒文社、1966 年、56-57 頁)。およびディーン・アチソン『アチソン回顧録 1』(恒文社、1979 年、176-177 頁)。

83) 1945年11月29日付蔣介石宛陳誠電信（何智霖編『陳誠先生回憶録—抗日戦争（下）』、国史館、2005年、907頁）。
84) 前掲『占領下の日本海運』85-87頁。
85) 台湾からの日本人引揚に関しては、加藤聖文「台湾引揚と戦後日本人の台湾観」台湾史研究部会編『台湾の近代と日本』（中京大学社会科学研究所、2003年）参照。
86) *Agreements Reached at Conference on Repatriation*（マッカーサー記念館アーカイブズ所蔵マッカーサー文書/RG5/Box77/Folder3）。
87) 前掲『引揚援護の記録』5・31頁。なお、引揚輸送に当たった船舶は、最も多いときには旧海軍艦船172隻、日本商船55隻（延数75隻）、米軍貸与船213隻であった。
88) ソ連軍撤退による国府軍進駐後の満洲残留日本人引揚に関しては、加藤聖文「戦後東アジアの冷戦と満洲引揚—国共内戦下の『在満』日本人社会」（『東アジア近代史』第9号、2006年3月）参照。
89) 前掲『引揚援護の記録』資料5-18頁。
90) 大連・南樺太からの日本人引揚に関しては、加藤聖文「ソ連軍政下の日本人管理と引揚問題—大連・樺太における実態」（『現代史研究』第5号、2009年）参照。

（付記）本稿は、科学研究費助成若手研究（S）「海外引揚問題と戦後東アジアの地域変動に関する国際的総合研究」の成果の一部である。

第2章 日本軍の武装解除についての一考察

加藤　陽子

はじめに

　本稿では、敗戦をはさみ、その前後における日本軍の武装解除をめぐる問題について扱う。筆者の問題関心は、ポツダム宣言受諾の御前会議決定を連合国に通告した1945年8月14日と、戦争終結の詔書が放送された15日を境として、武装解除拒否、あるいは自主的武装解除をめぐる軍の態度が、急激に変化しえた理由、あるいは豹変しえた背景を検討することにある。ただ、史料の博捜という点でも考察の深度という点でも、今なお覚書の段階にあることについては、読者のご海容を請いたい[1]。以下、引用にあたっては、読みやすさを考慮し、適宜、濁点、句読点を補った。

　まず注目したいのは、武装解除の問題が、ポツダム宣言受諾にあたって協議された際、国体護持の問題と対置されて論じられていた事実からくる重みである。7月26日、トルーマン（Harry S. Truman）、チャーチル（Winston Churchill）、蔣介石の名で出された（ソ連は対日参戦後に参加）ポツダム宣言をめぐり、政府部内では深刻な意見の対立が見られた。8月10日未明、最高戦争指導会議構成員メンバーのみによる御前会議では、国体護持の一条件での受諾を主張する東郷茂徳外相（鈴木貫太郎首相、米内光政海相も賛成）と、国体護持・自主的武装解除・自主的戦犯処罰・保障占領拒否の四条件を主張する軍部側（阿南惟幾陸相、梅津美治郎参謀総長、豊田副武軍令部総長）が激しく対立し、昭和天皇の、いわゆる「聖断」によって、国体護持一条件での受諾が決定されたことは、よく知られている。

　国体護持の一条件といった場合、その具体的内容は、外交文書上の表現としては「対本邦共同宣言ニ挙ゲラレタル条件中ニハ、天皇ノ国家統治ノ大権

ヲ変更スルノ要求ヲ包含シ居ラザルコトノ了解ノ下ニ帝国政府ハ右宣言ヲ受諾ス」[2]（傍点は引用者、以下同じ）というものであった。ここにいう「条件」とは terms のことであり、ポツダム宣言第5項「吾等の条件は左の如し」以下で展開される8項目の「条件」に用いられる単語 terms に対応しており、連合国側が最後まで崩さなかった無条件降伏路線の原則に変更はない。無条件降伏といった場合の条件は、condition で表現されていた[3]。

次に興味深いことは、四条件を必須のものと考える軍部にとって、国体護持以外の三条件中、最も重視されていたものが、自主的武装解除、すなわち、連合国による日本軍隊の武装解除の拒絶だったことである。この点を最もよく物語るものとして、新史料「東条元首相手記」[4]を見ておきたい。本史料は、1999年、法務省から国立国会図書館へ移管された「戦争犯罪裁判関係資料」のうち、2007年から公開が始まった「A級極東国際軍事裁判記録」中にあり、1945年8月10日から同14日に記されたメモにほかならない。

I　武装解除をめぐる攻防

1　東条英機

東条手記は、先の御前会議と同日の8月10日、首相官邸で開かれた重臣懇談会[5]の席上、重臣の一人として、東条自らが東郷外相に質した「問い」の記述から始まっている。いわく、国体護持といっても、護持を可能とする具体的要件の具備が不可欠であり、それは「即チ兵備ヲ備フルコトナリ、天孫ノ御詔勅[6]ニモ其ノ旨ヲ明示セラレ」[7]ているではないか、と。東条が、国体護持と軍備保持を密接不可分としていた点、またその根拠を、いわゆる「天壌無窮の神勅（天照大神が天孫に下したとされる勅語）」に求めていたことに注目したい。だが、注6に記したように、国体護持と兵備保持の不可分性について、天壌無窮の神勅自体が何ものかを語っているわけではなかった[8]。しかし、この神勅については、1940年から使用された「小学国史」尋常科用教科書においては、これまで、天照大神の項目中に書かれていたにすぎない神勅を別記するようになっており[9]、東条の言葉は、国民一般に受け入れられやすい用語に依存することで、よりいっそうのインパクトを持ったと考

えられる。

　懇談会後に参内した重臣らは、それぞれ天皇に奏上を許された。東条は天皇に対しても、「国体護持ヲ保証スベキ具体的事項ノ確保ヲ前提」としなければ、「国ヲ挙ゲテ滅亡」[10]に向かってしまう、とやや不穏なことを述べた。この東条発言を、近衛文麿の意を受けて高松宮宣仁親王に各種情報を上げていた細川護貞は、冷ややかな態度で次のように記している。東条は天皇に対し、「陸軍をサゞエの殻にたとへ、殻を失ひたるサゞエは、遂にその中味も死に到ることを述べて、武装解除が結局我国体の護持を、不可能ならしむる由」[11]と述べた、と。東条は、8月11日に記した手記「今後予見スベキ情勢判断」中にも、全面的武装解除の不可を述べ、武装解除こそが「敵ノ降伏条件中、敵ノ最大重点ナリ」と書き留めていた[12]。

　サイパンが陥落し、東条内閣が倒れた1944年7月以降、皇土を敵の手から防衛することこそが国体護持だとの国民思想の誘導が政府の手でなされていたことは、小磯国昭内閣で外相を務めた重光葵が記録した、最高戦争指導会議の史料[13]からもわかる。例えば、1944年10月5日の最高戦争指導会議において議論された「決戦輿論指導方策要綱（案）」[14]の「一、方針」の冒頭は「輿論指導ハ国体護持ノ精神ヲ徹底セシメ」で始まっており、「二、要領」の「（1）国体ニ対スル信仰ノ喚起昂揚」の内容としては、「皇土防衛ノ国体護持上絶対緊切ナル所以ヲ強調ス」との文句が掲げられていた。

　戦争の最終盤になされた輿論誘導を前提として活用しつつ、軍、ことに陸軍は、自主的武装解除の必要性に固執していた。8月10日のポツダム宣言受諾通告から15日まで、陸軍の徹底抗戦派による叛乱が危惧される素地もまた、当然のことながら、あったといえる。1944年8月末から、米内海相と井上成美海軍次官からの密命[15]で終戦工作に任じていた高木惣吉の日記には、45年6月27日、近衛が陸軍に対して抱いていた警戒感の根拠として、次の情報が載せられている。

　いわく、東条が「〔44年7月、首相を〕辞メル前ニ訓辞シタ中ニ、国体論ニハ、狭義ト広義ガアル、狭義ノ国体論デハ、陛下ノ御命令ナレバ何事デモ絶対服従シナケレバナラヌガ、広義ノ解釈デハ、国家ノ為ニナラヌ場合ハ、上命ニ背イテモ良イ」[16]との訓辞をおこなっていたとの情報である。先に述べ

たように、8月10日になされた東条の奉答が、国体護持の一条件でのポツダム宣言受諾批判であったことを考えれば、東条と陸軍の徹底抗戦派との間に連絡があるのではないかとする近衛の危惧は、あながち誇大なものとはいえなかった。国体護持の一条件での受諾が天皇の意思であると軍側が明確に理解しえたとしても、東条が述べたとされる国体解釈によれば叛乱は起きうるし、事実、それは小規模ながら起きたのである。

2　ポツダム宣言中の武装解除

　ここでは、ポツダム宣言について見ておきたい。外務省訳[17]によるその要旨は、以下の7点にまとめられる。周知の内容とはいえ、日本軍の武装解除にしぼって、あらためて掲げてみる。

①日本打倒のため連合国が準備しつつある戦力は、ナチスを打ち負かし、全ドイツを荒廃させたものを上回る。よって、その攻撃は「日本国軍隊ノ不可避カツ完全ナル壊滅ヲ意味スベク、マタ同様必然的ニ日本国本土ノ完全ナル破壊ヲ意味」する（第3項）。

②無分別な打算により日本帝国を滅亡の淵に陥れたわがままな「軍国主義的助言者」によって日本が引き続き統御されるのか、それとも「理性ノ経路ヲ日本国ガ履ムベキカ」を決定する時期が来た（第4項）。

③「日本国国民ヲ欺瞞シ、コレヲシテ世界征服ノ挙」をとらせた者の権力と勢力は永久に除去される（第6項）。

④上記に示した「新秩序」が建設され、「日本国ノ戦争遂行能力ガ破砕セラレタルコトノ確証」が得られるまで、日本は占領される（第7項）。

⑤「日本国軍隊ハ完全ニ武装ヲ解除セラレタル後、各自ノ家庭ニ復帰シ、平和的カツ生産的ノ生活ヲ営ムノ機会」を与えられる（第9項）。

⑥日本人を奴隷化しようなどとは考えていない。ただ、「吾等ノ俘虜ヲ虐待セル者ヲ含ム一切ノ戦争犯罪人ニ対シテハ厳重ナル処罰」が加えられる（第10項）。

⑦「日本国政府ガ直ニ全日本国軍隊ノ無条件降伏」を宣言し、誠意をもってそれを実行することにつき、適切かつ充分な保障を日本政府が提供すること（第13項）。

武装解除に限定してポツダム宣言を読み直せば、宣言の意図が改めて浮き彫りになろう。（ⅰ）今後、連合国によってなされるはずの、日本本土への攻撃のすさまじさを予言し、まずは政府と国民を脅かし、（ⅱ）政府と国民が、戦争責任者や「軍国主義的助言者」と決別するように最後の選択を迫ったうえで、（ⅲ）俘虜虐待を犯した者は罰せられるが、軍人一般は罰せられることなく、普通の軍人は故郷に帰ることができると保障し、（ⅳ）日本国軍隊の無条件降伏と武装解除が終了すれば、占領軍の保障占領は終わる、と明示されていた。

　（ⅳ）で、日本国の無条件降伏ではなく、日本国軍隊の無条件降伏と述べている点について、外務省条約局第一課が8月9日に作成した「米、英、支『ポツダム』宣言の検討」を見ておきたい。いわく、1943年12月のカイロ宣言では、「日本国の無条件降伏」と明白に書かれており、1945年2月のクリミア宣言（ヤルタ会談）においても、「『ナチス・ドイツ』ニ対シ共ニ課スベキ無条件降伏条項」と述べていることと比較すれば、無条件降伏の主体を限定している点が注目に値する、と外務省は解釈していた[18]。

　海軍もポツダム宣言の評価に着手している。終戦に対応するため海軍省は、部内に7分科会（第1は総合対策、第2は武装解除、第3は軍備撤廃、第4は復員、第5は国内対策、第6は対外折衝、第7は捕虜・国際法規）からなる海軍終戦委員会[19]を組織した。軍務局第一課長山本善雄が遺した「終戦委員会綴」は、8月7日付、軍務局第二課作成「極秘　ポツダム米英重慶共同宣言ノ検討」から始まっている。評価として注目されるのは、第13項に対する分析部分であり、宣言が無条件降伏という言葉を日本軍に対して用いているのみで、「日本政府（乃至国民）」に対しては用いないよう工夫していると見た部分である。

3　バーンズ回答中の武装解除

　1945年8月10日、国体護持一条件での受諾を連合国側に伝えた日本は、そもそもポツダム宣言が、天皇の国家統治の大権についての変更を含んでいない旨の日本の了解は正しいものなのかについて連合国側の確認を求めた。それに対する、アメリカ国務長官バーンズ（James F. Byrnes）による回答[20]

をも見ておきたい。これについて、日本外務省や陸海軍は、8月12日、サンフランシスコの軍放送を傍受しており、直ちに理解していた。内容の要旨を外務省の翻訳に基づいてまとめると以下のようになる。

①天皇と日本政府の国家統治の権限は、連合国最高司令官の「制限」の下に置かれる。

②天皇は、政府と大本営に対し、ポツダム宣言の諸条項を実施するために必要な降伏条項に署名する権限を与えること。

③天皇は、日本の陸海空軍官憲に対して、どの地域にあるかを問わず、戦闘行為の中止、武器引渡し等、最高司令官の要求に従った命令を発すること。

④政府は、降伏後直ちに、俘虜と被抑留者を連合国船舶に速やかに乗船させられるように、安全な地域に移送すること。

⑤最終的な日本国の形態は、ポツダム宣言に遵い、日本国国民の自由に表明する意思によって決定されるべきものとする。

⑥連合国軍隊は、ポツダム宣言に掲げた諸目的が完遂されるまで日本国内に留まる。

8月13日に外務省がバーンズ回答についておこなった分析がある。外務省調査局長兼広報部長の岡崎勝男は、本回答が全体として、天皇、政府、大本営を通じて、各種の命令を出させようとしていることにつき、「独逸ニ対スル前例ニ比ベ、スコブル我方ニ有利」[21]と分析していた。だが、8月12日、傍受によってバーンズ回答を知っていた軍部が外務省側の翻訳を問題にしたことは、よく知られている。すなわち、①の部分で外務省の訳である「制限」は適切ではなく、「従属」「隷属」と訳すのが正しく、国体護持の一条件を連合国回答が認めたとはいえず、ポツダム宣言を受諾できない、というものである。

陸軍もまた、バーンズ回答を分析している。8月12日付で陸軍省軍務局が作成した「説明資料」[22]からは、軍が①の事項について、「国体の根本的破壊」と見ていたことがうかがえる。③の武装解除については、帝国憲法に示すところの「天皇ハ陸海軍ヲ統帥スノ主旨ニ基キ、所要ノ軍隊ヲ保有スルハ、天皇ノ大権事項ニシテ、国体護持ノ為ニハ軍備ヲ必要トスルハ当然ナリ」、

「本回答文ニハ、国体護持ノ安全保障ハ何物モナシ」と述べ、ポツダム宣言とバーンズ回答を総体として、「米英蘇支ノ真意ハ飽ク迄、国体ノ変革ニ存スルコト明白」と断じていた。事実、8月12日、梅津参謀総長と豊田軍令部総長は連袂の上、反対の旨を述べた帷幄上奏をおこなっていた[23]。

しかし、その後の歴史の展開からもわかるように、実際の武装解除は気の抜けるほど平穏裡になされた。それは、哲学者の久野収が、以下に引くように述べた、拍子抜けするような安穏さであった。敗戦の前と後で、いかなる変化がどこに生じたのだろうか。

一九一七年のドイツ革命やロシア革命のことを書物で知っていて、兵隊が現場で反乱を起こすという状況があって、革命の口火が切られることは知られていた。ところが、日本の兵隊さんは全部武器を捨てて、みんなが隠匿物資をもらって帰郷してきた。これでは国民の側はどうにもならない[24]。

II 昭和天皇と遼東還附の詔勅

1 講和を躊躇させたもの

変化はまず、天皇において生じた。1945年5月5日、木戸幸一内大臣と面会した近衛文麿は高木惣吉に対し、次のように、天皇の心境の変化についての情報をもたらしている。木戸いわく、これまでの天皇の考えは「全面的武装解除ト責任者ノ処罰ハ絶対ニ譲レズ、夫レヲヤル様ナラ最後迄戦フ」[25]というものであり、武装解除をおこなえば、ソ連参戦を避けられない、との見方であったという。しかし、同年5月2日、3日あたりに、心境に変化を生じたとの見立てであった。

木戸が述べた天皇の考えは事実であったと思われる。傍証として、ほぼ7カ月前の1944年9月26日の時点における天皇の考えを示す史料を挙げておこう。この時点で、小磯国昭内閣の外相であった重光葵が記したメモには、木戸内大臣の言葉として、天皇が「独逸屈服等ノ機会ニ名誉ヲ維持シ、武装解除又ハ戦争責任者問題ナクシテ平和出来ザルヤ、領土ハ如何デモヨシ」[26]と木戸に述べた経緯が記されている。重光と木戸は、上記の天皇の意思を了

解した上で、少しずつ、天皇の発意による和平を準備するが、ここで注目したいのは、ドイツ降伏後の和平を狙う際においても、武装解除と戦争責任者処罰の二点については、あくまでも避けたい、と天皇がこの時点では考えていたことである。

しかし、天皇の考えも変わる。45年5月2日、3日といえば、4月30日のヒトラーの自殺、ベルリン陥落が日本の新聞・ラジオで報じられ始めた頃であった。当時、侍従であった徳川義寛の5月3日の日記には、ロイター通信社が伝えるドイツ放送局の発表としてのヒトラーの死と、最高司令官の後任となったデーニッツ提督の談話「第一の任務はボルシェヴィズムによる破壊からドイツ国民を救うこと」が記載されている[27]。ドイツ軍の軍事的な降伏は5月7日。重光メモの「独逸屈服等ノ機会」は、まさに現実のものとなっていた。

2　8月10日の「聖断」

8月10日と14日の二度の「聖断」により、終戦が選択されたということは、天皇のなかで、武装解除と戦争責任者引渡しの二点についての断念がなされたということだろう。まずは、10日の「聖断」の内容[28]を確認しておきたい。当日、天皇自身から内容を聞かされた木戸の日記は要旨を次のようにまとめる[29]。

本土決戦本土決戦と云ふけれど、一番大事な九十九里浜の防備も出来て居らず、又決戦師団の武装すら不充分にて、之が充実は九月中旬以後となると云ふ。飛行機の増産も思ふ様には行って居ない。いつも計画と実行とは伴はない。之でどうして戦争に勝つことが出来るか。勿論、忠勇なる軍隊の武装解除や戦争責任者の処罰等、其等の者は忠誠を尽した人々で、それを思ふと実に忍び難いものがある。而し今日は忍び難きを忍ばねばならぬ時と思ふ。明治天皇の三国干渉の際の御心持を偲び奉り、自分は涙をのんで原案〔東郷外相の提案〕に賛成する。

木戸のまとめでは、天皇は、計画と実行の間に常に齟齬がある軍を明確に

批判した上で、武装解除と戦争責任者の処罰をやむを得ないこととしていた。しかし、陸軍省軍務局軍務課内政班長であった竹下正彦中佐が、義父である阿南陸相のもたらした情報によってまとめたと思われる「聖断」の要旨は次のようになり、ややニュアンスを異にしていた[30]。

　彼我戦力ノ懸隔上、此ノ上戦争ヲ継続スルモ徒ニ無辜ヲ苦シメ、文化ヲ破壊シ、国家ヲ滅亡ニ導クモノニシテ、特ニ原子爆弾ノ出現ハコレヲ甚シクス。依テ終戦トスル。忠勇ナル陸海軍ノ武装解除ハ忍ビズ、又、戦争犯罪者ハ朕ノ忠臣ニシテ、之ガ引渡シモ忍ビザル所ナルモ、明治大帝ガ三国干渉ノ時、忍バレタル御心ヲ心トシテ、将来ノ再興ヲ計ラントスル。

　本土決戦準備の遅延や飛行機増産の不調などを挙げて軍部の計画性のなさを批判した、木戸日記における天皇発言はここにはなく、かわりに、日米の戦力差と原爆の威力、国民・文化・国家の滅亡を防ぐための終戦、といった文脈で捉えられていたことがわかる。
　いっぽう、宮崎周一参謀本部第一部長が８月９日の日記に記した「聖断」の内容[31]は、次のようなものであった。計画と実行の齟齬についての軍批判の点は木戸の記したものに一致し、国民・文化・国家の滅亡を防ぐためとする内容は竹下の記したものに一致するが、ここには竹下記録にある原爆への言及はない。また、木戸、竹下の内容を超えるものとして、世界平和への言及がある。

　外務大臣ノ案ニ同意。陸海軍ノ作戦ハ計画ノ如クユカヌ（九十九里、築城　第三次兵備）見透ハ戦利ノ見込ナシ。忠勇ナル軍ノ武装解除ハ忍ビ難キモ、戦争遂行ノ為、此上国民ヲ苦メ世界文化ヲ破壊シ、世界平和ニ寄与スル所以ニアラズ。明治天皇ノ三国干渉ノ例ニ倣ヒ苦シキヲ忍ブ。

　また、御前会議に出席していた内閣総合計画局長官池田純久のメモ[32]は、以下のように天皇の発言を記録する。国民の苦しみ、文化の破壊、世界人類の不幸を欲しない、とのトーンは、宮崎日記に近い。

陸海統帥部ノ計画ハ常ニ錯誤シ時機ヲ失ス。本土決戦トスフガ九十九里浜ノ防御陣地ハ遅レ八月末ニアラザレバ出来ズト云フ。増設部隊モ装備未ダ整ハズト云フ。之レデ米軍ヲ如何ニシテ邀撃シ得ルヤ。空襲ハ激化シアリ。之以上国民ヲ塗炭ノ苦シミニ陥レ、文化ヲ破壊シ、世界人類ノ不幸ヲ招クハ私ノ欲セザル処ナリ。此ノ際ハ忍ビ難キヲ忍ブベキナリ。忠良ナル軍隊ヲ武装解除シ、又昨日迄朕ニ忠勤を抜〔キン〕ジクレタル者ヲ戦争犯罪人トスルハ情ニ於テ忍ビザルモ、国家ノ為ニハ已ムヲ得ザルベシ。今日ハ明治天皇ノ三国干渉ノ心ヲ心トスベキナリ。

　四つの記録を見てきたとき、いずれにも共通していたのは、自主的武装解除と戦争犯罪人引渡しの二点を断念していること、軍に屈辱を忍ばせる論理として、三国干渉の事例が引かれていたことであった。

3　8月14日の「聖断」

　それでは、8月12日のバーンズ回答の後、8月14日の御前会議においてなされた二回目の「聖断」は、いかに描かれてきたのか。内大臣の木戸の日記には記述がない。軍務課内政班長の竹下中佐が、吉積正雄軍務局長の伝える「御言葉」の要旨として書き記したものは、次のようであった[33]。

自分ノ此ノ非常ノ決意ハ変リナイ。内外ノ動静国内ノ状況、彼我戦力ノ問題等、此等ノ比較ニ附テモ軽々ニ判断シタモノデハナイ。此ノ度ノ処置ハ、国体ノ破壊トナルカ、否ラズ、敵ハ国体ヲ認メルト思フ。之ニ附テハ不安ハ毛頭ナイ。唯反対ノ意見（陸相、両総長の意見を指す）ニ附テハ、字句ノ問題ト思フ。一部反対ノ者ノ意見ノ様ニ、敵ニ我国土ヲ保障占領セラレタ後ニドウナルカ、之ニ附テ不安ハアル。然シ戦争ヲ継続スレバ、国体何モ皆ナクナッテシマヒ、玉砕ノミダ。今、此ノ処置ヲスレバ、多少ナリトモ力ハ残ル。コレガ将来発展ノ種ニナルモノト思フ。―以下御涙ト共ニ―忠勇ナル日本ノ軍隊ヲ、武装解除スルコトハ堪ヘラレヌコトダ。然シ国家ノ為ニハ、之モ実行セネバナラヌ。明治天皇ノ、三国干渉ノ時ノ御心鏡ヲ心トシテヤルノダ。ドウカ賛成ヲシテ呉レ。

之ガ為ニハ、国民ニ詔書ヲ出シテ呉レ。陸海軍ノ統制ノ困難ナコトモ知ッテ居ル。之ニモヨク気持ヲ伝ヘル為、詔書ヲ出シテ呉レ。ラヂオ放送モシテヨイ。イカナル方法モ採ルカラ。

　自らの判断に変化はないこと、決断は周到に行ったこと、連合国は国体を認めている、保障占領は心配だが、ここで将来に力を残すため終戦を決定しなければ、国がなくなる。また、武装解除は三国干渉の心持ちでやり、陸海軍には勅書を、国民には詔書を出し、ラジオ放送で説明してもよい、との方策を語ったと伝える。宮崎第一部長が8月14日付で記した日記[34]も、竹下の記すものとほぼ同じであった。梅津参謀総長のメモも、ほぼ同じ内容を伝えるが、武装解除の部分については「武装解除ハ堪ヘ得ナイガ、国家ト国民ノ幸福ノ為ニハ明治大帝ガ三国干渉ニ対スルト同様ノ気持ヲヤラネバナラヌ。ドウカ賛成シテ呉レ」[35]となっている。竹下の記す武装解除の理由は「国家ノ為」であったが、梅津メモでは、さらに、「国家ト国民ノ幸福ノ為」とされていた。

4　遼東還附の詔勅

　ここで、8月10日の御前会議でも言及されていた三国干渉時の明治天皇の対応とは何だったのかを確認しておこう。それは、1895年5月10日に出された「遼東還附の詔勅」を指していた。まず、陸軍軍人にとって、この詔勅は馴染みのあるものだった点を確認したい。例えば、3月10日の陸軍記念日に兵士に配布された、陸軍省情報部編『支那事変下ニ再ビ陸軍記念日ヲ迎ヘテ』[36]の冒頭を飾っていたものは、まさに本詔勅であった。最も重要な語句として注目されるのは、三国干渉を受け入れなければならない理由として、「朕平和ノ為ニ計ル、素ヨリ之ヲ容ルルニ吝ナラザルノミナラズ、更ニ事端ヲ滋シ、時局ヲ艱シ、治平ノ回復ヲ遅滞セシメ、以テ民生ノ疾苦ヲ醸シ、国運ノ伸張ヲ沮ムハ、真ニ朕ガ意ニ非ズ」と書かれていたことにあった。

　上記部分は、8月10日の天皇の発言を示したもののうち、池田純久メモの「之以上国民ヲ塗炭ノ苦シミニ陥レ、文化ヲ破壊シ、世界人類ノ不幸ヲ招クハ私ノ欲セザル処ナリ」の部分と、文章のトーンが最も似ているといえる。

いうまでもなく、軍と軍人の記憶では、三国干渉、遼東半島還附、その後に、日露戦争の勝利が来る。日清戦争と日露戦争の狭間に明治日本が経験した「後退」の記憶が、ここに十全に活用されたとの推測が可能なのではないか。1931年の満洲事変勃発以降の昭和戦前期において、殊に陸軍が事あるごとに勅語の下賜を求め、儀礼・儀式空間において、それを利用し尽くしてきたことは、拙著『昭和天皇と戦争の世紀』で描いた[37]ので繰り返さないが、二点だけ例をあげれば1932年3月の「上海方面派遣軍陸海軍将兵ヘノ勅語」、1933年4月の「熱河作戦デノ関東軍将兵ヘノ勅語」などは、参謀本部からの要求で出されていたことがわかっている。

　昭和天皇は、軍の記憶と明治天皇の詔勅に依拠しつつ、自主的武装解除と戦争犯罪人の処罰回避の二点で抵抗していた軍の反対をなだめる方向に舵を切った。終戦の詔書の文案が、1945年8月9日深夜から内閣書記官長迫水久常を中心に準備が開始されていたことを考慮すれば、8月14日の言葉に比べ、10日の言葉の方が考え抜かれたもので、また完成度も高い印象を受けるのは理由があろう。

5 『昭和天皇独白録』中の武装解除問題

　アメリカが天皇を訴追しない方針を確定した後の1946年3月から4月にかけ、松平慶民宮内大臣、松平康昌宗秩寮総裁、木下道雄侍従次長、稲田周一内記部長、寺崎英成御用掛の5人の側近によって、昭和天皇が即位後から敗戦までを回顧した「拝聴録」が作成された。それを寺崎がまとめ直したものが『昭和天皇独白録』[38]であり、そのなかで、天皇は8月10日の御前会議を回顧して、次のように、軍部の行動を評していた。遼東還附の詔勅に依拠して、すなわち、「民生疾苦」「国運ノ伸張」のためとして、軍を説得した天皇が、武装解除と犯罪人処罰を回避しようとした軍の、いわば私心を批判しているのであった。

　　領土を削られることは強硬論と雖も、余り問題としないが、国体護持、戦争犯罪人処罰、武装解除及保障占領の四点が問題となつた。軍人達は自己に最も関係ある、戦争犯罪人処罰と武装解除に付て、反対したのは、拙い事であつた。

これまで見てきたように、あれほど武装解除を拒否していた軍が、この武装解除を含んだポツダム宣言受諾に屈した理由の一つは、明治天皇による詔勅とその歴史的記憶を動員した天皇の言葉の威力にあった。しかし、それ以外の理由として考慮されるべき点は、連合国のいう意味での無条件降伏をした後、戦争終結の詔書を渙発した日本が、なおも、スイス政府を通じて連合国側へ、「無用ノ紛糾ヲ避クル」為として、占領地域の限定と自主的武装解除についての「希望」を表明し続けていたという事実であろう。

　事実、東郷外相は、8月15日午後3時発の電報[39]で、①連合国日本進駐予定の事前通告の希望、②進駐地域から東京を除外する等の希望、③武装解除は「帝国政府ニ於テ最モ苦慮シ居ル次第ナルガ、之ガ実効ヲ期スル最善ノ方法トシテハ、天皇陛下ノ御命令ニ基キ、帝国自ラ実施シ、連合国ハ其ノ円滑ナル実施ノ結果、武器ノ引渡ヲ受クルモノ」としたいとの希望をスイス政府経由で発していた。

　しかし、この電文と入れ違いに駐スイス公使加瀬俊一から、アメリカ政府からの通告文[40]が、8月16日午前10時30分に到着した。連合国最高司令官ダグラス・マッカーサーが指示する場所まで、正式の降伏受理のため、また日本軍隊と司令官の配置等の情報の提供などのため、複数からなる使者を送るべきであるとの要請であった。これ以降の経緯は、江藤淳編『占領史録』[41]が伝えるとおりである。だが、東久邇宮稔彦内閣で外相となった重光が残した史料[42]によれば、日本側は8月17日の最高戦争指導会議においてもなお、①停戦に関する正式文書の成立、②日本軍隊の自主的武装解除、の後に進駐を希望する旨を、連合国側に申し入れようとしていたことがわかる。

III　アメリカのジレンマ

1　無条件降伏論のくびき

　ここまで、自主的武装解除に固執する軍と、それを断念することで終戦を選択した天皇の動向を見てきた。その際、連合国側の発したポツダム宣言と、バーンズ回答をも見てきた。すでに多くの研究が指摘するように、原爆投下、

ソ連参戦、トルーマン政権内部の中国派と日本派の争い等の諸要因ゆえに、天皇制の維持、あるいは昭和天皇の地位の保全についての言及は、ポツダム宣言でもバーンズ回答においても、一切なされなかった。

　天皇制維持の一項を残しておけば、昭和天皇自身の不安を、より早期に解消し、より効果的な日本降伏を演出できたであろう。無条件降伏を掲げつつ、その具体的内容を明らかにしない連合国の方策は、枢軸国に「連合国は独日国民を奴隷化しようとしている」とのプロパガンダの絶好の材料を与えることになったし、また枢軸国側の死に物狂いの抵抗を、事実、引き起こしたのであった。戦争最終盤の日本においては、現在からすれば信じがたいことだが、敗北すれば奴隷にされるとの恐怖を煽るプロパガンダがいたるところで見られたのである。

　無条件降伏を謳った、1943年1月24日のカサブランカ宣言が必要とされた背景には、ソ連を安心させなければならない英米側の事情があった。当時、ドイツの猛攻を正面に受けていたソ連は、北フランス側からドイツを叩く第二戦線の設置を英米側に強く求めていたが、それに応ずる力は当時の英米にはなかった。独ソを消耗させた後に、英米が世界を支配するのではないかとのソ連の深い疑念を解くには、無条件降伏の言辞が必要だったのである。

　無条件降伏戦略がアメリカにとって合理的判断ではなかったとの命題は、アーネスト・メイ（Ernest R. May）によっても検討された[43]。メイはいう。ローズヴェルト（Franklin D. Roosevelt）としては、ウィルソン（Woodrow Wilson）が第一次世界大戦で犯した間違いを犯したくなかったのだ、と。交渉による平和では、第二のヒトラーの登場を再度許してしまうかも知れなかった。このような、ウィルソンの「十四カ条」路線の亡霊がローズヴェルトの判断を縛っていたとする。英米が無条件降伏路線に固執した要因の一つは、ソ連抱き込みであり、二つめは、ウィルソン路線の失敗の教訓にあった。

2　さまざまなシグナル

　しかしながら、無条件降伏路線が絶望的な抵抗を惹起する問題については、アメリカも自覚的であったと思われる。1943年1月のカサブランカ会議後の記者会見でローズヴェルトは、「独日戦争勢力の完全な排除によってのみ

世界に平和がもたらされ得る。〔中略〕独日伊戦争勢力の排除とは、独日伊の無条件降伏を意味する。それは、独伊または日本の国民の撲滅を意味するものではない」と語っていた。さらに、ローズヴェルトは、明治前期に来日経験もあったグラント将軍の故事に言及した。南北戦争時、北軍将軍であったグラントは南軍に無条件降伏を強いたが、南軍のリー将軍がいったん降伏を表明した後では、寛大なる措置をとったことに触れていた。戦争指導者と国民を分離したうえで、寛大な講和の可能性も示唆していたといえるだろう。戦い済んで戦後に罰せられるのは、国家や国民ではなく戦争指導者だけなのだとの指導者責任論が、ここに新たにクローズアップされてくる。

カサブランカ会議の一カ月前、アレン・ダレス（Allen W. Dulles）は1942年12月6日、上司であった戦略情報局長官のウィリアム・ドノヴァン（William Donovan）に宛てた手紙で、ローズヴェルトが準備しているはずの枢軸国向けの無条件降伏宣言が不適切である旨を述べていた。すなわち、「敗北したドイツに対するわれわれの最終的な方針が何であれ、今日われわれが攻略の糸口とすべきは、次のことをドイツ国民に確信させるようにすることだ。つまり、敗北のなかにも希望があるということ、罪を犯した人には法的手段を通じて刑罰があるが、無罪の人には保護が保証されるということだ」[44]。そうでなければ、絶望的な徹底抗戦がなされ、戦後には共産主義の蔓延が不可避となる、というのである。

いうまでもなく、アレン・ダレスは、1945年、スイスのベルンにおいて、ソ連参戦前に日本側を降伏させるべく対日インテリジェンスに従事することとなる人物であった。ワシントンでは、対日情報を共有していたジョセフ・グルー（Joseph C. Grew）が国務次官となってダレスと連絡をとりあっていた。グルーは、トルーマン大統領に働きかけ、1945年5月8日にドイツに対する戦勝声明の中に、無条件降伏の内容について、日本側に説明した部分を入れ込むことに成功する。それは、次のような文面だった[45]。

「無条件降伏」のもとで日本の陸軍と海軍が武器を捨てるまで、われわれの攻撃がやむことはないだろう。日本国民にとって軍隊の無条件降伏とは何を意味するだろうか。それは、戦争が終わるということだ。それは日本を現在の災難へ

と導いた軍部の指導者たちの影響力が消滅するということだ。〔中略〕無条件降伏とは日本国民の滅亡や奴隷化を意味するのではない。

　ヒトラーとムッソリーニについては、誰が見ても戦争指導者であったといえるだろう。しかし、日本の天皇は、戦争指導者の側に入るのか。アメリカ国内で、1944年11月になされたギャラップ調査では、「戦後、日本軍の指導者に何らかの処罰を加えるべきか」との質問がなされ、結果は、88パーセントが賛成、5パーセントが反対、との回答となった。45年6月になされたギャラップ調査では、「戦後、天皇に対して何をなすべきか」との質問がなされ、70パーセントが処刑・裁判所による決定・国外追放など何らかの措置をとるべきだと答え、不問に付すが4パーセント、傀儡として利用するが3パーセントとの回答が得られた。回答内容の厳しさだけが注目されてきたが、質問の内容の変化の方に注意が向けられるべきではなかったか。軍の指導者と天皇に対する区別が、質問の言葉のうえにも反映されていたと見られる。

　中華民国の反応も見ておこう。家近亮子氏の研究[46]によれば、蔣介石は、抗日戦争中から戦後を見据え、日本の国体や国民の将来について語っていた。蔣は日本国民を敵とする発言を、戦争中、一度もおこなっていなかった。1944年1月1日の全国向けラジオ演説で、蔣は、カイロ会談に出席した際の自らの立場につき、次のように説明していた。日本の軍閥が根本から取り除かれ、再起不能になったところで国体をいかにするのかは、日本の国民が自らの政府の形式を選択できるようにすべきである、と蔣はローズヴェルトに意見を述べたことを明らかにしていた。

　以上、国際情勢を見てきたが、ポツダム宣言とバーンズ回答を逐語的に読み込めば、政府・国民と、軍国主義的助言者・捕虜虐待をおこなった戦犯の間に一線を引き、政府と国民が、軍国主義的助言者と戦犯を連合国に引き渡し、軍隊の完全な武装解除をおこなえば、連合国の占領は終わる、との展望を示していた点が注目される。先に、外務と海軍の分析を見たが、ポツダム宣言自体、政府・国民と、軍・戦争指導者との間に、一線を引く立場で書かれた文書であった。

3 ビラでの呼びかけ

　アメリカ側は、戦争の最終盤にあって、国民と軍の間に楔を打ち込むことも当然のことながらおこなっていた。日本本土の制空権を握った米軍は、B29を用い、1945年5月末、「日本国民諸氏」の呼びかけで始まる伝単（ビラ）をまいた。一ノ瀬俊也氏の研究[47]によれば、文面の重要なポイントは以下の点にあった。ビラは、軍部の無条件降伏が一般国民に及ぼす影響如何、と問いかけ、それは①戦争の終結、②軍部の権力の消滅、③前線で悪戦苦闘している陸海軍将兵が愛する家族、農村、職場に帰還できること、を謳っていた。国民の対極に置かれていたのは軍部であった。これはポツダム宣言発出前のビラの例だが、宣言のいうところと主旨は同じである。さらに米軍は、日本政府がポツダム宣言受諾条件とアメリカ側回答への対処に時間をとられていた間の、45年8月13日から14日早朝にかけて、「日本の皆様」と題するビラを東京その他の都市にまいた[48]。

　このビラを拾った徳川夢声は8月14日の日記にビラを貼りつけ、「昨夜あたり（或は今朝あたり）Ｂのやつが撒いたものであろうが、これを見るにいつもの謀略ビラと態度が異なっている」との鋭いコメントを付した[49]。ビラの文面は、天皇と政府を国民の側に明確に置いたもので、軍部だけを排除し、軍部の無条件降伏を求める点がより明確にされていた。いわく、戦争をできるだけ早く終結させよとの「聖上の御希望〔の〕ためにこのビラを投下します」と書き、「戦争を直ちにやめるか否かは、かかってお国の政府にあります」として、ポツダム宣言の内容、それに対する日本政府の回答全文を載せていた。

4　情報戦

　「聖上の御希望」との一句は、戦争の早期終結を図る天皇の希望、という意味であったろうが、ビラを一読しただけでは、米軍のビラ投下という行為自体が、「聖上の御希望」であるかのような読まれ方もできる文面になっていた。事実、昭和天皇がこのビラの存在を知り、「『クーデタ』の起こるのは必然」と悟り[50]、急遽、自らの意思をもって、14日の御前会議開催を命じた経緯[51]もよく知られている。

無条件降伏路線を公式には取り下げられないアメリカにとって、天皇と国民を軍から引き剝がすことは、兵員の犠牲を少なくするためには必要な措置であったろう。また、ドイツ崩壊後のヨーロッパにおけるソ連の力への恐れが、ようやく、ヤルタ会談後のアメリカ国内にも芽生えるようになってくる。加藤哲郎氏が発掘した、アメリカの情報戦部門によって編纂された、平和のシンボルとしての天皇利用計画＝「日本計画」（1942年6月策定）[52]も、しだいに意味をもってきたことだろう。この計画の中核部分を書いたものは、加藤氏の見立てによれば、情報調整局（COI）調査分析部（R&A）極東課にいて、戦前期に東京帝国大学法学部で蠟山政道教授、美濃部達吉教授のもとで学んでいた、日本政治専攻のチャールズ・ファース（Charles B. Fahs）だという。

　「日本計画」の文中で最も興味深い内容は、以下の二点である。①日本の民衆に、彼らの利益は彼らの現在の政府の利益とは同じでないことを示し、普通の人々が、政府の敗北が彼ら自身の敗北であるとはみなさないようにすること[53]。②過去において日本の軍部指導者は、天皇の象徴的側面を彼らの軍事的企みに利用してきた。にもかかわらず、天皇シンボルは、軍部への批判の正当化と平和への復帰を促し、強化するためにも利用することが可能なのである[54]。

　有馬哲夫氏が明らかにしたところによれば、グルーは、45年7月21日付の『ワシントン・ポスト』に、実のところ戦時情報局のエリス・ザカリアス大佐に書かせた「無条件降伏」という記事（記事は無署名）を掲載させることに成功していた。要約すれば、記事は以下の点をアピールしたものといえた[55]。①無条件降伏とは戦争の終結のさせ方の一つで、南北戦争の際に北軍のグラント将軍が南軍のリー将軍に要求した方法である。②降伏のあと日本が得られる条件については、大西洋憲章、カイロ宣言、蔣介石の1944年の年頭演説、1945年5月8日のトルーマン大統領の声明、ジャクソン判事の戦争犯罪者に関する声明に明記してある。③アメリカの軍法は、最高裁判所の判例を踏まえたものであり、アメリカは敗戦国を完全に軍事的管理のもとに置いたとしても、征服や占領によって敗戦国の主権を侵害しないことを明記しているのである。このように説明を加えた上で、「日本人の主たる関

心が、降伏後の天皇の地位の維持など、国体護持にあるなら、それがどうなるかを知る最良の方法は、尋ねてみることだ」との殺し文句で結ばれていた。

5 南原繁と高木八尺

戦争の最終盤において、アメリカからのさまざまなシグナルを受け止めていたグループの一つに、東京帝国大学法学部の七教授がいた。南原繁が法学部長となったのは、1945年3月9日、東京大空襲の前日にあたる。南原は戦後のインタビューの中で、終戦工作にかかわった教授たちを、高木八尺、田中耕太郎、末延三次、我妻栄、岡義武、鈴木竹雄、南原の7名としている[56]。先に名前を挙げた「日本計画」に参画していたチャールズ・ファースは、高木八尺と太平洋問題調査会における縁で戦前に面識があったという。海軍で終戦工作に従事していた高木惣吉の1945年6月8日の日記には、南原らが内大臣の木戸幸一とともに進めていた終戦工作についての情報が記されていた[57]。

南原と高木八尺の談話として高木惣吉が書き留めたメモには、アメリカには、ソフト・ピースとハード・ピースがあるという話を南原が切り出していることがわかる。先に登場したダレス、グルー、ファースなどの路線が、南原のいうソフト・ピース派なのだろう。その上で注目すべきは、南原が、天皇の位置づけを高く保つ必要性を説いていたことである。アメリカにとっての天皇の価値と、日本国民にとっての天皇の価値と、いわば、外と内からする両面の天皇の価値を高く保っておく必要があるという。

> 皇室を利用し得る限り利用する。米の出血を多量にせざる範囲にて利用する。一億玉砕に迄持つて行つて、皇室が米英の眼より見て役に立たなかつたと言ふことになれば、之を存続する意味はなくなる。国民より見ても、声なき声を聞くべきである。天聴はどうなさつてゐるかといふことになつてくる。一億玉砕に行つては、天聴に対する怨は噴出する。

こう冷静に分析した後、南原は、天皇が戦争終結の詔書を出す意義にまで、6月の時点で言及していた。すなわち、「盟邦亡ビ、自国ノミ戦フハ、朕ノ

心ニ非ズ。世界人類ノ為ニ、内ニ向ツテハ国民ヲトタン〔塗炭〕ノ苦ミヨリ救フ」[58]との詔書案のキーワードとなるべき部分を高木は書き留めていた。南原が高木に語った締めの言葉は「国民ト皇室ハ直結シテ置キ度イ」というものであった。国民と皇室のまさにこのような関係性は、アメリカのソフト・ピース派が勘案してきたものであった。また、詔書案を語る南原の言葉は、池田純久が書き留めた 8 月 10 日の聖断の言葉に通ずるものがあった。事実、南原の意見は木戸内大臣を通じ、天皇にまで達していたことが、『昭和天皇独白録』からわかる。該当箇所は「木戸の所に東大の南原〔繁〕法学部長と高木八尺とが訪ねて来て、どうして〔も〕講和しなければならぬと意見を開陳した」[59]という部分である。

Ⅳ 実際の武装解除過程

1 池田純久

先に、敗戦時における久野収の失望を見たが、戦禍に疲弊し、食糧や物資の欠乏に困窮していた国民にとって、混乱の中で多くの物資を担いで復員してきた兵隊の姿は、軍隊に対する国民の最後の信頼を徹底的に失わせるに十分であった。軍と国民の決定的な乖離が、この軍保有物資の処分という形で噴出したのである。

復員する兵員に軍保有資材を配分してしまおうとの決定が、末端での混乱からくる、散発的な軍紀弛緩の結果、なしくずし点になされたのではなかった点に注意を要する。処分の根本方針は、まさに、政府中枢の、鈴木貫太郎内閣最後の閣議決定で決められたものであった。その方針を閣議に請議したのは、内閣綜合計画局長官池田純久であった。池田は、敗戦が確定した後、官（軍）保有物資を地方公共団体などへの移管あるいは、民間への保有転換をおこなうことで、連合国（すなわちアメリカ）への物資の引き渡しを逃れようと図った[60]。

池田は、1945 年 8 月 18 日以降の東久邇宮内閣の次官会議に出席し、軍需品の民需転換を図った中心人物であった[61]。戦前期、統制経済に通じた革新派の軍人として名高かった池田が、敗戦時においても、内閣綜合計画局長

官として、軍需物資の民間への移転にかかわっていた点は注目される。東久邇宮内閣は、アメリカ側にいったんは登録され、破壊・廃棄を命じられた廃兵器の解体処理、当時の言葉で特殊物件処理と呼ばれた解体処理を、緒方竹虎内閣書記官長をトップとする終戦事務連絡委員会に担わせた。本委員会の中心には、やはり、戦中期には革新官僚であった、内閣綜合計画局の第一部長・毛里英於菟などが座り、解体処理の方針を立てていた。このような経緯で設置された、特殊物件処理委員会には、内閣調査局調査官として、この毛里や、美濃部洋次などが加わっていた[62]。

実際に、米軍が接収し、廃棄されるべき日本軍の兵器＝特殊物件は、1945年10月31日から、戦時中に兵器生産にかかわっていた民間大企業五社（日本鋼管、日本製鉄、古河電気、住友金属、神戸製鋼）が解体兵器処理委員会を組織し、解体を請け負うこととなった。戦時中の長い期間を通じて、いわば「バター」から「大砲」を作り上げてきた、その統制経済の手法と関係者のその手によって、敗戦直後から、「大砲」から「バター」への再転換が迅速に開始されていった。軍と軍隊が武装解除された時、巨大な量のモノが残る。そのモノを、日本の内閣はまずは民の中に隠し、民の中に隠せなかったものを米軍に接収させ、非軍事化のために米軍が解体を命じたその廃兵器を、再び今度は民間の会社が解体・処分を受け取る構造を形成していった。

2　8月14日の閣議決定

1945年8月15日、樺太やソ満国境地帯など一部地域を除き、日本軍の組織的な抵抗は終った。日本に進駐した総司令部と第8軍が最も早急に対処し、最大の関心を払ったのは、日本軍人の復員と日本軍の武装解除問題であった。敗戦時において、内地にはなお約720万人の軍人がいたからである。進駐軍との連絡にあたった陸軍側のある要員は、同年9月9日のメモに、アメリカ側が「我が軍の復員状況及兵器特に武器、弾薬等の処理に関しては最大の関心」を有しているとの観察を記していた[63]。

軍は、8月14日の2回目の聖断に茫然とした訳ではなかった。鈴木貫太郎内閣の閣議決定として「軍其他ノ保有スル軍需用保有物資資材ノ緊急処分ノ件」を呑ませていた[64]。閣議決定の内容は、国民生活安定のため、「民心

ヲ把握シ以テ積極的ニ軍民離間ノ間隙ヲ防止スル」ため、「軍保有資材及物資等」を「隠密裡ニ緊急処分」する、というものであった。以下、閣議決定の文章を掲げておこう。

　陸海軍ハ速カニ国民生活安定ノ為メニ寄与シ、民心ヲ把握シ、以テ積極的ニ軍民離間ノ間隙ヲ防止スル為メ、軍保有資材及物資等ニ付、隠密裡ニ緊急処分方措置ス、尚ホ陸海軍以外ノ政府所管物資等ニ付テモ右ニ準ズ。
　例示
　①軍管理工場及監督工場ノ管理ヲ直チニ解除ス、此ノ場合製品、半製品及原材料ノ保管ハ差当リ生産者ニ任ス。
　②軍ノ保有スル兵器以外ノ衣糧品及其ノ材料、医薬品及其ノ材料、木材、通信施設及材料、自動車（部品ヲ含ム）船舶及燃料等ヲ、関係庁又ハ公共団体ニ引渡ス。
　③軍作業庁ノ民需生産設備タリ得ルモノハ、之ヲ適宜運輸省関係ノ工機工場其ノ他ノ民間工場ニ転換ス。
　④食糧（砂糖ヲ含ム）ヲ原材料トスル燃料生産ヲ即時停止ス。
　⑤軍需生産ハ之ヲ直チニ停止シ、工場所有ノ原材料ヲ以テ民需物資ノ生産ニ当ラシム。

　閣議決定の趣旨説明部分には、国民生活安定や民心把握など、美しい言葉が連ねられていたが、閣議決定の第一義的な狙いはそこにはなく、決定の本質は、むしろ例示部分に示されていた。核心は、軍需品や原材料を、軍以外の部署へと所管替するという部分であろう。分配先は、軍以外の省庁、県庁や市役所などの地方自治体、民間工場などが指定された。
　8月14日の閣議決定をうけ、陸軍中央からは、8月17日「陸機密第三六三号　軍需品、軍需工業等ノ処理ニ関スル件達」として、陸軍大臣名での指示が出されていた[65]。陸軍大臣から陸軍航空本部長宛に出された本指示は、先に引用した閣議決定の具体的例示部分を敷衍した内容になっていた。以下に重要な部分を引用しておこう。

一、陸機密　別紙関係事項
　　飛行機ハ現装備ノ儘実動可能ナルモノト、然ラザルモノトニ区分シ、各航空機毎ニ適宜ノ飛行場ニ集結シ、機種、機数ヲ明ニシ所要ノ部隊ニ保管セシメ置クモノトス。〔後略〕
六、個人ニ利益ヲ壟断セシメザルコト、並燃料濫用ヲ戒ムルコトニ関シテハ、厳ニ注意ヲ要スルモノトス、之カ為ニハ便宜主義ニ流レテ、軍需品特ニ燃料等ヲ近傍ノ市町村、個人等ニ払下グルコトハ極力之ヲ避ケ、現物ヲ市町村等ニ引取ラシムル場合ニ在リテモ、為シ得ル限リ府県庁等ヲ交付ノ対象ト為スモノトス。

　引用した部分で見るかぎり、8月17付の「陸機密第三六三号」は、閣議決定の趣旨を具体化しただけにも見える。しかし、本来は、文書受領後、焼却されるべき付箋が残されたことで、本「陸機密第三六三号」に先立ってなされた本来の指示命令が、下部機関に流されていたことがわかる。付箋には次のように書かれていた。「本大臣達ハ敵側ヨリ停戦後軍需品等ノ整理ヲ如何ニ指導セシヤトノ質問アルベク、之ニ対シ公示シ得ルモノヲ作製セントスルモノナリ、実行ハ既ニ示達セラレタルモノニ拠ル、本達ハ前達中公示シ得ザル部分ヲ省略セルモノナリ。本付箋ノミハ速カニ確実ニ焼却スベシ」。
　これを読めば、「敵側」、すなわち米軍による兵器と資料の接収を予期し、米軍側に接収させる資料として、閣議決定に忠実な「陸機密三六三号」が作成されたことがわかる。実際に使用されるべき「実行ノ指示書」は別にあると、この付箋は述べていた。

3　実行の指示書

　実際の陸軍部隊に送られた指示書の一つが、同日の8月17日、陸軍航空本部長から各航空部隊に対し航本機密第一三二号として出された「軍事機密　帥参二発号外第二号　航本機密第一三二号　軍需品、軍需工業等ノ処理ニ関スル件達」にほかならない。そこには、次のように書かれていた。文中、□□は字のつぶれにより判読不能であることを示している。

首題ノ件、別紙ノ外、陸機密第三六三号ニ拠ルベシ、航空総軍司令官／陸軍航空本部長〔中略〕
一、飛行機、武器、弾薬、器材、被服、糧秣、需品、衛生材料、□□資材等ハ散逸、隠匿、破壊スルコトナク現在ノ儘保管シ、実情ヲ調査整理シ置クモノトス。
<u>但シ、運輸竝ニ国民生活ニ緊要ナル一部軍需品ハ、関係官庁又ハ民間団体ニ払下グルコトヲ得、又地方自動車等ニシテモ徴発セルモノ及借上施設、物品等ハ其ノ一部ヲ原保有主ニ返却スルコト得。原材料等ニ就テモ右諸項ニ準ズ。</u>
四、前諸項ニ伴フ経理的処理ハ左ニ準拠スルモノトス。
1. 軍需品竝ニ原材料及軍需生産施設ノ払下ハ原則トシテ有償トス、但シ、地方官庁等ニ対スルモノハ無償保管転移スルコトヲ得。又有償払下代金ハ直チニ全額支払ヲ要セズ。

下線を付した、「但シ」以下の部分が重要だろう。運輸・国民生活に必要とみとめられる軍需品は、民間団体でもかまわないから移転、払下げをどんどんやれ、と指示しているに等しかった。また、本来は有償としながらも、無償の払下げや個人に対する払下げも黙認されるであろうことが文書から察せられる。米軍の質問や調査を予期して公表しうる部分から作成されたのが陸機密第三六三号であり、本来の軍需品処分は「軍事機密　帥参二発号外第二号」に従って進められた、ということである。軍需品は、米軍の接収・調査・再払下げを予期して、事前に、「民間」という大海原に隠されたとみることができよう。

ここまで、陸軍の場合を見てきた。しかし、海軍の手が汚れていなかったわけではない。8月19日付「軍極秘／用済後要焼却」と記された史料は、海軍省軍務局長と海軍省人事局長の連名で、各鎮守府参謀長・各警備府参謀長宛に出されたものだったが、そこには「海軍施設系各部（海軍施設本部及ビ横須賀等海軍各施設部）ハ（中略）概ネ現機構ノ儘別紙海軍次官、運輸次官協定書案ノ方針ニ基キ運輸省ニ移管ノコトニ定メラレ」たとある。海運を管轄する官庁ということで、現機構のまま、運輸省に一括移管されたことにな

る。

　山本善雄が遺した史料中の、8月19日〔引用者による推定〕「軍備撤廃要領（案）　終戦委員会第三分科会」[66]には、冒頭に「処分法／確実ニ焼却」との文字があり、以下のような指示がなされていた。

一、根本方針
　　我方ノ軍備撤廃ニ当リテハ飽ク迄隠忍自重、敵ノ右施策実施ヲ最モ迅速且円滑ナラシムルヲ根本方針トシ、将来軍備再建ノ為ニハ、現有軍備ノ完全撤廃コソ却ッテ緊要ナルコト。
二、実施要領（中略）
　　（ニ）軍需品　敵ノ指示ニヨリ処分ス、但シ、其ノ儘、一般民需品ニ流用可能ノモノハ、成ルベク無理ナキ程度ニ於テ処分ス。

　この史料からは、海軍においても陸軍と同様、表面的には米軍の指示による処置を伝達してはいたものの、裏面で、すなわち、焼却を前提とした指示書においては、「但シ」以下の部分で、民需への流用を積極的に進めていたことがわかる。また史料中の「敵」との表現、将来の「軍備再建」の表現が生々しい。

4　連合国方針の徹底

　8月21日、日本全権使節河辺虎四郎らは、マニラの連合国最高司令官総司令部から、降伏文書とともに「一般命令第一号」等を受け取り、帰国した。一般命令第一号は、9月の第1週末までに迅速な武装解除を要求しており、厳しいものであった。また、連合国側は、復員と武装解除の進展について、グラフや表で通告するよう、一般命令の実施要領で要求してきており、日本側もまた、米軍の、徹底的な文書主義をようやく知るところとなった。
　9月2日に正式発表された一般命令第一号は、武装解除につき、以下のように定めていた。

第六項　責任ある日本及び日本の支配下にある軍並に民間当局は、連合国最高

指揮官より更に指示ある迄、下記事項を毀損せず、且良好なる状態に置くべし。
第七項　日本帝国大本営は、連合国最高指揮官に対し本命令受領後（時間制限）内に、前期第六項（イ）（ロ）及び（ニ）に指定されたる事項に関し、各々其の数量、型並に所在地を示したる完全なる表（複数）を提出すべし。

　第六項の細目として挙げられていたのは、（イ）総ての兵器、弾薬、爆発物、装備、軍貯蔵品、補給品其他あらゆる種類の戦用品並に戦用資材、（ロ）総ての地上、水上及空中輸送並に通信施設及資材、（ハ）飛行場、水上機基地、対空防備、港湾及海軍基地物資集積所、永久的又は一時的地上及沿岸防備要塞其他防備施設地域を含むあらゆる軍事施設及建造物、並に斯かる防備施設、軍事施設、建造物に関する計画並に見取図、（ニ）総ての軍用物製造又は其の製造及使用を容易ならしむるを目的とする総ての工場、建築物、小工場、研究機関、研究所、試験場、技術資料、特許計画図及び発明並に其の運用に於て軍事的又は一部軍事的機関に依り使用せられ、又使用せらるるを目的とする其他の資材並に財産、であった。
　下線を付したように、完全な表にして提出すべしと命ずるアメリカ側の要求に、日本側は慄然としたはずである。こうして日本政府は、8月14日の閣議決定を取り消す処分を、8月29日の閣議決定でおこなわざるをえなくなった。29日の閣議決定は「昭和二十年八月十四日閣議決定、軍其の他の保有する軍需用保有物資資材の緊急処分の件は之を廃止す」[67]というものであった。
　山本善雄の海軍終戦委員会の記録[68]でも、方針変更を確認できる。8月29日の記述として、山本は「八月十四日閣議決定の件は、本日の閣議にて廃止す。○海軍としては之に基く訓令等は今後取止めのこととす。○可能なものは回収せしむ」と書いていた。また、翌30日の記事には、「資料提出の件、各部共焼却の為、不可能なる旨、第六分科にて先方に通することとす」、との情けない言葉が見える。9月4日の記事にも、海軍側首席随員としてマニラに飛んだ横山一郎少将の言として、「一般命令第一号実施要領、総ての記録を保存すべし」との言葉が記されていた。

5 終戦犯罪

　アメリカ軍が進駐してくる間隙を狙い、兵器を破壊し、石油や自動車などの軍用資材を民間へと横流しして、糧食や被服を復員者へ分配した軍の行為は、1945年末に開かれた第89帝国議会において、激しい批判にさらされた。12月17日、大河内輝耕（研究会、子爵）の質問に対して、原守政府委員（第一復員省次官）は、終戦時に陸軍が保有していた、民需に転換可能であった物資の量について答えている。すなわち、米・麦・雑穀の合計は約17万トンあったが、8月17日から8月28日までに3万トンが「払下げ」られ、復員兵へは5万トンが配分され、連合国へ引渡したものは9万トンであった旨が説明されていた。

　なお、連合国へ引渡されたものは、米軍から一括して内務省が払下げを受け、都道府県に分配することとなっていた。同じく、被服については、終戦時に760万着あったもののうち、「払下げ」175万着、復員者に携行させたもの185万着、連合国引渡しが400万着であったという。770万枚あった毛布のうち、「払下げ」100万枚、復員者に携行させたもの220万枚、連合国引渡し450万枚。自動貨車9796輌のうち、「払下げ」1,054輌、連合国引渡し8,742輌。兵器については、連合国へ引渡された分は、陸軍関係で内地のみの数値として、以下の数値が挙がっていた。飛行機8,922機、タンク3,113輌、牽引車2,300輌、火砲1万挺、自動火器4万挺、小銃131万挺、弾薬実包3億、火砲用弾薬1千万発。

　原次官の答弁で注目すべきは、「払下げ」の部分であろう。復員者へ分配されたものに比べ、こちらは、多くの問題を残した。「民需に転換し得るものは民需に転換しろと云ふ政府の方針に基きまして、其の当時地方団体、或は県庁、其の外公共団体に相当之を転換して居ります。〔中略〕有償で以て正当にやるべき所を、〔中略〕それ等の手続きを執つて居りませぬ」。有償で公共性の高い団体に配分すべきところを無償で配分してしまったというが、本当に無償で配分されたのか、あるいは、配分の対象者が公正に選択されていたかどうかは、有耶無耶にされたままだった。

　同じ第89帝国議会の衆議院本会議で、1945年11月29日、戦時中にあっては応召代議士として名を馳せた福家俊一（無所属倶楽部）が、軍の不正行

為を「終戦犯罪」と断じた。「終戦のあのどさくさに紛れて行はれた公用金の着服、軍需物資の横領並に民間と結託して転売又は隠匿したる等の、不当なる行為に出た所の所謂終戦犯罪に関する件」を福家は、下村定陸相に質していた。終戦犯罪という言葉は、国体護持の保証こそが自主的武装解除にほかならないと呼号していた軍の、敗戦時の姿を象徴して余りある言葉といえるだろう。

おわりに

　以上、敗戦前後における武装解除をめぐる、軍、中心的には陸軍の態度の変容過程について見てきた。状況証拠の積み重ねからではあるが、以下のような経緯が明らかになったといえるだろう。
　レイテ沖海戦に敗れた小磯国昭内閣と軍は、皇土防衛こそが国体護持にほかならないとのプロパガンダを国民におこなっていた。また東条英機元首相や阿南惟幾陸相などの軍首脳もまた、兵備の保持あるいは自主的武装解除こそが「天壌無窮の神勅」に明らかなように国体護持の保障になるとの論理を用いて、天皇にも陸軍部内にも説得をおこなっていた。
　アメリカ側は無条件降伏方式という点で譲歩をおこなわなかったが、連合国の唱える武装解除の実態につき、ポツダム宣言、バーンズ回答、空襲の前後に投下するビラ、短波放送や新聞雑誌を用いた情報戦などさまざまな機会を用いて、赤裸々に日本側に説明を繰り返した。アメリカ側は、国民と政府が軍隊の武装解除を認めれば、戦争は終わるとの展望を示したのである。ビラの文章は、国民と政府と、軍・軍隊との間に溝を穿つものとなっていた。
　いっぽう昭和天皇は、1944年9月の時点では、武装解除の拒否と戦犯引渡し拒否の二点について譲歩できないと考えていた。しかし、降伏の政治的主体を喪失したままドイツ軍が降伏したのを知った45年5月、天皇はこの二点を断念しても国体護持を確保しうると判断し、軍説得のために、三国干渉時の明治天皇の詔勅を用いることとした。
　国民と天皇に背を向けられた軍は、1945年8月14日、鈴木貫太郎内閣の最後の閣議決定として、国内にあった兵備や軍備のうち、国民生活に活用し

うるもの中心に民間・文官機構への転移を決定した。武を文へと融解させることで、軍は自ら幕を引き、歴史の舞台から退場していったのである。

注

1) 本稿は、2009年11月8日の第107回史学会大会近現代史部会シンポジウム「軍事史研究の新潮流」において、筆者がおこなった報告「軍保有資材と物資から見た敗戦と戦後」をもとにしている。また、加藤陽子「戦争の『かたち』と軍民関係」、メトロポリタン史学会編『20世紀の戦争』(有志舎、2012年) の内容と一部重なる部分があることをお断りしておく。復員・引揚に関する筆者の他の論考として、加藤「敗者の帰還——中国からの復員・引揚問題の展開」、『国際政治』109号 (1995年5月) を参照されたい。

2) 外務省編刊『日本外交文書　太平洋戦争　第三冊』(2010年) 1908頁、1086文書。

3) 当該期の理解としては、最新の研究として、鈴木多聞『「終戦」の政治史』(東京大学出版会、2011年)、長谷川毅『暗闘　スターリン、トルーマンと日本降伏』(中央公論新社、2006年) を挙げうる。

4) 「東条元首相手記」(請求番号本館－4B-021-00 平11法務02441100、国立公文書館所蔵)。同手記は、伊藤隆ほか編『東條内閣総理大臣機密記録』(東京大学出版会、1990年) には所収されていない史料である。

5) メンバーは、平沼騏一郎、若槻礼次郎、岡田啓介、近衛文麿、広田弘毅、東条英機、小磯国昭の7人。

6) 「天孫の御詔勅」とは、いわゆる「天壌無窮の神勅」を指す。天照大神が皇孫に与えた勅語。「豊葦原 (とよあしはら) の千五百秋 (ちいほあき) の瑞穂の国は、是れ吾が子孫 (うみのこ) の王 (きみ) たるべき地 (くに) なり。宜しく爾皇孫 (いましすめみま) 就 (ゆ) きて治 (し) らせ。行矣 (さきくませ)。寶祚 (あまつひつぎ) の隆 (さか) えまさむこと、当に天壌 (あまつち) と窮りなかるべし」。辻善之助、森末義彰『歴代詔勅謹釈』(育英出版、1944年) 1頁。この勅語には、天皇による統治の正統性は語られてはいたが、統治と兵備保持の密接不可分性については、語られていない。

7) 前掲「東条元首相手記」。なお、同手記は、半藤一利・保阪正康・井上亮『「東京裁判」を読む』(日本経済新聞出版社、2009年) 395-406頁にも所収されている。引用部分は、同書396頁。

8) 天壌無窮の神勅は、国定教科書『国史』に載せられており一般によく知られていたが、終戦時の参謀本部第一部長・宮崎周一「作戦秘録 (下)」の1945年7月25日の条によれば、陸軍省参謀副長会同において阿南陸相が、「戦勝必勝信念の根基は天壌無窮の神勅、炳乎たる帝国の歴史、神勅を信ずるにあり」との言葉を含む大臣訓示をおこな

っていたことがわかる。軍事史学会編『宮崎周一中将日誌』（錦正社、2003 年）187 頁。また、陸軍士官学校などで教授されていた『詔勅集謹解』の冒頭には、本神勅が載せられている。

9) 嵯峨敞全『皇国史観と国定教科書』（かもがわ出版、1993 年）222-224 頁。
10) 前掲「東条元首相手記」中、「奉答要旨」。半藤ほか『「東京裁判」を読む』399 頁。
11) 細川護貞『細川日記（下）』（中公文庫、1979 年）424 頁。
12) 前掲「東条元首相手記」。半藤ほか『「東京裁判」を読む』402 頁。
13) 伊藤隆・武田知己編『重光葵　最高戦争指導会議記録・手記』（中央公論新社、2004 年）。
14) 以下の引用は、伊藤ほか編『重光葵　最高戦争指導会議記録・手記』138-139 頁。
15) 「高木惣吉略歴」伊藤隆ほか編『高木惣吉　日記と情報』下（みすず書房、2000 年）994 頁。
16) 伊藤ほか編『高木惣吉　日記と情報』下、895 頁。
17) 外務省『日本外交年表竝主要文書　1840-1945』下（原書房、1966）626-627 頁。
18) 前掲『日本外交文書　太平洋戦争　第三冊』1086 文書、1916 頁。
19) 「昭・二〇・八　終戦委員会関係綴　山本少将」（①／終戦処理／22、防衛研究所戦史研究センター蔵）。
20) 前掲『日本外交文書　太平洋戦争　第三冊』1093 文書、1927-1928 頁。
21) 同上 1093 文書中「付記三　バーンズ回答解釈」1929 頁。『日本外交文書』においては本記録を、作成者不明としているが、木戸日記研究会編『木戸幸一関係文書』（東京大学出版会、1966 年）510 頁所載の「岡崎外務省調査局長意見」と同文であるので、岡崎勝男の作成とした。本文書は、外務省の加瀬俊一書記官から松平康昌内大臣秘書官長宛に送られたもの。
22) 「説明資料」、参謀本部所蔵『敗戦の記録』（原書房、1967 年）286-287 頁。
23) 上奏文書は、前掲『敗戦の記録』288 頁。上奏した事実については、伊藤ほか編『高木惣吉　日記と情報』下、926 頁。
24) 久野収著、佐高信編『久野収セレクション』（岩波現代文庫、2010 年）16 頁。初出は、「敗戦前後の日本――一つの回顧」『季刊現代史』3 号（1973 年）。
25) 伊藤ほか編『高木惣吉　日記と情報』下、855 頁。
26) 伊藤ほか編『重光葵　最高戦争指導会議記録・手記』111-112 頁。
27) 徳川義寛著、御厨貴・岩井克己監修『徳川義寛終戦日記』（朝日新聞社、1999 年）204 頁。
28) 天皇の聖断発言の内容を、確実な史料の比較から確定したものに、古川隆久「昭和天皇の『聖断』発言と『終戦の詔書』」『研究紀要』78 号（日本大学文理学部人文科学

研究所、2009 年）がある。なお、古川隆久『昭和天皇』（中央公論新社、2011 年）も参照のこと。

29) 木戸日記研究会校訂『木戸幸一日記』下巻（東京大学出版会、1966 年）1223-1224 頁。
30) 大本営陸軍部戦争指導班・軍事史学会編『機密作戦日誌』下巻（錦正社、1998 年）756 頁。諸史料が語る、天皇の言葉の内容の差異とその意味については、前掲の古川「昭和天皇の『聖断』発言と『終戦の詔書』」のほか、鈴木『「終戦」の政治史』第 4 章に詳細な考察がある。
31) 前掲『宮崎周一中将日誌』196 頁。
32) 池田純久「終戦時の記録・池田」、鈴木『「終戦」の政治史』172 頁から再引用。
33) 前掲『機密作戦日誌』下巻、763-764 頁。
34) 前掲『宮崎周一中将日誌』199-200 頁。
35) 前掲『敗戦の記録』290 頁。
36) 陸軍省情報部編『支那事変下に再び陸軍記念日を迎へて』（1939 年）1-2 頁。
37) 加藤陽子『天皇の歴史 08 昭和天皇と戦争の世紀』（講談社、2011 年）第 3 章 265 頁。
38) 寺崎英成、マリコ・T・ミラー『昭和天皇独白録』（文春文庫、1995 年）146 頁。
39) 前掲『日本外交文書 太平洋戦争 第三冊』1100 文書、1939 頁。
40) 同上、1103 文書、1941-1942 頁。
41) 江藤淳編『占領史録』上・下（講談社学術文庫、1995 年）。
42) 「今後の事態進展に関する予想 昭和二十年八月十七日」武田知己監修・解説、重光葵記念館編『重光葵外交意見書集』第 3 巻（現代史料出版、2008 年）391 頁。
43) アーネスト・メイ、新藤栄一訳『歴史の教訓』（岩波現代文庫、2004 年）。
44) 有馬哲夫『アレン・ダレス』（講談社、2009 年）142 頁。
45) 同上、219-220 頁。
46) 家近亮子「中国における『戦争責任二分論』の系譜」添谷芳秀編『現代中国外交の六十年』（慶應義塾大学出版会、2011 年）。
47) 一ノ瀬俊也『戦場に舞ったビラ 伝単で読み直す太平洋戦争』（吉川弘文館、2007 年）239 頁、写真版 125。
48) 同上、240 頁、写真版 126。
49) 徳川夢声『夢声戦争日記』第 5 巻（中央公論社、1960 年）146-147 頁。
50) 寺崎ほか『昭和天皇独白録』156 頁。
51) 鈴木『「終戦」の政治史』183 頁。
52) 「日本計画」は、米国心理戦共同委員会議長で陸軍省軍事情報部（MIS）心理戦争課

長オスカー・ソルバート大佐を公式提案者とする計画で、1942 年 6 月の段階で草案が完成していた。加藤哲郎『象徴天皇制の起源』（平凡社新書、2005 年）30 頁。

53) 同上、122 頁。
54) 同上、123 頁。
55) 有馬『アレン・ダレス』287-288 頁。なお、グルーの奮闘については、中村政則『象徴天皇制への道』（岩波新書、1989 年）参照のこと。
56) 丸山眞男・福田歓一編『聞き書　南原繁回顧録』（東京大学出版会、1989 年）269 頁。
57) 伊藤ほか編『高木惣吉　日記と情報』下、881-882 頁。
58) 同上、882 頁。
59) 寺崎ほか『昭和天皇独白録』143-144 頁。
60) 池田純久『陸軍葬儀委員長』（日本出版共同、1953 年）。
61) 「昭和二十年八月東久邇宮内閣次官会議記録　内閣官房総務課長」（内閣官房／平成 16 年度／4E/6/2、国立公文書館所蔵）。
62) 「公文類聚　第七十三編　巻十五　昭和二十三年　国会四　記録提出十二」（済／2A/28-1／類 3179／国立公文書館所蔵）。
63) 「高嶋少将史料　進駐軍トノ連絡ニ関スル件報告」（中央／終戦処理／940、防衛省防衛研究所戦史研究センター所蔵）。
64) 前掲「公文類聚　第七十三編　巻十五　昭和二十三年　国会四　記録提出十二」。
65) 「軍需品、軍需工業等ノ処理ニ関スル件達」（中央／終戦処理／899、防衛省防衛研究所戦史研究センター所蔵）。
66) 「昭和二〇、八　終戦委員会関係綴　山本少将」（①／終戦処理／22、防衛省防衛研究所戦史研究センター所蔵）。
67) 前掲「公文類聚　第七十三編　巻十五　昭和二十三年　国会四　記録提出十二」。
68) 前掲「昭和二〇、八　終戦委員会関係綴　山本少将」。

第3章 大陸引揚者と共産圏情報
―― 日米両政府の引揚者尋問調査

佐藤　晋

はじめに

　戦後日本の政治史において軍事的側面が語られる場合、それはおおむね再軍備の過程についてか、日米安保条約体制の文脈においてであった。そこで本章では、戦後日本におけるインテリジェンス活動の実態を叙述することによって、戦後日本における軍事的側面、とりわけ冷戦との関係、その中でのアメリカとの協力関係を明らかにしようとするものである。もっともインテリジェンス活動、すなわち情報収集活動は、何も軍事的対象に限定されるものではない。しかし、本稿では、これまでほとんど知られてこなかった日本における軍事的情報収集活動を浮かび上がらせることで、第1に、冷戦は終戦直後にはすでに始まっていたこと、第2に、その中で共産圏（共産主義）を仮想敵とする日米情報協力関係の萌芽が見られたことを指摘する。さらに第3として、このような共産圏を対象としたインテリジェンス活動は、戦前・占領期・独立後を通じた類似性をもつものであり、さらに本稿で扱う占領・戦後期は、アメリカの対日占領により連合軍通訳翻訳部（Allied Translator and Interpreter Section: ATIS）による戦時中の対日作戦によって形成されたアメリカの情報収集方法との連続性を指摘していく。

　以上のような特徴をもっともよく知ることができるのが、大陸からの引揚者を通じた情報収集活動である。日本におけるインテリジェンス活動に関しては、第二次世界大戦期までについてはこれまでにも多くの研究が積み重ねられてきた。また、戦後についても占領軍の参謀第2部（G2）や中央情報局（CIA）といったアメリカによる情報機関と関係した旧軍人らの動きが断片的に明らかとなってきている[1]。もっとも、情報・諜報関係の資料が完全な形

で公開されたり、研究者の必要に応じて公開が進められることはほとんどない。とりわけ、戦後日本におけるインテリジェンス活動の資料はほとんど公けになっていない。また、アメリカ側で CIA などの資料が部分的に公開されてはいるが、それらの情報を他の情報源からの資料によって確認できるといった状況ではない。そうした制約の中であるとしても、引揚者への尋問調査の実態についてはある程度知ることが可能であること、この調査の占領政策の中における重要性に鑑みて、以下の分析を行うこととする。

I　進駐直後の情報要求

　加藤聖文氏によって発見されたアメリカ公文書館の資料には、終戦直後に旧陸軍が占領軍から要求された資料リスト一覧と、実際に占領軍へ提供された資料の現物が含まれており、その中の「情報諜報関係ノ「マ」司令部要求事項目録（其ノ一）」からわかることは、進駐直後のアメリカ軍は対共産圏の情報を旧陸軍に要求し、それに日本側も積極的に応えていたことである。これまでも防衛研究所の図書館には、司令部に要求されて作成された資料が多数存在することが知られていたが、実際に米側に渡っていたことがこれにより明らかとなった。防研の資料からは、中国における白系ロシア人、中国人、朝鮮人のスパイとしての利用価値の評価など、米側が日本に諜報関係の資料を要求していたこと、それへの回答としてさまざまな資料が作成されたことがわかる[2]。また、特務機関員の現住所も要求されているが、これらの人物は都合がつき次第、「出頭」することも要求に含まれていた[3]。柴山太氏が明らかにしたように、このような旧軍所有の対ソ軍事情報は、アメリカ本国の陸軍情報機関が求めていたものであった[4]。もちろん、こうした情報関係の資料の要求や情報関係者の尋問の理由が、戦犯追及のためか、情報の利用価値を認めてのものか、一概には判断できない。それぞれ個別的に検討することが必要である。

　とはいえ、終戦時の陸軍省高級副官で、この当時は第一復員省文書課長を務めていた美山要蔵の 45 年 12 月 19 日付の日記に「中野学校の調査をしているが、それは戦争犯罪者摘発のためのものではない」とあり[5]、占領軍と

接触のあった旧陸軍側高官には情報提供による対米協力という認識がこの頃には形成されつつあったことがわかる。ここで、この時期に ATIS が翻訳した、旧軍部作成資料のリストを見ると、No.154: Operation Record Against Soviet Russia, Vol.2, Jul 45～Sep 45、No.151: Air Operation Record Against Soviet Russia, Jun 41～Sep 45 といった日ソ戦の情報が含まれていることがわかる。ただし、日ソ戦は8月のことであったため、ソ連軍の冬季戦の能力についての研究のベースがソ連フィンランド戦争の観察とならざるを得なかったように、戦前・戦時中に作成された文書は情報として時期的に古いものとなっていた。

したがって、戦後、新たにソ連の情報を手に入れうるとすれば、その情報は現地においてソ連軍と対峙した軍人、大陸において終戦まで対ソ諜報にあたっていた軍人など、これから復員してくる引揚者からもたらされるはずであった。ただし、敗戦間際に満洲の関東軍などから、多数の兵員が南方に引き抜かれて転戦していることから、ソ連情報を持っていた軍人は、樺太・千島、中国東北部、朝鮮半島北部からの引揚者に限定されていたわけではない。以上のような事情で、占領当局もこうした人物とそのもたらす情報に期待をかけるようになる。これが、本稿で取り扱う引揚者からの情報を、米占領軍、のちには日本政府が重視していく基本的な背景である。

もちろん、これまでにも占領軍と旧軍人の間に協力関係、とりわけ共産圏情報収集をめぐっての協力体制が築かれていたことは、しばしば指摘されている。有名なのがいわゆる「有末機関」で、当初は占領軍との連絡機関であったが、やがて情報収集面での対米協力の機能を発揮するようになる。美山の日記にも「四月より有末機関廃止の説があり、その一部は終戦連絡事務局、他は渉外課でやることとする。米のその意見で研究中。軍事の調査研究は四月一日以前にて終了する。マック［マッカーサー（Douglas MacArthur）］司令部の防諜班の人員として取り扱うよう連絡があった」[6]（45年12月19日）とあり、45年度いっぱいは連絡機関として、その後は、ここでいう「防諜班」が後述の対敵諜報部隊（Counter Intelligence Corps: CIC）を指すのかどうかは不明だが、有末機関が半ばG2の傘下のような形で存在し続けたことがうかがえる。事実、有末自身の回顧録にも以下のような記述がある[7]。

昭和22年第1次吉田内閣のとき、外交官出身だった同首相は年来の主張であった情報重視の信念から、政府としては始めて内閣調査室を新設して外務省情報局に代るべき内閣直属の情報機関を設けた。
　内務省警察局の出身で、当時警察庁の警備課長だった村井順氏を長とし、陸海軍将校、海軍中将前田稔氏（ソ連・中国大使館付武官、第二復員局長）、陸軍大佐矢部忠太氏（終戦時ソ連大使館付武官）、末沢慶政海軍大佐（終戦時軍務局第二課長）、浅井勇陸軍中佐（ソ連大使館付武官輔佐官、参謀本部ソ連課参謀）など、主としてソ連関係者数名を顧問とし、また別班として旧第二部の各課将校十名近くが協力していた。
　これらは媾和条約発行前、独立していない当時もちろん公表されない機関であり、米軍としては当然裏面では連絡にこれを利用したことと想像されていた。

　米軍歴史課の仕事が一段落したこの頃から、河辺虎四郎中将を長として下村定大将を顧問格とし、辰巳栄一中将、芳仲和太郎中将、山本茂一郎少将、西郷従吾大佐、これにわたしもその一員として一班が編成され、情報の査覈研究に従事した。
　企画指導は河辺中将自ら主催していたが、主要補佐は特に吉田首相とも連絡のよい辰巳中将がこれに当り、萩三郎中将（札幌復員局長）、真田穣一郎少将、佐々木勘之丞少将、石戸勇一大佐、甲谷悦雄大佐（戦後公安調査庁参事官）などが全国的に国内情勢特に共産党の策動情況調査などについて協力した。
　この機関は、さきに例示した前記陸海軍人の対米協力機関に比べて相当長期にわたって昭和31年まで続いたのであった。

　上記、引用の前半部分（時期誤認など回想内容に誤りはある）に出てくる「別班」が、本稿の後半で取り扱う「中共事情」を作成するなど、独立後の日本側の引揚者調査を担当した内調関係の組織であったと思われる。また、引用後半部分については近年公開されたCIA、CIC文書の分析によって実態が解明されつつある[8]。
　また、第一復員省は、戦史調査のために史実部を設けていたが、そのメン

第 3 章　大陸引揚者と共産圏情報　85

バーの多くが G2 の戦史課にも使用される形となっていたことが知られている。美山日記によると、その「史実部強化のために外地のものも招致することとな」ったのが 46 年 3 月 5 日で[9]、翌月 9 日には「史実部にて戦史編纂要員確保充実のため、満鮮以外は帰還可能とな」ったとされている[10]。こうした戦史編纂業務の強化は、当然、占領当局の意向であった。しかし、より重要な点は 21 年度からの復員省の再編において、連合国最高司令官総司令部 (General Headquarters, Supreme Commander for the Allied Powers: GHQ/SCAP) からの「指令があって、作戦情報関係者を残すこと、外地帰還者でもその関係者は復員機構中に含ましめるようにな」ったことであり (46 年 4 月 9 日)[11]、その 2 日後、「復員庁関係官制の改正発令はおくれる見込であるが、史実、情報、技術関係の人員は確実に残してあるか、然もそれを本職として残してあるかと〔ママ〕司令部より念を押さる」こととなった[12]。ここから、占領当局としては、外地で戦争を指導した作戦・情報関係者を有用な人物として認めていたことがわかる。その流れの中で「史実関係者三十五名 (うち支那方面十名をふくむ) が優先帰還せしめられた」のである (46 年 4 月 11 日)[13]。これは帰国後に史実調査にあたる人物、すなわち作戦・情報関係者の早期帰国および彼らの利用を、占領軍が熱望していたことを示している。その中で、もっとも著名なのは服部卓四郎であろう。こうした GHQ の指令により優先帰還を許された服部は、46 年 5 月 19 日に博多に上陸し、すぐに第一復員局史実調査部長となり、その後も引揚援護局資料整理部長を務めた。この「史実調査部の名称は、GHQ からつけられたが、史実調査は直接復員業務と無関係であり、米国個々の人間に指令を受けて」(46 年 10 月 24 日) いた[14]が、この「指令」の中には情報収集面での対米協力が含まれていたのである。

　さらに、対米情報協力として、組織的な協力が行われていたことは注目に値する。美山の 45 年 10 月 4 日付の日記に「今後、半年間、ソ支の特種〔ママ〕情報調査を続行するよう命ぜらる」とあり[15]、その後、46 年 7 月 22 日の記述に「支那の無線傍受はとり止めとなった」と出てくる[16]。ここから、旧日本軍が行っていた中国・ソ連を対象とした、主として無線傍受を占領軍が継続させ、その後国民党支配下の中国への無線傍受は停止させたが、おそらくソ連対象の傍受は継続させていたことが推測できる。このように旧日本軍の組織

としての情報収集インフラをアメリカは利用していた。これに加えて、アメリカ占領軍が対日戦争中の日本軍捕虜の尋問のノウハウをもとにして、日本側の関係者をも使って、ソ連国内およびその勢力圏の情報を獲得する手段として大々的に展開したのが、以下で分析対象とする引揚者尋問プログラムであった[17]。

II　前期集団引揚と尋問調査

　それでは、まず引揚者を受け入れる日本政府の情報収集活動は、いかなるものであったのか。終戦直後には、引揚者からの収容所状況等の聞き取りが通常業務として行われ、まれに樺太への調査員潜入によって「樺太情報」がまとめられるなどの活動も見られたが、これらは主に未帰還者の残留状況調査が主目的であった。また、49年頃の事例として、函館外務省連絡事務所から「船別報告、同付属書類」が本省あてに送付された記録がある。この中では未引揚者の生死の情報、収容場所、人数に関する「好資料保持者」の氏名や引揚先住所などが記されているほか、引揚者の「思想動向」調査も行われていた。ただし、ここでいう「好資料」は、どの収容所にいつの時点で何人を確認といった情報のことを指していた。その後も調査の中心は、未引揚者の生死、生存者数、居場所を探すことにおかれ、49年以降の中共地域に関しては「未引揚者通信による調査」などの手法が加わっていった。これには、残留者からの通信によって中国の内情を探るといった狙いも含まれることになり、1960年代頃まで内調も含めて日本政府に引き継がれた手法であった。確かに、この時期にも函館引揚援護局作製の『調査報告資料』には、「昭和23年7月10日　ソ連より特殊工作を受けたと想われる樺太引揚邦人」、「昭和23年8月29日　ソ連より特殊指令を受領して帰還した者の若干例」といった文書が含まれている。ただし、インテリジェンスといっても、この時期の日本側の関心は、どちらかというとカウンター・インテリジェンス、すなわちソ連共産主義の日本への浸透阻止にウエイトが置かれていた。

　第二次世界大戦後、一般命令第一号において日本軍の武装解除の責任地域がアメリカ、ソ連、イギリス、中華民国に分担され、東アジアはソ連共産主

表1　46年末までの共産勢力支配地域からの引揚者数（人）

ソ連本土	千島・樺太	満洲	大連	北朝鮮	（中国）
5,000	5,613	1,010,837	6,126	304,469	1,492,397

出所：若槻泰雄『戦後引揚げの記録』時事通信社、1995年。

義と、アメリカを中心とする自由主義諸国の勢力圏に分断された。ソ連が管轄した地域は、南樺太・千島列島、満洲、38度線以北の朝鮮半島であった。これらの地域にはソ連軍が進駐し、日本軍の武装解除を行うとともに、復員・引揚を必要とする日本の軍人と民間人を管理下に置いた。こうした共産勢力のコントロール下におかれた地域の情報は、アメリカにとっても不可欠なものであったが、容易に入手できるものではなくなった。ところが、その「カーテン」の向こうから多数の日本人が大挙して引き揚げて来ることになるのである[18]。しかし、準備不足と引揚者数の多さから、終戦直後の引揚者には尋問はほとんど行えなかった模様である。46年末までに510万人が引き揚げ、そのうち約140万人は共産勢力支配地域からの引揚者であった。また、密航同様に帰国した者も、当然のことながら捕捉できなかった。したがって、46年10月2日時点で、ソ連の管理地区であった満洲からの引揚者38万1,233人のうち、完成した引揚者尋問調査報告は、わずかに794人分のみであった。ところが皮肉にも、ソ連が送還要求に応じなかったために、表1にあるように、ソ連本土からの引揚者はいまだ少数で、占領軍は米ソ協定によって、46年12月から引き揚げてくる膨大な数の引揚者のチェックと尋問に備えることができた。実際、46年末には満洲地域・中国本土にも相当多数の残留者がいると見られていた。そこで、ウィロビー（Charles Willoughby）GHQ参謀第2部（G2）部長は46年11月27日に第8軍のG2に宛てたメモで、日本人を利用しつつ引揚港における尋問を開始することを命じた[19]。

　その後、46年12月19日に日本人送還に関する米ソ協定が締結され、46年12月から50年4月までにソ連地域（ソ連本土、南樺太、千島）から63万4,000人以上が引揚を行うことになり、これら引揚者が主な尋問の対象となった。占領軍は、これに備えるため、46年12月に441CIC付として、主に日系2世から編成された第319軍事諜報中隊を設置し、各引揚港にATISの

要員とともに配属した。さらに最重要人物を集中的に尋問するために東京に中央尋問センターを置き、ここにも ATIS の要員が展開した。

　ソ連占領地区からの第 1 次引揚は、表 2 にあるように、46 年 12 月 8 日に辰春、永徳両船で佐世保に入港した大連からの 6,127 名であった。この潜在的な「情報の宝庫」であった引揚者の尋問・調査は、占領軍の ATIS と第 441 CIC 部隊が中心となって行った。441CIC は、全国 6 管区に薄く広く配置され、本来は戦犯の摘発、軍国主義者の監視、占領政策への抵抗の排除などを目的とするものであった[20]。したがって、引揚者の尋問についても本来の目的は、引揚船内における戦犯、軍国主義者の摘発と、国内定着後の監視であった。もちろん、こちらの任務も地元警察などの協力を得て、占領期間中にわたって継続され、各県の CIC は「復員軍人並びに引揚者に関するファイル」を作成していた。この膨大なファイルは、各軍政部の指揮官によって統治のために利用され、引揚者中の軍国主義者と思しき人物の国内におけるその後の監視のために利用されたのである[21]。

　しかし、その一方で、引揚者尋問・調査の隠された目的は、共産主義者のチェックとソ連管理地区情報の収集にあった。これは、ソ連管理地区からの引揚が開始される 46 年末から本格的に開始され、ソ連管理地区からの引揚船が入港する函館、佐世保、舞鶴、博多を中心に展開された。すなわち、46 年中に CIC の主要任務は、「日本共産党を押さえ込むことへ移っていった」のである[22]。また、引揚者尋問において現地の警察、旧軍の協力者、引揚者の中から日本人情報提供者が雇われた。引揚者当人には、主に同船者における共産主義者の密告を行わせたのである[23]。本来、CIC は軍隊内部への外部勢力の浸透を阻止する、まさしくカウンター・インテリジェンス遂行のための部隊であるのだが、日本占領中は国土すべてが米軍の占領地となったために、いわば守備範囲が日本全域に広がっていたのである。とりわけ、共産圏支配地域からの引揚者は、軍政の円滑な実施の上できわめて危険な対象であった。もっとも、対象が軍国主義者であれ、共産主義者であれ、ここまでは CIC の本来の任務といってよいものであった。ところが、この日本駐留部隊の CIC は、さらに任務を拡張させて、ソ連勢力圏の情報収集＝インテリジェンスも遂行する形となっていく。

第 3 章　大陸引揚者と共産圏情報　89

表 2　ソ連占領地域からの米ソ協定以後の最初の引揚日時

地区	出航地	上陸地	入港年月日	上陸年月日	引揚人員
ソ連本土	ナホトカ	舞鶴	21.12.8	21.12.9	2,555
樺太	真岡	函館	21.12.5	21.12.10	1,927
北朝鮮	興南	佐世保	21.12.18	21.12.20	2,001
関東州	大連	佐世保	21.12.8	21.12.8	6,127

出所：厚生省援護局編『引揚と援護三十年の歩み』厚生省、1977 年、97 頁。

　一方、ATIS の任務の重点は、インテリジェンスにあった。それは対日戦時の主要任務が、捕獲文書の解読、捕虜の尋問を通じて、日本軍の動向を探ることにあったことからも明らかであろう。引揚者尋問に際して結成された第 319 軍事諜報中隊は、その名の通り軍事情報の収集を任務としていたが、その主力は主に ATIS から引き抜かれた日系 2 世から編成された。それは、日本人の尋問にあたっては日本語能力が必要であり、ATIS には、太平洋戦争において日本軍捕虜を尋問し、多くの貴重な戦略的情報を獲得していた実績があったからである[24]。ATIS は、戦時中、1 万人強の捕虜尋問から 779 の Interrogation Reports を作製し、太平洋戦線の帰趨に大きな影響を与えたとされる。その旧日本軍人を対象とする尋問のノウハウは G2、とりわけ ATIS に蓄積されていた。ただし、占領が進むにつれて人員が削減されていき、その不足を埋め合わせるために日本人協力者を利用する必要性が出てくるのである。

　この ATIS の重要性は、最重要人物の集中尋問を担った中央尋問センターの責任者が ATIS のディッシャールーン（G. L. Disharoon）少佐であったことにも示されている。この中央尋問センターは当初横浜に設置されていたが、もともとは太平洋戦争中にメルボルンなどに存在したものと同名で、東京に設置された時には、各引揚港の尋問で目をつけた有力ソ連情報保持者を呼び出し、一人当たり 8 時間くらいかけて連日 4〜50 人を尋問するという「引揚者尋問プログラム」の中心となった。その責任者であったディッシャールーンが、日本人とくに第一復員省の旧軍人の協力を求めたのである。引揚港の管轄は各地に展開した第 8 軍であり、表向きの引揚者尋問の監督は第 8 軍の情報将校が務めたが、実際は CIC が尋問にあたって人員を提供し、その中

核となったのが ATIS 所属の日系人であったわけである。規模だけからいうと、太平洋戦争中と比較しても、占領期には東京の中央尋問センターにおける最重要人物の尋問だけでも 46 年 12 月から 49 年 10 月 31 日までに引揚者 2 万 9,365 人、51 年 5 月 14 日までで計 3 万 5,488 人を尋問しており、占領期にはより活動量が増大したことがわかる。また、第 8 軍自体も、その情報将校を中心に、49 年 11 月までに 9 万 5,775 人、51 年 5 月 14 日までで 11 万 1,543 人という莫大な引揚者を尋問している。

III 尋問からの「収穫」

　こうして ATIS は、各上陸地で引揚者を尋問し、より重要な人物については東京の中央尋問センターで詳細な尋問を行った。上述のように ATIS による中央尋問センターにおける尋問は、上記の調査機関の 30 カ月では、ひと月あたり約 1,200 人、すなわち 1 日あたり 40 人を尋問したわけで、ほぼ日常業務としていたと言える。このほかに、ほぼ同期間内に第 8 軍のために 1,074 人の訊問を行うなど、他の機関の要請でも引揚者の尋問を行った。このように ATIS は、通訳翻訳業務と並んで、引揚者尋問プログラムを通じてソ連の情報を収集することを主要任務としていたのである。

　それでは、こうした日常業務で目指された情報とは何だったのであろうか。それは、具体的なソ連国内の 434 地点の地勢的情報の取得などであった。こうして、ウラル以東のソ連各地点の地図は、主に日本人引揚者の尋問プログラムによって作成され、米空軍の戦略目標設定に利用された。実は、ウラル以東のソ連および中国東北部についての情報取得は、日本における軍事諜報組織であった G2 の管轄であったのである[25]。

　それでは、引揚者尋問の実態を、浦賀港における支局（Uraga Interrogation Dispatch）を例として見てみる。まず、46 年 9 月 6 日の G2 から ATIS にあてたメモランダムにおいて、引揚者の尋問と引揚プロセスの研究のためのチームを浦賀に設置することが指示された。そこに記された尋問・調査の手順は以下の通りであった。

　引揚船が出帆すると、乗船者の数、タイプなどの情報を上陸港に連絡する。

入港時には浦賀尋問チームのメンバーが乗船し、船長から乗船者リストを入手し、陸海軍人・軍属の中から高位のものを選び出し、彼らに尋問チームと一緒に上陸することを要求する。そこで尋問が行われ、所属部隊に関する情報や他の部隊からの復員者について尋問する手筈となっていた。この最初の尋問で、調査価値のある人物を選び出し、通常3日間滞在した収容施設で詳しく調査を行った。一方、指令された調査項目は、「満洲と北朝鮮における飛行場、兵器・弾薬集積場、兵站部・補給所、鉄道、精密な地図、部隊の強さ、配置状況についての情報」であった。一度でも、この両地域にいた復員軍人は必ず尋問を受けた。実際の尋問記録においては、満洲における飛行場や製鉄所の状況、ソ連との国境の川幅やソ連側のトーチカの数および間隔と兵員数、機関銃などの装備、その構造、ソ連兵の服装、配置状況、独ソ戦開始後のソ連軍の状況や訓練の変化等について聞き出していることがわかる。中でも米軍がもっとも強く求めたのは、ソ連国内・勢力圏各都市の軍事的な地形図であった。ここで得られた尋問記録はG2に提出された。さらに、ソ連軍の状況に詳しいとされた人物は、第二段階として直接G2とATISによる調査が中央尋問センターで行われた[26]。また、上述したように引揚者尋問は「洗脳」された疑いがある者の洗い出しにも用いられた。手順としては、乗船中に記入された調査カードが上陸地でチェックされ、入港時に1時間の尋問が行われる。さらに、この現地情報がATISに通報され、それに基づいて「疑いあり」と判定された引揚者に対して、2度目となるおおむね8時間の尋問が現地で重ねられるというものであった[27]。浦賀においてATISは、ひと月当たり700人程度を尋問して東京あてのレポートを作成した。

　しかし、これでは到底、詳細な地図作成の時間がないように思われる。一つのレポートには、複数の情報源からの尋問結果が使われたが、別の引揚者の語る情報との矛盾点などをチェックする必要があったことも考えると、日時をおいて東京の中央尋問センターに呼び出されて行われた調査の方が、より綿密かつ詳細であったものと推測される。この中央尋問センターにおける尋問において米軍が関心を払った情報は、やはりソ連側の軍事的地勢図であり、ここにはソ連占領地域に日本が残してきた飛行場の滑走路の長さ、数、通信設備といった情報が含まれていた。ATISが作成したInterrogation Report

には、多くのソ連各地の地図が含まれているが、主な情報は引揚者尋問によるものであり、これに旧陸軍の参謀本部作製の地図、極東空軍の偵察情報、アメリカ陸・海・空軍の報告書や諜報記録が総合されて作製されていた。

Ⅳ 日本側の協力態勢

　次に以上のような引揚者尋問への日本側の協力態勢を解明していく。事例として主に佐世保における資料を用い、これに舞鶴、函館の事例も加味していく[28]。引揚港における尋問は、浦賀と同じく船内および援護局内で行われたが、この点は佐世保・舞鶴・函館・博多の各港共通である。次に、米軍の調査体制については、舞鶴では47年1月初旬にシベリア方面引揚邦人検閲のため、占領軍尋問部隊（Maizuru Interrogation Team）が設置され、CIC舞鶴支部と法務局（Legal section: LS）の係官もこれに加わった。

　一方、米軍調査体制の規模について見ると、佐世保では、46年12月8日時点、すなわち大連からの第1次引揚時では、東京のCICから将校4名、下士官・兵21名が派遣されていただけであったが、47年1月には東京から60名が追加派遣された。それでも不足する人員に日本人が用いられ、例えば、主に樺太・千島からの復員・引揚が行われた函館では、日本側の警察官による思想調査が行われた。外務省は、占領軍による尋問に関する情報を主にこうした日本側協力者や引揚者から集め、その主たる目的を、「その多くが潜在的な情報提供者である引揚者から、特にソ連の教化工作と捕虜による大規模な転覆活動に関する情報を入手するため」であると把握していた。また、佐世保における尋問調査の観察から、重点対象の一つが引揚団体幹部、ソ連軍関係者であり、その調査項目は、共産主義教育の実態、大連日本人労組の幹部氏名、共産主義者の帰還の有無、日本軍捕虜の行方などであったことを、本省に報告している。この中で、もっとも重要視された重点情報は、旅大地区のソ連軍兵力・軍備・防空施設・飛行場・飛行機数、軍港の強化の有無であって、実に調査事項の8割以上は軍事関係であった。したがって、調査対象者は、陸海軍諸学校の教官、教育ある者、有力な商人、技術者、満・ソ両国への旅行者、港湾の付近に居住していた者、満・ソにおける大工場で

勤務していた者らであった。

　実は、こうした大規模な佐世保・舞鶴・函館の引揚者調査が予定されていたため、46年12月10日付で民間諜報局（Civil Intelligence Section: CIS）から終連中央事務局にあてて、日本側に十分な人材をそろえることが要求されていた[29]。さらに翌年1月6日にはディッシャールーン少佐から、引揚港の尋問調査の日本側協力者は復員庁第一復員局の要員が中心になってもらいたいこと、必要ならば第一復員局で雇う職員を増加させてもよいとの意向が伝えられた。ところが、同日に公安課（Public Safety Division: PSD）のプリアム大佐に面会した磯野勇三終連管理部長は、プリアムから「自分としては警察力を斯る仕事に使ふことは賛成出来ない」という明白な意思表示を受けた。また同月10日にも内務省の山川公安一課長は、プリアムから「スチュアート［441CIC司令官］大佐から命令を以てやれと言はれた場合には或る程度の協力はしなければなるまいが警察としては成可く本件に関係しない方が宜しい」と伝えられた。このように両者の板挟みにあいつつも、日本政府は、初期の引揚時には警察官を参加させた。しかし、その後プリアムが、引揚再開に際しては「スクリーニングに警察官を出すこと」には「絶対反対」との意向を表明してきた。そのほか、民政局（Government Section: GS）は、しばしば旧軍人が数多く勤務していた復員官庁、各県の世話部等における軍人比率を少なくとも半数以下にまで低下させるようにといった要求を突きつけてきた。これは、引揚者尋問調査への協力のために旧軍人を温存させろというG2の要求とは、真っ向から対立するものであった。

　もっとも、各引揚港における実際の復員業務は旧軍人が行っており、占領軍の人員不足・語学能力の点から、引揚者尋問に日本の警察官や旧軍人が協力したことはむしろ自然であった。函館では、46年末から翌年初頭にかけて入港してきた引揚者に対して、仙台の第9軍団司令部チャーチ中佐の指揮の下で尋問調査が行われたが、主に日系二世の要員が充てられ、また、このとき設けられた特別調査班にも、二世の将校、軍属が充てられ、CICの要員も加わった。この特別班は3名からなる思想関係、5、6名からなる軍事関係の担当に分けられていたが、これに日本側は75名が協力していたのである。ただし、実態は主に思想関係調査事務の補助であり、25名の警察官が3

名ひと組の班の長となり、停泊船内に乗り込み満15歳以上の引揚者に1船について1日かけて調査を行い、4隻を4日間で調査し終わった。思想班は、その中から「容疑者参考人」を思想関係特別班に知らせ、その者について特別班が1人ずつ招致して尋問した。他方、軍事班は、米軍の特別調査班員が直接担当したので日本側は詳細を知り得なかったが、調査前日に軍事情報を提供できそうな職歴、居住地をもつ者を名簿から20～30人チェックするのは日本側の仕事で、その後、米側が1人ずつ船内の別室に招致して尋問した。内容としては、樺太におけるソ連軍の移動状況、陣地設営状況、装備などを聴取したようである。また日本側協力者は秘密厳守を命じられ、上司への報告も禁じられていたという[30]。

　他方、旧軍人は、これ以前から占領軍と協力関係を築いていた。佐世保では、47年1月中旬に現地に赴いた内務省事務官が、ロック少佐から20名の人員と2、3名のロシア語通訳を派遣するように要求された。ところが実際に20名の警察官を赴かせたところ、すでに「従来調査に従事していた一復［第一復員局］の職員を充当していて警察官を必要とせずとのことで警官は総て帰」すことになった。実は、第一復員局は、第1次引揚の際に調査班を設置しており、佐世保地方引揚援護局では「第一復員部長橋本大佐の下」で任務を遂行していた。この援護局内で調査任務にあたっていた旧軍人のグループを、そのまま占領軍は利用したものとみられる。ロック少佐は、テクニカルな軍事情報収集という任務に関して、最初から警察関係者を使うことは考えていなかったようである。

　以上のように米軍は引揚者調査を重要視していたため、47年2月初旬ごろ、佐世保港において「スクリーニングの為約二万人の引揚者が溜ってをりリセプション・センターとしても非常に不便を感じてゐるので何んとかスクリーニングの事務の促進を要望」するとの報告が、東京に送られてくるほどの事態となった。占領軍側では、早期帰還よりも引揚者のもつ情報を確実に獲得すること、また有力な情報をもつ人物を特定し、その後の情報収集に協力させることに優先順位を置いていたのである。このように引揚者を引き止めてまで遂行した尋問調査も、引揚港における時間だけではあまりに短すぎ、かつ一度きりの面接尋問であったため、その収集しうる情報の質・量には限

表3　1948年1月時点のG2の人員配置（人）

G2 FEC&SCAP	261
Civil Intelligence Section	
Operations Division & Executive Group	185
441st Counter Intelligence Corps	**881**
319th MI Company（attached to CIC）	**288**
Civil Censorship Detachment	542
Public Safety Division	87
War Department Intelligence Targets Section	19
ATIS（Translator & Interpreter Section）	**725**
5250th Technical Intelligence Group	166
General Liaison: Foreign & Japanese Section	31
Historical Section: FEC & SCAP	28
Geographical Section: FEC & SCAP	13

出所：*The Intelligence Series G2* より作成。

　界があった。そこで、のちに作成されたCICの報告書で「対敵諜報上もっとも価値があると思われる引揚者の尋問」とされているのは、引揚者の現住所の最寄りのCIC地区本部による尋問であって[31]、これは引揚時に重要人物としてチェックした人物を直接呼び出して地区本部で話を聞くという手法であった。この手法が有効であったのは、引揚前にソ連当局から思想調査へ反対すること、ソ連の軍事情勢を話さないことが「教育」されていたため、それぞれの引揚者は引揚港上陸直後には口が固く[32]、一般に地元に落ち着いたのちの方が情報提供に協力的であったからである。

　このように、占領軍は、引揚に伴う業務の中でも、引揚者からの情報収集を非常に重要視していた。それはG2要員の人員配置によっても理解できる。表3中に太字で記したものは、引揚者尋問業務を担当した職員のセクションと人数である。つまり、3,226人の全職員のうち1,894人はこの尋問に関与する可能性が高かったわけである。前述のように全国に分散配置された441CIC部隊は、引揚港でチェックされた引揚者を、自宅から呼び出して尋問する任務をも有していた。その情報とは、共産主義者の上陸後のチェックと、何にもましてソ連軍の軍事情報であった。一方、日本側の調査の中心は、

残留者数・残留地・残留者の生活状況などであり、その後の引揚促進のための情報であった。これらは主に援護局、外務省・終連の担当官があたった。他方、警察関係者および第一復員局の旧軍人らは、思想関係調査と軍事情報収集を担当した。この過程で、より注目すべきことは、これらの手法がのちの内調関係者による尋問調査の手法に受け継がれていったことである。例えば舞鶴で第一復員部庶務課長などを務め引揚者調査に協力した押田敏一は、その後内調に勤務している。

V 朝鮮戦争におけるインテリジェンスの失敗

50年6月の北朝鮮軍の南侵は、以上のようなインテリジェンス活動が展開されているさなかに起こった。実は、小柳論文が示すように、これまで述べた日米協力の下でのインテリジェンスは、朝鮮戦争の際の対応にいかされなかった。つまり、開戦に加えて、同年10月の中国軍参戦も占領軍は予測に失敗したのである[33]。もちろん引揚者のもたらす情報は、軍事的な地形図といったハード面のものが中心であり、かつ占領軍・第一復員省が行った尋問調査のメインはソ連情報であり、中国の参戦可能性の分析と直接関係するものではなかった。しかし、朝鮮戦争ぼっ発後、G2のATISはAdvanced ATISとして朝鮮半島に進出し、北朝鮮軍捕虜の尋問、捕獲文書の翻訳を行い、これをG2の戦域情報課が分析して、毎日「情報日報：DIS」にまとめて、東京はもちろん、ワシントンにも送付していた。このAdvanced ATISは、マッカーサーの仁川上陸後はソウルに進出している。捕虜尋問は主に釜山の尋問センターで行われたが、東京に連れてきて尋問したケースもあり、一度敵に捕らわれた米軍捕虜を奪還してインタビューしたこともあった。その結果、開戦3カ月で1,522名の捕虜尋問を行い、3,923の捕獲文書を東京へ送付した。

小柳論文によると、この尋問から得られた情報の中で、中国軍が東北部に大規模に集結していることや参戦の可能性が伝えられていたものの、マッカーサーとトルーマン（Harry S. Truman）政権は、国連軍が勝利した状況が参戦のタイミングとして遅きに失している、中国国内の安定のために軍事力

を用いる必要がある、また台湾解放のための軍事行動が優先されていると考えて判断を誤ったとされる。この中国軍介入を予測できなかった失敗以降は、中国情報の必要性が、日本のインテリジェンス機関の活用へと向かわせたのではないかと思われる。

　上記のように積極的かつ大規模な対ソ・インテリジェンスを実施した占領軍であったが、朝鮮戦争勃発および中国参戦という肝心な場面で、ワシントンも東京も読み誤ることとなった。つまり、北朝鮮軍の侵略開始を予測できなかった上に、さらに中国軍の参戦可能性を否定するという二度の失敗を重ねてしまったわけである。その理由を、引揚者尋問プログラムの中に求められないであろうか。そもそも引揚者からの情報はさまざまな形で、さまざまな用途に用いられたが、ATIS がまとめた Interrogation Reports は、1947 年 1 月から 1951 年 5 月までに 101 冊作成され、内容を把握することができる。当初は、満洲、中国北部、朝鮮半島、シベリア、サハリン、モンゴルにおける飛行場、鉄道、通信設備、ソ連軍の編成・装備・配置などのハード面の情報やソ連の意図、ソ連軍の士気などのソフト面の情報が主に取りまとめられ、ソ連の情報員の氏名、プロパガンダ、洗脳、捕虜の取り扱いなども報告された。つまり、ソ連情報にかなり特化した内容である。その後は、朝鮮戦争勃発後の北朝鮮軍捕虜を尋問した結果得られた北朝鮮軍情報が含まれるようになっていく。中国軍参戦後は、中国軍の捕虜尋問も行われたが、全体的に言って中国共産党関連の情報への関心が低かったのではないかと思われる。ATIS は、1942 年から有用性を太平洋戦争で実証した部隊で、日本語のみならず、ロシア語、中国語、ハングルの熟達者が含まれており、朝鮮戦争においては対日戦の成果を適用して、捕虜尋問のほかに宣伝工作などで活躍した。また、場合によっては韓国人を採用したり、日本人も通訳の媒介に使用したりした。ただし、ATIS がまとめた Interrogation Reports を全体として眺めると、ソ連偏重・中国軽視の傾向が存在していたのではと推論されるのである。

　次に情報のレベルの問題であるが、ATIS 作成のレポートに「核・生物・化学兵器分野におけるソ連の努力」という引揚者尋問からの情報があり、ここで判明した点は「原子力プラントと開発は、モスクワ、ウラル山脈、バイカル湖の三つのエリアに集中しているようである」、「1941 年から 1944 年に

かけての日本軍の訓練プログラムには細菌戦への強い恐怖が見られたが、第二次世界大戦でソ連が生物兵器を使用した証拠はない」、「ソ連国内の探索対象である74カ所のうち14カ所が軍事用途のガス生産に直接関与しているが……現在では産業・農業に用いられている」といった程度の情報でしかなかった[34]。やはり、共産圏内部の政治的意図の把握といった情報に関しては、引揚者の尋問は無力であった。

　しかし、一般に朝鮮戦争前のG2の情報源は、中国政府の公式発表と主に国民党からの情報であったが、開戦後は北朝鮮の捕虜に対する尋問、捕獲文書の分析によって、より情報量が増大し、正確度も上昇したとみられる。上述したように、実際に「情報日報：DIS」には中国軍の大規模参集の情報と参戦の可能性を警告する内容が存在したのである。にもかかわらず、インテリジェンスの失敗は起こった。ここから、米側に中国情報収集の重要性と、そのための日本政府を利用することの必要性が認識され、他方で日本側もアジアの一国としての優位性をいかして中国情報をアメリカに売り込むチャンスであるとの考えが生じていったものと思われる。その日本側の入手可能な情報こそが、占領終結後に日本側に引き継がれた中ソからの引揚者に対する尋問調査であった。

VI　日本政府の引揚者調査

　そのような中、朝鮮戦争末期から中国から続々と大量の日本人が引揚げてくることとなった。厚生省の引揚者に対する聞き取り調査に基づく集計では、表4からわかるように、ソ連からの引揚者と違って、中国引揚者の多く、少なくとも3万人以上は中国共産党軍と共に転戦している。つまり、実際に中国軍の戦闘方法を経験したり、中国軍の装備を手にしていたり、中国軍の志気・思想などに直接触れた人たちが、これほど多数いたということである。これまで政府の引揚者調査は未帰還者の調査が主であるとされ、戦後日本政府の共産圏情報収集活動の実態がどのようなものだったのかについては未解明の部分が多かった。緒方竹虎らがアメリカへ日本の得た情報を売り込もうとしていたことを、近年井上正也氏らが明らかにし、その中で日本側がアメ

表4 国共内戦・朝鮮戦争・インドシナ戦争への「参戦」日本人

戦闘員		
戦闘要員	元軍人	約1～2万人
	一般人	約1万5千人
担架隊要員	一般人	約1万3千人
後方勤務部隊		
軍医、衛生兵、病院勤務		約1万人
看護婦、付添婦		約2万人
軍需部、運輸部、供給部		約6千～7千人
政府機関留用者		
炭鉱・鉱山関係		約2万人
電気・造兵・通信・鉄道技術員		約5千人

出所：厚生省引揚援護局未帰還調査部『満州・北鮮・樺太・千島における日本人の日ソ開戦以後の概況』1959年。

リカへ提供しうる情報の中心が、中国からの引揚者調査から得られた大陸の秘密情報であったこともほぼ判明している[35]。また、この尋問プログラムには、CIA等の機関を通じてアメリカ側から資金が提供された可能性も指摘されている[36]。ただし、日本側の具体的な活動状況までは明らかになっていない。そこで、本章では『中共事情』という資料に着目する。この資料は、1953年以降における中国からの後期集団引揚者への聞き取り調査を主な内容とし、おそらく1,000号程度作成されたものと推定される。その具体的内容は、中国（さらにはソ連）の朝鮮戦争への協力・介入の状況、中国のインドシナ戦争におけるベトミン支援の実態、中国軍の編成・装備・戦法などの中国軍事情勢をメインとし、中国における地下資源開発状況、鉄鋼業などの重工業の実態、各主要都市の軍事・政治施設などを記した詳細な地図の作成など多岐にわたっている。

　この53年3月から58年7月にかけての中国からの後期集団引揚者について、内閣官房の調査室（のちの内閣調査室）の一部旧軍メンバーが関係機関の旧軍人と一緒になって聞き取り調査を行った結果が『中共事情』である。主に中国の軍事的情報や地誌的情報が収集され、各号30部ほど刷られて、外務省アジア2課や自衛隊の陸幕第2部等に配布されていた。当初の内調は、

得た情報を政府内で共有するべきという理念で運営されていたのである。要するに、中国における留用者は、相当の規模で国共内戦、朝鮮戦争、インドシナ戦争に「参戦」していたため、ソ連からの引揚者以上に、中国からの引揚者は軍事的情報をもって帰っていた。共産党軍として戦った人々が、大量に帰国した際に、こうした人々に対する聞き取り調査を行ったのが、内調の関係機関の旧軍人を中心とするグループであった。これと類似の機関が行ったと推定される朝鮮戦争終結後の1954年以降におけるソ連からの引揚者への個別聞き取り調査も、『ソ連事情』として外交史料館に保存されている。また、内調以外にも、表4で示した厚生省や、防衛庁・自衛隊、外務省、警察庁、公安調査庁等も、1960年代まで中国引揚者への聞取り調査を行っていた。

それではこのような情報が、どのくらい価値があったのか、また実際に政策に影響を与えたのかという点を考える。まず、表4に示された引揚者は、少し時期を遅らされて帰国が許された、つまりその情報が「アウト・オブ・デイト」になるまで中国に留め置かれてから帰されたと言われている。とりわけ、中国に留用されて朝鮮戦争に従軍した者やベトミン支援物資の輸送従事者ら、緊要な経験をもつ日本人は、大澤武司氏の研究によると、帰国が2～3年ほど遅らされる傾向にあった[37]。つまり、意図的にその保持する情報が価値を失うようにして、はじめて帰国を許された者に、しばらくして日本側が尋問調査を行っていたわけで、情報の価値は大きく減じていたことは確かであろう。時間がたつにつれ、日本側が得た情報はかなり古い情報となり、それに引揚者も次第に数が減っていくことになる。ただし、この時期はジェームズ・リリーの回想にあるように、アメリカも中国情報収集に苦労していたこと、ソ連情報に比べ中国情報には日本の調査機関に優位があったことなどから、一定の価値を両国政府が与えていたのではないかと思われる[38]。実際、国務省、CIAともに、日本側の引揚者尋問から得られる情報に興味を抱いていたことをうかがわせる資料も発掘されている[39]。

そこで、『中共事情』の具体的説明に移ると、詳細な軍事情報の収集度合いの豊富さがうかがえ、記述の専門性、中国各地の地図、とりわけ飛行場などの軍事施設の表記、中国軍の戦車や機関銃などの装備のイラストの見事さ

などから、軍事的知識の豊富な集団によるものと推測される。一方で、工場内部の地図や機械設備のイラストも精密であり、この方面の専門家も含まれていたようである。この『中共事情』は、内閣調査室とその関連機関「睦隣会」によって作られたようであるが[40]、中でも、しばしば名前が取り上げられる押田敏一については、自衛隊出身の松本重夫の回想録の中にも名前が登場する[41]。

　私(松本)は……陸軍士官学校の同期生を集めて、情報収集と分析を行うチームを作っていた。仲間内ではそれを「山賊会」と呼んでいた。(中略)
　「山賊会」は、私と陸軍士官学校時代の同期生の押田敏一が中心となって仲間を集めた……他に亀岡高夫、小川邦夫、飯塚清、秋山健三といった面々がいた。(中略)
　押田敏一は戦後の一時期、舞鶴の復員局にいて、ソ連から引き揚げてくる復員軍人の調査を行っていた。そこでソ連の情報を収集し、収容所での洗脳内容などを調査していた。押田も私のCICラインとは異なるが、独自の米軍との接点を持っていた。
　後に押田は設立されたばかりの内閣調査室に配属され、村井順室長の片腕として活躍した。

　この記述のように、舞鶴で米軍に協力して引揚者調査の経験をもつ押田が内閣調査室(正確には52年4月に内閣総理大臣官房に設置された調査室。57年8月から内閣調査室)に入って、日本の独立後もソ連・中国からの引揚者調査を行っていた。ここで注目されるのは、引揚者への尋問方法、調査項目、地図などの作成方法などが、ATISの行った尋問の手法と酷似しており、占領期間中にアメリカ流の尋問手法を共同作業中に学んだ結果、それらのノウハウの下に『中共事情』および『ソ連事情』が作成されたと推定されることである。また、この調査の成果が外務省他の政府各部に配布され、この時期には情報の共有化が見られた。大森義夫が指摘しているように、内調創設当時、吉田茂は閣僚懇談会で「治安関係だけでなく、各省各機関バラバラといってよい内外の情報を一つにまとめて、これを分析、整理する連絡事務機関を内

閣に置くべきだ」と発言しており、緒方竹虎も53年初頭に「外務省、国警などの同種機関とは全く独立し、総合的な情報活動を行う。各官庁からの情報を収集し内閣調査室の集めた情報はすべて関係各省に流す」と述べていた[42]。つまり、当初は少なくとも緒方談話の最後の部分「内閣調査室の集めた情報はすべて関係各省に流す」ことが守られていた。

　ただし、大陸からの引揚者を通じて得られた情報が、どれほどの価値をもつものであったのかが問題となる。まず、『中共事情』もその後の後継報告書も、それほど機密度の高いものではない。上述のように30部程度刷られ、かなりの範囲に配布されたようで、現在も外務省の公開記録に含まれ、東洋文庫、各大学図書館などに所蔵されている。また、一部の情報は当時から公刊され、一般に流通していた。例えば、引揚者への聞き取り調査とその中でも有力な協力者への委託調査によって、「A工作」と名づけられ遂行された新中国の地下資源開発状況の調査と重工業建設状況調査の結果は、内閣総理大臣官房調査室編『中共の地下資源開発状況〔華北篇・東北篇〕』(内閣総理大臣官房調査室、昭和29年) や、内閣総理大臣官房調査室監修『中共鉄鋼業調査報告書〔企業篇・別冊地図〕』(中共鉄鋼業調査報告書刊行会、昭和31年) として公にされていた。

　もっとも中国残留者への帰国促進工作、通信工作 (これは調査員・留守宅からの働きかけによる残留者からの通信の入手や帰国者の現地縁故者、友人 (中国人) との通信の指導が含まれる)、情報源工作として訪中商社マンなどからの情報取得などの手法は一定の成果を上げたかもしれない。それは、以下のハリー・フクハラ (Harry Fukuhara) の証言から読み取れるのではないだろうか[43]。

　　「中国も非常に大事だったし、僕が関係した中国の部分では、アメリカ側のほうも大分、日本の役所が取った情報を非常に高く評価していました。ある時期、中国の情報はヒューミント (HUMINT) で、日本の商社も行く数が多くなったし、日本の役所も非常に上手になったしね」
　　「情報活動に関しては、プライオリティーはいつもソ連側のほうにあった……ソ連側のほうは、アメリカに入ってくる情報のほうが、アメリカ側としては、

いいものが入ってくると思ったけど、中国はまたちょっと、アメリカは弱いのね。だから、弱いところはやっぱり日本と協力して、日本が中国に力を入れて、アメリカはソ連に力を入れる」

「日本のほうが能力がある分野で、東洋人同士だから、中国の情報を入れるのは、日本側のほうがいいんじゃないかという見方が多かったね」

それでは、具体的にどのような情報が収集されたのか。まず、朝鮮戦争開戦前の状況については、中国による50年6月の開戦以前の北朝鮮への「支援」の例として、49年10月に軍馬2,000頭が中国から北朝鮮に譲渡されたこと、50年1月には解放軍中の朝鮮人兵士200名が北朝鮮へ帰国したこと、50年3〜4月に中南地区に参軍していた朝鮮人兵士が北上して帰国したことなどが記録されている。つまり、北朝鮮の南侵を事前に中国が支援していたのかどうかをめぐって情報が集められ、どちらかと言えば肯定的な情報に着目していたようである。ただし、これらは朝鮮戦争終結後、かなり経ってからの情報である。さらに、内戦勝利後の中国軍の行ったいわゆる「軍縮」は、実は兵站部門の整理であって、空軍・海軍が大増強されたことも報告されている。さらに、中国軍の朝鮮戦争介入の準備については、50年5月〜8月頃安東に第四野戦軍が集結していたという証言、開戦1ヵ月前から軍事輸送が優先されて朝鮮人兵士が大量帰国したことなどから、周到な準備がなされていたという証拠が注目されている。ただし、この「中共事情」は、一次的な聞き取りによる情報資料であり、これが上層部でどのように評価されたかという点は全く不明である。

この他、ソ連軍の支援について、空軍が朝鮮戦争に参加していたこと、中朝国境の中国側に高射砲部隊が駐留していたことが記録されている。一方、中国のベトミン軍支援に関して、その支援期間、方法、援助物資、支援量について多くの発問が行われ、おおむね50年1月から52年9月までの間に物資援助として武器・弾薬・食糧・薬品・鉄材が送られ、人的支援も軍事指導・医療人員派遣の形で行われたことを、輸送トラックの運転手、衛生兵の経験者の証言から取りまとめている。

こうした情報収集は、過去の中国の行動を理解するためのものであったが、

その中で、彼らが現在の問題として最も懸念していたのは、特殊工作員潜入の危険性であった。太原等に日本人思想訓練所が置かれ、これが事実上の工作員養成機関であったという理解から、こうした人物が引揚者に混入していることを恐れ、とりわけ自分たちが実施している聞き取り調査の正体が暴かれることを懸念していた。例えば、調査対象者が積極的なアクティーブであるならまだしも、聞き取り途中で逆スパイだと感じて急遽中止したことも見られた。彼らは、通常、引揚援護局が作成した引揚者名簿に基づき、ダミーの研究会などを名乗って接触したが、ときには復員局・各都道府県の世話課からの手紙で連絡する場合もあった。相手に怪しまれずに積極的な協力を引き出すためであった。

おわりに

　本章は、戦後日本におけるインテリジェンス活動に関して、大陸からの復員・引揚者への尋問という日米両政府による情報収集ルートの一部を解明しようとした。これまでのところ、情報収集活動が行われていたこと、その手法の実態、収集された情報の中身の発掘まではある程度進めることができた。ここから、占領軍が、終戦直後から萌芽的に、1946年12月以降は本格的にソ連共産主義の国内への浸透を防止し、逆にソ連および共産主義勢力圏の情報を得ることに心血を注いでいたことがわかった。この目的のもとに進められた引揚者尋問の中で、アメリカ諜報機関の指揮下、日本の旧軍人が協力者として働き、その手法は、この尋問を受け継いだ内調の活動の中にいかされていった。

　総じてアメリカ占領当局が行った引揚者尋問はソ連の情報入手に主眼が置かれ、独立後に日本が行った引揚者調査は中国に主要なターゲットが置かれたといえる。ところが、こうして得られた情報が、日米両政府の対共産圏政策に与えた影響までは解明できていない。ここには、上述の朝鮮戦争における中国軍の介入の例でいえば、どれだけ情報を収集したとしても、その情報を分析・評価し、さらには正しく用いるという政策決定者の判断がない限り、充分にいかされることはない、という問題も介在してくる。

とはいえ、国家として、日常的に情報収集活動を行う必要性が低下することはない。特に、本稿が扱った時期のように、共産主義勢力が拡大していき大陸の情報が入手しにくくなり、アメリカの最大の潜在的な「敵」であるソ連の情報に飢えていたような状況の場合は、なおさら情報機関によるインテリジェンス活動の価値は高まる。そのような中で共産圏の情勢をめぐって日本人引揚者が情報源としての価値を高めていたのであり、内容的に限界があり古いものであったとしても、共産圏情報が希少性を持っていたがために、当時としては貴重な情報であった。

以上のように、大陸からの引揚者をターゲットに行われたインテリジェンス活動においては、アメリカ占領軍の各機関、米本国の情報機関、日本政府の復員担当官庁、外務省、内閣調査室などさまざまな機関によって、さまざまな情報が収集されていた。また、本章でも触れたように内調周辺でも旧軍人を中心としたコミュニティが形成されていた[44]。さらに、本章では触れられなかったが、土居明夫の大陸問題研究所などの旧軍人を中心とする民間団体の刊行物、新聞・雑誌などにおいても、引揚者の証言はしばしば取り上げられた。これに加えて、当然、相手国政府の公式発表、メディア等の公の情報、西側各国の報道など、さまざまな情報が混然一体となって政策決定者の大陸情勢認識に影響を与えていた。したがって、ある時期の情報と政策決定との関係づけにおいて、一つの情報ルートのみを取り出して、その影響を測るという作業には多大な困難が伴う。また、それらの認識が、政策そのものに与えた影響となると、その解明はより複雑性が増し、今後の課題とせざるを得ない。

注

1) 柴山太『日本再軍備への道』（ミネルヴァ書房、2011 年）、ティム・ワイナー『CIA秘録　上　その誕生から今日まで』（文藝春秋、2008 年）、春名幹男『秘密のファイル』上・下（共同通信社、2007 年）、有馬哲夫『CIA と戦後日本』（平凡社新書、2010 年）など。

2) 「「マ」指令特別調査第七其二日本ノ使用セル支那人、台湾人、白露人、朝鮮人、諜者ノ数、所在地、目的、氏名、信度」（防衛研究所戦史研究センター所蔵）。

3) A. Yamamoto to Colonel F. P. Munson, 15 February 1946, "Present location of personnel

of Tokumu Kikan"（防衛研究所戦史研究センター所蔵）、渉外発第310号、第一復員省総務局長「特務関係者ノ消息通報ノ件」昭和21年2月14日（防衛研究所戦史研究センター所蔵）。

4) 柴山『日本再軍備への道』117-8頁。
5) 美山要蔵『復員日記』（浜井和史編『復員関係資料集成』第9巻、ゆまに書房、2010年）所収、114頁。
6) 前掲『復員日記』114頁。
7) 有末精三『終戦秘史 有末機関長の手記』（芙蓉書房、1976年）258-9頁（一部、省略）。
8) 有末、服部、河辺虎四郎らの動きについて、詳しくは、Michael Petersen, "The Intelligence that Wasn't: CIA Name Files, the U.S. Army, and Intelligence Gathering in Occupied Japan", in Edward Drea et al., *Researching Japanese War Crimes Records: Introductory Essays* (NARA for the Nazi War Crimes and Japanese Imperial Government Records Interagency Working Group, 2006)。また、柴山太「戦後における自主国防路線と服部グループ」『国際政治』154号（2008年12月）も参照。
9) 前掲『復員日記』148頁。
10) 同上167頁。
11) 同上168頁。
12) 同上169頁。
13) 同上170頁。
14) 同上258頁。
15) 同上93頁。
16) 同上231頁。
17) 柴山氏によると、このプログラムは、ソ連とその支配下にある都市の状況を知るという意味で「タウン・プラン」と名付けられていたという。柴山『日本再軍備への道』118頁。
18) 満洲、関東州、朝鮮北部、樺太、千島がソ連の管理地域であった。その後、国共内戦における中国共産党の優勢により、中国本土も共産勢力支配地域となる。引揚に関しては、厚生省援護局編『引揚と援護三十年の歩み』（厚生省、1977年）を参照した。
19) 柴山『日本再軍備への道』119頁。
20) 明田川融訳『占領軍対敵諜報活動―第441対敵諜報支隊調書―1945年8月～1950年6月』（現代史料出版、2004年）、ウィリアム・シンプソン『特殊諜報員』（現代書館、1998年）。
21) 『占領軍対敵諜報活動』46頁。

22) 同上66頁。
23) 同上106頁。
24) 山本武利『日本兵捕虜は何をしゃべったか』（文春新書、2001年）、中田整一『トレイシー』（講談社、2010年）参照。
25) 本章で述べるG2による対ソ諜報活動の記述は、主に The Intelligence Series G2, USAFFE-SWPA-AFPAC-FEC-SCAP, vol 3, Operations of the Military Intelligence Section, GHQ, SWPA/FEC/SCAP/GHQ/FEC, Military Intelligence Section, General Staff. 1948, 1951（国立国会図書館憲政資料室所蔵）による。
26) "Procedure for Repatriation of Japanese at the Port of Uraga" in The Intelligence Series G2, vol 3.
27) ATIS, Interrogation Report No.60, "Soviet Use and Indoctrination of Japanese POW", 29 October 1948. in The Intelligence Series G2, vol.3.
28) 佐世保引揚援護局終戦連絡佐世保事務局連絡班西川官補発外務省管理局山中管理局長あて、昭和21年12月12日付、「大連引揚者に対する米軍側取調状況報告の件」（「ソ連地区引揚者に対する米軍調査関係一件」K7.1.2.6（外務省外交史料館所蔵））。
29) Military Intelligence Section, General Staff to Central Liaison Office, "Assistance in Screening Repatriates", 10 December 1946（「同上」）。
30) 「第二次樺太引揚邦人に関する米軍の調査に関する件　覚書」昭和22年1月20日（「同上」）。
31) 『占領軍対敵諜報活動』106頁。
32) 加藤聖文監修・編集『海外引揚関係資料集成（国内篇）第4巻　舞鶴地方引揚援護局史』（ゆまに書房、2001年）110頁。
33) 小柳順一「朝鮮戦争におけるGHQの情報の失敗」『Intelligence』（早稲田大学20世紀メディア研究所）第3号、2003年10月。以下の記述は同論文に多くを負っている。
34) ATIS, Interrogation Report No.66, 23 February 1949, in The Intelligence Series G2, vol.3.
35) 井上正也「吉田茂の中国「逆浸透」構想—対中国インテリジェンスをめぐって、一九五二～一九五四年」『国際政治』第151号（2008年3月）。
36) 井上正也『日中国交正常化の政治史』（名古屋大学出版会、2011年）92頁、吉田則昭『緒方竹虎とCIA』（平凡社新書、2012年）166-167頁。
37) 大澤武司「在華邦人引揚問題をめぐる戦後日中関係」『アジア研究』第49巻第3号、2003年7月。
38) ジェームズ・R・リリー『チャイナハンズ』（草思社、2006年）92-96頁。
39) 井上『日中国交正常化の政治史』92-93頁、吉田『緒方竹虎とCIA』176-178頁。
40) 吉原公一郎『謀略列島』（新日本出版社、1978年）25-29頁。

41) 松本重夫『自衛隊「影の部隊」情報戦秘録』(アスペクト、2008年) 91-93頁。
42) 大森義夫『日本のインテリジェンス機関』(文春新書、2005年) 36-37頁の引用による。
43) 防衛省防衛研究所戦史部編『ハリー・F・フクハラ オーラル・ヒストリー』(2007年) 64-66頁。
44) たとえば、清國重利『秘録戦後史1』(学陽書房、1978年) 参照。

第4章 中華人民共和国の日本人「戦犯」処理
―― 裁かれた「帝国」

大澤　武司

はじめに

　敗戦による大日本帝国の解体は、その版図の縮小を余儀なくさせ、海外にあった688万余もの日本軍民の祖国への帰還を宿命づけた。そして、その身分が軍民であるかを問わず、彼ら（彼女ら）が帰還する過程で行われた「選考」で不可避的に創出された存在が戦犯であった。本章では、帝国解体の過程で生じた戦犯問題、なかでも日本をめぐる戦犯処理の正史ともいえる連合国のそれではなく、日本敗戦時には存在しなかった国家、すなわち中華人民共和国（以下、中国とする）の日本人「戦犯」[1]処理について、その具体的展開を跡づけ、その歴史的意義を検討することを目的とする。
　ところで読者諸氏は「撫順の奇蹟」という言葉をご存じだろうか。撫順は遼寧省の省都瀋陽から北へ45キロほどに位置する地方都市である。撫順と言われてまず思い起こされるのは「帝国」の傀儡国家「満洲国」を経済的に支えた露天掘りの撫順炭鉱だろうか。日本軍守備隊による住民虐殺として知られる平頂山事件があったのも撫順であり[2]、新中国成立後にソ連から引き渡された1,000名近い日本人「戦犯」が拘留されていたのもこの撫順であった。
　「撫順の奇蹟」とは、戦犯管理所の人道主義的処遇のなか、日本人「戦犯」たちが学習活動を通じて「帝国」が発動した戦争の「侵略性」を理解し、自らの加害責任をも認識することでいわゆる「認罪」に至り、ついには被害者である中国や中国人の側がその謝罪を受け入れ、加害者と被害者がある種の「和解」に到達し得たという「経験」を指す[3]。
　これは時に「思想改造」、あるいは「洗脳」とも揶揄される「経験」では

あったが、親族を日本軍に殺害された直接的な「被害者」でもあった管理所職員と「戦犯」たちが互いに幾多の葛藤を経てたどり着いた「和解」への道程は、戦後日中両国がその機会を失い続けてきた「和解」の可能性を考えるうえでも極めて示唆的であると言える。

近年、「帝国」の戦争責任が改めて問い直されるなか、その指導者たちやその対外膨張政策を支えた「帝国」将兵の戦争責任についても議論が深まりつつある。東京裁判を例にとれば、かつてわが国では「勝者の裁き」論と戦犯犠牲者論が融合する形で評価がなされてきたが、近年の戦犯裁判研究の蓄積からは、東西冷戦へと突き進む国際政治力学の文脈における「日米合作」といった評価も提起されており[4]、こうした「合作」の結果として生じた日本統治階級の戦前・戦後における連続性こそが「帝国」の戦争責任を曖昧化するに至った構造的要因であるとの指摘が改めてなされている。

このように、正史としての戦犯処理において「帝国」の戦争責任が曖昧化したとされる一方で、先に触れた「撫順の奇蹟」のような、「帝国」の戦争責任に真正面から向き合った「戦犯」処理の実態解明を進めようとする研究も進展を見せている。その背景には、依然として制約がありながらも、「戦犯」処理の当事国であった中国において関係档案（公文書）や関係者の回想録などの公開が次第に進みつつあることがある。

もっとも、「撫順の奇蹟」という表現が端的に表すように、日中両国人民の連帯を強化するため、あるいは日中間における「報復の連鎖」を断ち切るために行われたとされる中国の日本人「戦犯」処理については、多分にその「寛大」性が強調され、時にその理想主義的な側面を過剰に評価するきらいがないわけではない[5]。

もちろん、「戦犯」を認罪に導き、さらに帰国後も個人として、あるいは「中国帰還者連絡会（中帰連）」という団体として「帝国」の戦争責任を糾弾し続ける活動に彼らを駆り立てた中国の日本人「戦犯」処理については、当然ながらその理想主義的側面を軽視してはならない。

とはいえ、他方で革命政党である中国共産党、あるいは共産国家として誕生した中国が、東西冷戦という二つの政治体制が衝突する国際情勢において、日中国交正常化という外交的目標を実現するために推進した「人民外交」[6]

の文脈のなかでこの「戦犯」処理を位置づけることも不可欠であり、その理念的な側面と戦略的な側面をあわせて評価することで、初めてその実像を描き尽せるのではないかと考えるのである。

そこで本稿では、これまでの筆者の研究も踏まえつつ[7]、さらに蓄積が進む「理念」的側面に照準を合わせた近年の研究をも吸収することで[8]、中国が「帝国」の「戦犯」をいかに裁いたのかを確認するとともに、より立体的な中国の日本人「戦犯」処理政策の実像を描きだしたいと考える。

I 不完全なる「敗者の帰還」

1 撫順組「戦犯」の誕生

では、素朴な疑問だが、第二次大戦後に誕生した中国になぜ日本人「戦犯」が拘留されていたのだろうか。1950年代前半、中国には1,500人余の日本人が「戦犯」として拘留されており、これらの人々はその拘留経緯や拘留場所からそれぞれ「太原組」、「西陵組」、そして「撫順組」と呼ばれていた。

本来ならば「帝国」の解体は日本軍民の完全なる祖国帰還を伴うべきものであった。1945年末、トルーマン（Harry S. Truman）大統領は「日本の勢力が中国に残存する可能性を除去する」[9]と語り、連合国軍最高司令官総司令部（General Headquarters: GHQ）も各関係国に協力を求めつつ、アジア・太平洋地域から日本人を完全排除すべく奮闘した[10]。水も漏らさぬ態勢で臨んだ「敗者の帰還」だったが、結果的には戦後ソ連が引いた「沈黙のカーテン」が撫順組を、そして国民政府の地方軍閥領袖である閻錫山の山西モンロー主義と幾許かの日本人が描いた「帝国」復活の野望が西陵組や太原組を生み出した。

「奇蹟」の舞台とされる撫順戦犯管理所には973名が拘留されていたが、このうち969名がシベリア抑留を経てソ連から移管された「戦犯」であった。1950年7月下旬、中ソ国境の綏芬河で「中国関係戦犯容疑者」とされる日本人捕虜が中国側に引き渡された。この捕虜移管は、同年2月、ソ連外相ヴィシンスキー（Andrey J. Vyshinsky）が訪ソ中の毛沢東に提案を行い、中国政府が日本人捕虜の処理を通じて国家主権の掌握を内外に示すことで中国の

国際的地位を高めるべきだとするスターリンの意向も同時に伝えたとされる[11]。

先行研究は収監以降の撫順組について詳しいが、史料的制約からソ連における移管捕虜の選考過程にはほとんど触れていない。「帝国」の解体という本書の問題意識からすれば、最も興味深いのはこの部分だが、残念ながら確認できる史料は断片的である。そこでここではロシア側の研究を踏まえながら、撫順組のおおまかな選考過程を簡単に確認しておきたい。

1954年秋に中国が公表した『日本侵華戦争罪犯名冊』によれば、撫順組の内訳は「満洲国」司法行政関係28名、同軍関係25名、同警察関係119名、同鉄路護路軍関係48名、関東州関係その他33名、関東軍憲兵関係103名、関東軍隷下部隊579名の合計935名（ほか死亡者34名、太原からの移管4名）であった。このうち最も多数を占める関東軍隷下部隊はさらに第39師団198名、第59師団257名、第63師団32名、第117師団31名、その他71名から構成されていた（これらの数字には死亡者を含む）[12]。もとより関東軍隷下部隊以外の捕虜、つまり「満洲国」・関東州庁関係者や関東軍憲兵はソ連当局も当初から「ソ連関係戦犯容疑者」として拘留を継続する方針だったため、新中国成立という新たな情勢を迎え、その一部を「中国関係戦犯容疑者」として中国に移管したのはごく自然な流れであったと考えられる。

そこで問題となるのが関東軍隷下部隊所属の「中国関係戦犯容疑者」の選考過程である。該当するのは579名だが、右の数字からも明らかなように、その大部分を四つの師団が占めていた。一部の戦史研究は、これら4師団が終戦直前に支那派遣軍から関東軍に転配された部隊であり、かつ中国配置時に八路軍（中国共産党軍）の掃討作戦に関与していたことから「中国関係戦犯容疑者」として選考されたとする[13]。

とはいえ、最終的に中国へと移管された捕虜たちが、これら4師団に属した他の将兵と比べて特別に「戦犯容疑者」たる根拠を有していたのかという点については判然としない。先述の『罪犯名冊』に掲載されている彼らの所属部隊や所属階級を一覧するに、そこに何らかの傾向を発見するのは難しく、例えば、各師団の命令系統の責任者であった将校が体系的に選考された形跡もない。また、後に移管捕虜、すなわち「戦犯」の中国での「罪行」を徹底

的に調査した中国最高人民検察院党組も「起訴根拠が不十分」であることを理由に挙げ、その大部分について「戦犯」として訴追することの難しさを報告していた[14]。

加えて、注目すべきはその数である。原則、旧日本軍は1万を単位として師団を編成していた。例えば第39師団は1万4,000[15]、第59師団は1万1,982[16]、第63師団は1万1,676[17]がそれぞれ編成定員であった。「数年後にはそれぞれ二千前後が戦死」[18]とも言われるので増減はあろうが、それでも実員は1万近くあったと考えられる。これを基礎にすれば、大雑把な計算だが、いずれの師団も所属将兵の98％近くが中国移管を免れたことになる。

このように考えた場合、ソ連がいかなる基準で「中国関係戦犯容疑者」を選考したのかが問題となる。ソ連領・ソ連軍管理地域からの引揚・復員は1946年末の米ソ送還協定に基づき毎月5万を基準に実施されることになった[19]。だが、ソ連は労働力確保のため、47年は北朝鮮・遼東半島を中心に送還を進め、ソ連領の捕虜送還を先送りにした[20]。翌48年には全将兵を送還対象としたが、諜報機関や細菌戦部隊関係者、関東軍参謀部員、対ソ戦準備関係戦犯、張鼓峰事件やノモンハン事件関係の高級軍人、協和会関係者、収容所内の反動分子、「満洲国」政府関係責任者、そして「帝国」関係職員などはこれから除外した[21]。つまり、この時点で関東軍隷下部隊以外の「中国関係戦犯容疑者」はすでに抑留継続の対象であったことがわかる。他方、前掲の4師団に所属していた将兵の多くは他の関東軍将兵とともに48年以降、続々とダモイ（帰国）を果たしていった。

1949年2月、ソ連邦閣僚会議は「戦犯容疑者」を除く捕虜の完全送還を決定する。日本人捕虜の労働力としての利用価値に見切りをつけたソ連は、同年10月1日までに「戦犯容疑者」の選考を終えるよう厳命した。この結果、各収容所の内務省委員が「ソ連関係戦犯容疑者」の最終選考を進めていった[22]。もっとも、前掲の4師団所属の「中国関係戦犯容疑者」の選考がいつ本格化したのかは定かでない。だが、49年8月時点の裁判関係記録に「中国政府に引き渡される者1,056名」との記述があることから[23]、「ソ連関係戦犯容疑者」の最終選考とほぼ並行して、新中国の誕生をにらみながらその選考が進められたと考えられる。

こうした経緯を鑑みるに、ソ連が4師団所属の「中国関係戦犯容疑者」の選考を本格化させた1949年の段階では、すでにその大部分が本国送還されていたと推測される[24]。該当する師団の残留将兵を集結させた結果、非体系的かつ不均衡な集団が関東軍隷下部隊所属の「中国関係戦犯容疑者」とラベリングされ、移管の対象になったのではないかと考えられるのである[25]。

2　太原組・西陵組「戦犯」の誕生

他方、太原組（136人）と西陵組（417人）も不完全な「敗者の帰還」の過程で生み出された。近年、山西省日本軍残留問題はドキュメンタリー映画『蟻の兵隊』としても世に問われているが[26]、これは終戦時、山西省に駐屯していた北支那方面軍第1軍の上層部が「帝国」の復活をもくろみ、「山西の石炭と鉄鉱を日本人の手に掌握して、日本の戦後の経済復興のための燃料、製鉄その他の原料供給地に」[27]するために閻錫山と共謀し、第1軍将兵の一部2,600人余を残留させ、中国共産党軍と戦闘を続けた歴史的事件である。

第二次大戦末期、アメリカは日本に代わる東アジアの平和・安定の担い手とすべく、蔣介石によって統一された「反共」中国への期待を膨らませていた。抗日戦時の蔣介石支援は戦後中国の秩序回復の過程でも続けられ、必然的に日本軍は国民政府軍への「受降」が義務づけられた[28]。他方、日本政府や現地日本軍も「帝国」解体が進むなか、支那派遣軍総司令の岡村寧次がまとめた『和平直後の対支処理要綱』[29]にも見られるように、「日支提携」を通じて戦後もアジアで影響力を維持することを目指していた。

翻って、勝者となった国民政府も、抗日民族統一戦線が歴史的使命を終えて国共対立が先鋭化するなか、いわゆる「以徳報怨」の理念に基づき、大アジア主義的な文脈での日中両国の協力関係構築を模索していた。いうまでもなくその根底には「反共」推進の必要という現実的な政治的思惑があり、「反共」を軸として日中両国の連携が進んでいった。それぞれの思惑が大枠で一致するなか、山西の日本軍残留が発生したのである。

この問題を考えるうえで重要なのは「留用」という概念である。戦後、国民政府は国内復興のため日本人技術者の留用を渇望していた。もとよりアメリカやGHQは中国大陸から日本の影響を排除するため、留用の動きを牽制

したが、過渡的な留用を可能とする「中国境内日籍員工暫行徵用通則」[30] や「中国戦区日本徒手官兵服役弁法」[31] など関係法令は、山西省の閻錫山にも日本軍民の留用を正当化させる余地を与えた。

1945年8月末、第二戦区「受降」官として太原に戻った閻錫山がまず着手したのが日本軍の武装解除でなく、その残留工作であった。閻錫山側は第1軍首脳らと秘密会談を行い、第1軍将兵を「現地除隊」方式で復員させ、これを閻錫山軍が「個人」として採用して日本人部隊を編成し、その指揮下に入れることを確認したとされる[32]。つまり、「自願」による「留用」という構図での残留が目指されることになった。

また、同年末以降、アメリカの全面介入による在華日本軍民の本格的な送還が始動すると、現地山西では「特務団」形式による残留、すなわち「軍命」による組織的な第1軍残留を目指す「特務団編成計画」が策定された[33]。翌46年2月には閻錫山が第1軍司令官澄田𫟼四郎にあてて合計1万1,000人に達する「特務団」の編成を命ずる「徵用令」を発し、これに基づき第1軍司令部参謀長山岡道武が「特務団」編成を「下命」し、組織的な残留（留用）工作が進められていった[34]。

もちろん、閻錫山と第1軍の不穏な動きには、在華米軍のみならず、国府中央や日本官兵善後連絡部（支那派遣軍総司令部の改組機構）、さらには中国共産党も警戒を強めていた[35]。1946年3月上旬には支那派遣軍元参謀の宮崎舜市中佐が太原に赴き、閻錫山に中国陸軍総司令部名義の日本軍民送還に関する諸訓令を突きつけ、「特務団」の編成中止と日本軍民の早期送還を迫った[36]。加えて4月上旬、国共調停機関である「三人小組」を通じた中国共産党からの圧力も強まると[37]、ようやく閻錫山は「特務団」の解散を決定するのである。

だが、残念ながら完全なる帰還は実現しなかった。4月16日付の隷下部隊への解散通達の後段には「但シ今迄ノ間ニ於テ逃亡シ特務団等ニ入リタル者ニ対シテハ逃亡者トシテ手続ヲトルモノトシ」[38] との指示があり、すでに原隊を離れ「特務団」に編成されていた者はその後の状況変化や本人の意思にかかわらず、最終的に「逃亡者」として処理された。結果的に彼らは「現地除隊」手続きを済ませた「個人」として残留する形となったが、彼らのな

かには日本軍民の帰還を円滑に実現するための「後衛尖兵」となるべく、「軍命」に基づき日本軍人のまま「特務団」に編入されたと認識する者も数多くいたとされる[39]。

1946年4月の「特務団」解散後、最終的に太原には、戦犯容疑者世話班として残留した山岡参謀長以下58名の第1軍幹部に加え、「留用未解」の一般居留民として旧第1軍将兵を中心とする2,600人余が残留した[40]。同年6月、南京の日本官兵善後総連絡部には「大同に旧特務団数百名あり」との情報が入ったが、在華米軍も「山西からの完全抽出は（略）一応打ち切りも止むなき」と判断するに至っていた[41]。

その後、残留日本軍は閻錫山指揮下で山西省保安総隊に再編され、1947年7月には暫編独立第10総隊へと改編された。熾烈な国共内戦を闘い、3度の大量帰国を経て、48年夏の晋中戦役で300人余が、翌年春の太原解放時には200人余が中国共産党軍の捕虜となった。また、50年末には民間人を含む200人余が中国当局に旧日本軍・閻錫山軍関係者として逮捕された。これら捕虜・逮捕者は当初、人民解放軍華北軍区所管の永年訓練団で教育・審査に付されていたが、52年秋に「罪悪厳重」な「戦犯」が太原戦犯管理所へ、それ以外の者が中央農業部管轄の西陵農場（河北省易県）へと送致され、太原組と西陵組がそれぞれ誕生することになった[42]。

II　認罪と「帝国」

1　撫順組「戦犯」の認罪過程

「奇蹟」を生んだとされる中国の「戦犯」処理だが、その「奇蹟」の真髄は「戦犯」が「認罪」に達したこと、そして、これを支えた管理所職員たちが「赦し」の境地に達したことだといわれる。では、いかにして「戦犯」たちは「認罪」に至ったのか。

まずは撫順である。1950年7月、中ソ国境の綏芬河でソ連から移管された969人の「戦犯」は撫順戦犯管理所に収容された。同年3月、中共中央から「戦犯」の接収・管理を委嘱された東北行政委員会は、東北公安部を主管部署に定め、孫明斎所長（元撫順市公安局副局長）、曲初副所長（元旅大地区

高等法院労改処処長) をそれぞれ任命した[43]。

「戦犯」の接収・管理にあたっては、周恩来が「拘留しているすべての戦犯に対しては、国際法に基づいた処遇を与えなければならない」「管理は、外部は厳しく、内部は緩やかにする」「一人の逃亡者も一人の死亡者も出してはならない」「殴ったり、罵ったり、人格を侮辱してはならない」「彼らの民族的風習・習慣を尊重せよ」と指示を与えていた[44]。そのため、「戦犯」たちは飢えと寒さに苦しめられたシベリア抑留時代とは一転、暖房や大浴場、理髪室などが完備した環境のなかで、主食として白米が提供され、万全な医療を受けるなど、いわゆる人道主義的な待遇のもとで拘留生活を送ることになった。

1950年10月、中国の朝鮮戦争介入に伴い東北地域の情勢が緊迫の度を増すと、撫順組もその影響を受け、間もなく将官・佐官級の200人余は黒龍江省哈爾濱市の道里監獄へ、700人近い尉官級以下は同市北郊の呼蘭監獄へ「疎開」することとなった[45]。いわゆる「認罪」に至る過程は「学習反省」「認罪坦白」「尋問調査」に大別できるが、その端緒となる「学習反省」は、「労働を通じて戦犯を改造する」という中共中央・毛沢東の指示が伝えられたとされるこの哈爾濱時代に始まる[46]。

まずは比較的「改造」が順調に進んだ呼蘭監獄の尉官級以下の「戦犯」による「認罪」の展開を跡づけておきたい。いわゆる「教育改造」に着手した当初、「戦犯」と管理所職員たちの関係は極めて敵対的であった。もとより「戦犯」は自らを「捕虜」と認識し、「戦犯」とされた現実を受け入れなかった。収監以来、彼らは帝国主義教育で叩き込まれた「武士道精神」と大和魂に由来する「日本人優越主義」に基づき、新中国や中国人を蔑視する発言を繰り返すと同時に、戦後に成立した中国がわれわれを拘留するのは「国際法違反」であり、即時に「無条件釈放」すべきだと主張した。そして、朝鮮戦争激化に伴い「戦犯」管理所が「北遷」すると、アメリカ軍が自分たちを救出してくれることを期待し、その反抗はさらに激化していった[47]。

東北各地の公安部、司法部、衛生部などから集められた戦犯管理所職員は、その多くが「日本軍国主義の侵略政策」の直接の被害者であった。例えば看守の王興は、日本軍の掃討作戦で家族8名のうち7名が殺害されていた。ま

た、尉官級以下「戦犯」の教育を担当した呉浩然は父と叔父が日本植民地下の監獄で虐待され、獄死するなど、いずれも日本に強い恨みを抱いていた[48]。管理所の人道主義的待遇を甘受しつつも反動的な態度を堅持する「戦犯」に職員の不満は高まり、時には9割近い職員が転職を求めることもあった[49]。

このような状況のなか、哈爾濱における「戦犯」管理を統括した趙去非松江省（現黒龍江省）公安庁長は、管理所幹部に対して改めて党の方針・政策を説明し、東北公安部労改処副処長であった董玉峰も「職員の思想認識の改革」の必要、すなわち日本人戦犯の改造教育を歴史的使命として認識する必要を訴えるのと同時に、「戦犯の反動的思想・観点との対決」、すなわち戦後国際法の新たな展開や新中国が戦犯裁判を実施することの正当性、「抗米援朝」戦争における中国勝利の必然性などを「戦犯」たちに理解させる教育活動を進める一方で、あくまで反抗的態度を堅持する「戦犯」に対しては「独房処分」など厳罰処置を採ることなどを宣言し、「戦犯」の思想改造に取り組むよう粘り強い説得を行った[50]。

これ以降、職員たちは中共中央の政策・方針に内心では不満を抱きつつも「学習反省」の第一歩となる「情勢教育」に着手していった。そこでは教材として『人民日報』社論の「美帝国主義的侵略政策必将継続失敗（アメリカ帝国主義の侵略政策は必ずや失敗し続ける）」や「就目前国際形成、斯大林対真理報記者発表談話（目前の国際情勢についてスターリンが『プラウダ』記者に対して発表した談話）」など「重要文献」が用いられ、その輪読に加えて適時補習と討論が行われた。職員たちは「戦犯」たちに「事実を並べ、道理を説明し、帝国主義の侵略的本質を解剖分析して、不正義の戦争は必ず恥ずべき失敗にあう」と語りかけた。「戦犯」たちのなかには改悛の情を示す者も数多く現れたが、依然として反動的立場を堅持する者もいたという[51]。

続いて行われたのが「理論学習」である。尉官以下級の教育改造を担当した呉浩然によれば、中央指導幹部の指示に基づき、「戦犯」たちの自主性を尊重して、学習希望者80余人を組織し、六つの学習小組班を作り、レーニンの『帝国主義論』や日本共産党編纂の資料をテキストにした学習活動を行わせたという。学習小組班は国友俊太郎、大河原孝一、小山一郎、清水勇吉、浜田金八郎、伊橋彰一がそれぞれ小組長を務め、同時に彼らは呼蘭監獄戦犯

理論学習小組センターのメンバーも兼ねたという[52]。

　学習小組班では学習資料の輪読・討論が行われ、そこで難問が出た場合は、小組長がセンターに持ち込み、センターのメンバーが議論・研究を重ねてから小組班へ回答するという手順が採られた。そして、センターでも答えが得られない場合は、管理所の管理教育科に問い合わせ、回答を得たという。このような初歩的な「理論学習」を通じて、一部の「戦犯」たちは「資本主義・帝国主義の反動的本質をある程度認識」するようになり、少なくない「戦犯」は「自分が国内で受けた軍国主義教育は、実際には独占資本家によって騙されていたのだと認識」するようになったという[53]。

　1951年3月、朝鮮戦争の局面好転に伴い、呼蘭監獄の少尉以下の「戦犯」669人は撫順へと戻った[54]。翌52年春、周恩来は「これら戦犯に対して罪を悔いる適切な教育を行う」という指示を与え、これ以降、すべての「戦犯」に対する系統的な理論学習が始まった。撫順の管理教育科長（後に所長）であった金源によれば、この指示に基づき認罪学習の方法が徹底的に検討され、「はじめに戦犯たちに革命理論を学習させる」ことが確認されたという。また、日本留学経験をもつ科員張夢実（張景恵「満洲国」総理の息子）の提案で、『帝国主義論』が教材として選ばれたといわれる[55]。

　金源は『帝国主義論』が用いられた理由を以下のように回想する。

　　張夢実は語った。日本軍国主義はまず国内で圧迫・搾取を行い、その後に対外的な拡張・侵略を行った。まさにレーニンが『帝国主義論』で暴露しているように日本の独占資本階級はまさに余剰価値を収奪するために世界分割に参加したのである。これら戦犯の前半生は、まさに日本独占資本階級に駆り出され、日本軍国主義の対内抑圧と対外拡張の道具となり、中国で滔天の罪行を犯したのである。
　　そこで皆は考えた。戦犯を組織して彼らにレーニンの『帝国主義論』の学習から始めさせれば、彼らが前半生に犯した罪悪とそれとを結びつけることができ、彼らが日本帝国主義の反動的本質を理解する助けにもなり、その反動的観点・立場を変転させ、自らの力で認罪させ、罪を悔いさせるという目的を達成することができるだろう、と[56]。

管理所職員たちは『帝国主義論』以外にも、野呂栄太郎の『日本資本主義発達史』などを用いて、「浅いところから深いところへ」「点から面へ」「低いレベルから高いレベルへ」と段階的に「戦犯」たちの理論学習を導くことを目指した57)。撫順では呼蘭時代の学習小組班メンバーが中心となり、中国革命の経験や「矛盾論」や「実践論」、『毛沢東選集』などをも教材として、系統的な学習活動が展開されていった58)。
　この後、学習活動は「認罪」につながる「思想改造」「自己反省」を実現すべく、より実践的な討論形式のものへと展開していった。管理所側は「戦犯」たちに「理論学習」と「自分の体験」とを結合させ、これを通じて「自らの階級を認識させる」ことを目指した。例えば「二つの異なる社会制度の比較」という議論を通じて、尉官級以下の「戦犯」たちは「貧しさとは天命によるものではなく、独占資本階級の搾取制度が生み出したものである」「天皇も慈悲深い神ではなく、日本の搾取階級の総代表である」「天皇に忠義を尽くすのは独占資本階級に命を売るようなものだ」「だからこそ自らが犯した罪は慙愧に堪えない」と認識するに至ったという59)。
　これらの学習と討論を踏まえ、管理所側はさらなる「認罪」を促すため、「誰が君たちを戦争犯罪の道に追いやったか」「君たちはなぜ『天皇』の足かせをはめられた犠牲者になったのか」「どうしたら故郷を遠く離れての拘留生活から新生を獲得できるか」などの具体的なテーマを提示し、「戦犯」たちが日本帝国主義による中国侵略戦争のなかで自らが犯した罪行を客観的に認識し、自ら「認罪」に至るよう辛抱強く見守り続けた60)。
　このような「学習反省」を通じて、尉官級以下の「戦犯」たちは「認罪坦白」へと進んでいった。1954年3月、最高人民検察院は中共中央の指示に基づき、譚政文副検察長、李甫山最高検弁公庁主任が率いる「中華人民共和国最高人民検察院東北工作団委員会」(以下、東北工作団とする)を撫順へと派遣し、「認罪坦白」と「尋問調査」に着手させた。東北工作団は中共中央組織や全国各地の検察・公安系統から集められた700人余から構成され、これに撫順市党委や市政府から派遣された工作員や管理所職員200人余が加わり、900人を超える大所帯であった61)。
　1954年3月以降、尉官以下級の「戦犯」に対しては「認罪坦白」運動が

展開された。「理論学習」を通じて「帝国」の罪責と自身の罪責の関係を理解するに至った彼らだったが、東北工作団主導の「認罪坦白」運動が本格化すると、処罰を恐れて前言を翻す「戦犯」も現れたという。このような状況に対して、東北工作団や管理所の幹部たちは、「認罪従寛、抗拒従厳（認罪する者には寛大に、拒否する者には厳格に）」という原則を徹底的に周知し、その「認罪坦白」を導いていった[62]。

特に1954年4月、公開認罪大会で宮崎弘（第39師団第232連隊第1大隊中隊長）が「体をよじり、泣きながら罪を告白」[63]すると、これに衝撃を受けた「戦犯」たちの「認罪坦白」運動は最盛期を迎えていったとされる。最終的に尉官級以下の「戦犯」たちは自らの重大な罪行を「認罪坦白」すると同時に、4,000件余の告発文書を書きあげ、上司や他者の罪行1万4,000項目余を告発するに至ったという[64]。

他方、哈爾濱道里監獄に「疎開」した将官・佐官級「戦犯」の「認罪」は困難を極めた。もとより職業軍人や高等文官など、「軍国主義思想と武士道精神で凝り固まった『帝国主義侵略者』」であった彼らは、「情勢教育」や「理論教育」を経ても「戦犯」同士で「攻守同盟」を結び、容易に「認罪」することはなかった[65]。

東北工作団と管理所は「罪が重く、中国在勤歴が長く、重要事件の関係者」である将官・佐官級などの「戦犯」を重点尋問対象に選定し、引き続き教育改造を行いつつも、「尋問調査」を通じた「認罪坦白」を追及していった。加えて、前述の尉官級以下による告発や中国各地における罪行調査を不動の証拠として[66]、重点尋問対象者は将官・佐官級の軍関係者（第1尋問室）、「満洲国」関係者（第2尋問室）、警察・特務関係者（第3尋問室）にそれぞれ分けられ、徹底的な尋問調査が行われた[67]。

より頑迷な将官・佐官級「戦犯」の「認罪坦白」を進展させたのも公開認罪大会での「認罪坦白」であった。1954年5月20日、工作団主任李甫山が「認罪の典型」と見出した「満洲国」総務庁次長の古海忠之は、日本帝国主義による中国侵略のなかで傀儡政権を通じて自らが行った主要な罪行を告白し、その犯罪の思想的根源を分析すると同時に、自らの思想の変化と認罪の過程を語り、さらには戦後国際法の新展開によって新中国が「戦犯」を裁く

権利を有していることを明確に宣言した[68]。

文官最高位の総務庁長官である武部六蔵が病床にあるなか、これに次ぐ地位にあった古海の「認罪坦白」は、それまで頑迷であった「戦犯」たちに「唯一の活路は徹底して認罪し、寛大な処理を勝ち取ること」であると強く印象づけた。これ以降、彼ら将官・佐官級の間でも「認罪坦白」運動は高潮を迎えた。そして、後の「戦犯」裁判の基礎資料となる「自筆供述書」が作成され、「戦犯」たちは自らの罪と向き合うに至ったのである[69]。

2　太原組「戦犯」の認罪過程

では、太原での「認罪」はいかに展開したのだろうか[70]。「満洲国」・華北・華中など中国各地を占領支配した日本軍将兵や高等文官が収容され、国家レベルで「戦犯」改造事業が実施された撫順と異なり、山西残留日本軍関係者が大部分を占めた太原では、山西省単位での管理教育が実施された。

1952年6月、中共中央は「この工作（日本戦争犯罪分子の尋問・処理を指す）は国際的な闘争であり、国際的な観点にまで高めて遂行しなければならない」とし、最高人民検察署関連部門、山西省人民検察署および関係組織などに命じて「調査日本戦争犯罪分子罪行聯合弁公室」を設立させた。翌月以降、解放軍華北軍区培訓団（永年）、中央公安部、華北行政委員会公安部、中南行政委員会、天津公安局、山西省公安庁などから136人の戦犯が続々と太原戦犯管理所へ移管された。このうち国民党軍・閻錫山軍に参加した「戦犯」は132人にのぼった[71]。

太原組の大部分が永年で基本的な政治学習を経験し、その過程で「戦犯」としての「選考」を終えていたこともあり、移管直後の1953年1月以降、「坦白従寛、抗拒従厳」方針のもと、「理論教育」も同時に深化させつつ、全面的な尋問調査活動が進められた。ここでも撫順同様、「日本軍国主義勢力と広範な日本人民とは区別する」「侵略戦争を計画・発動した罪魁禍首と騙され戦場に駆り出された普通の兵士とは区別する」という中国政府の対日基本方針である「二分論」が強調され、「戦犯」たちは「認罪」に導かれていった[72]。

1953年5月、「戦犯」117人（永年移管者115人、太原拘留継続者2人）の尋

問調査が完了すると、同年6月以降は山西「残留」運動、毒ガス戦、特務機関など重点犯罪の基礎調査が進められた[73]。また、1954年春には、「東北工作団」副主任の井助国を組長とする「太原工作組」が「尋問調査」を本格化するため太原に入り、同年4月から10月にかけては「狡弁和犯有重大罪行的重点戦犯（言い逃れをする者や重大な罪を犯した重点戦犯）」に対する集中的な尋問調査が展開された[74]。また、中央の指示に基づき、1956年1月以降、戦犯裁判の直前まで富永順太郎や城野宏など、起訴予定者11人については徹底的な補充調査が進められた[75]。

太原戦犯管理所においても撫順と同様、人道主義的待遇のなか、「学習反省」を通じた思想認識の高まりを基礎として、「認罪坦白」運動を展開しつつ、これと並行して「尋問調査」を進めることで、日本帝国主義の中国侵略戦争の構成部分である自身の罪行を、さらには日本帝国主義の復活を企図した敗戦後の自身の「反革命的行動」の罪行を「認罪」するに至ったのである。

Ⅲ 「戦犯」の帰還

1 西陵組「戦犯」の帰還

撫順と太原で「戦犯」と管理所職員たちが「認罪」へと至る格闘を繰り広げるなか、中国は最初の「戦犯」釈放を行った。1954年8月19日、人民政府革命軍事委員会総政治部は西陵組「戦犯」417人の免訴釈放を発表した[76]。釈放後、彼らは「居留民」とされ、在華日本人居留民の集団帰国に関する「北京協定」（1953年3月）に基づき送還された。

すでに触れたように、西陵組は形式的には国内逮捕された「戦犯」であったが、「罪が重く、職位が高く、問題が複雑で審査教育期間の態度が悪」[77]かった太原組とは区別され、西陵農場で集中管理されていた。そのため、西陵組の帰還に際しては、その認罪を通じた「帝国」の中国侵略責任の告発といった対日戦犯処理の理念的側面よりも、建国初期中国の外交戦略上の必要が色濃く反映されるものとなった。

朝鮮戦争休戦後、緊張緩和が進む国際情勢のなか、中国は民間外交を手段とする対日接近を模索していた。1952年6月には第1次日中民間貿易協定

を結び、日中貿易の拡大を狙うとともに、翌年3月には日本赤十字社など日本側の民間三団体と前述の「北京協定」を結び、後期集団引揚を支援するに至っていた。

　この過程で中国はさらなる対日接近の布石を打っていた。「北京協定」の交渉代表を務めた廖承志は、会議の席上、中国紅十字会代表団の訪日を希望し、日赤も集団引揚実現の「答礼」としてこれに努力すると約束した[78]。その後、対米顧慮や国民政府の干渉により日本政府は招請を決断できずにいたが、国会で招請が決議され、招請を求める国内世論が高揚し、日本政府が最終決断を迫られたまさにその時、中国紅十字会会長の李徳全が非公式に「戦犯」釈放を伝えるのと同時に「いつ正式に招かれてもおうかがいする」と強調し、招請の決断を迫ったのである[79]。

　招請実現と戦犯釈放を交換条件化しようとする中国側の思惑を一次史料で裏づけることはできない。だが、少なくとも日本政府がこれを警戒し、両者を切り離して処理するため、中国側が正式な「戦犯」釈放を行う前に招請決定に踏み切ったことは確かである[80]。この結果、中国は衛生部長（厚生大臣相当）という閣僚ポストを兼任する李徳全の訪日を実現させ、日中関係の前進を内外に印象づけることに成功した[81]。

2　「戦犯」裁判への道

　その後、中国が撫順組・太原組の最終処理に動き出すのは1955年半ばである。その背景には同年3月1日、中共中央政治局が対日政策に関する体系的な政治文書を採択し、日中国交正常化実現を射程に入れた対日工作として戦犯処理を行うと確認したことがあったと思われる[82]。実際、同年7月から11月にかけ、両国はジュネーブ総領事を通じ、「戦犯」釈放や集団引揚の再開をめぐり接触を続けていた。最後は中国側が北京での国交正常化交渉を提案したことで接触は途絶してしまうが、その後も中国は「戦犯」釈放を示唆することで、交渉に応じるよう日本政府に揺さぶりをかけ続けた。

　このような駆け引きが行われるなか、中国は「戦犯」処理の最終準備を進めていった。1955年9月、「戦犯」の捜査・尋問を統括してきた最高人民検察院の党組が処理方針を中共中央に提案した[83]。これを受け、対日外交実

務を主管していた廖承志が多角的な政策討議を行うべく「偵査処理日本戦犯領導小組」(以下、「領導小組」とする)を組織し、量刑の軽重や起訴対象者の範囲について議論を重ねていった。

この議論の過程でまず問題となったのが、「極刑」の是非であった。当初、検察院党組の処理方針は「死刑7名、執行猶予付き死刑3名」を提案していた。だが、「領導小組」は、中共指導者たちが言明していた「寛大処理」方針を体現させるべく、いちはやく「死刑や執行猶予付き死刑の判決は下さない」などの方針を確認した[84]。

また、議論の過程で問題となったのが、大多数の「戦犯」に関する起訴根拠の脆弱性であった。検察院党組は「戦犯」の拘留期間がすでに5年以上経過していることから、その処理には拘留期間に見合った罪行宣告の手続きが必要だと考えていた。だが、実際には起訴対象者の大半を占める「徒刑8年乃至9年」の戦犯ですらも「主たる証拠が『自供』であり、証拠が不十分」という状況であり、さらに「戦犯」の大多数を占める「免訴釈放」対象者は「『罪証』や『傍証』もなく、『職位』のみを以って一律に徒刑6年乃至7年とするのは不可能」と指摘していた[85]。

こうした難問に解答を与えたのが、極東軍事裁判に中華民国代表判事として参加した法律家梅汝璈(外交部顧問)であった。梅は「法律技術上あるいは司法手続き上の原因(例えば『証拠不十分』や『犯罪嫌疑軽微』など)で釈放するとはにおわせてはならない」、すなわち「有罪だが起訴免除」という立場を貫徹しなければならず、「正々堂々と我々が政治的・人道主義的考慮に基づき『免予法弁』のうえ、釈放送還することを決定したと宣告しなければならない」と「戦犯」処理の原則を再確認した[86]。

一連の議論を経て、1955年12月20日、「領導小組」は無期徒刑15人を含む計155人を訴追するという処理方針を中共中央に提案した[87]。無期徒刑も排除せずとする討議結果が報告されたが、1955年12月27日、周恩来は羅瑞卿公安部長や李克農中央社会部長らと協議を行い、翌28日自ら主宰した中共中央政治局会議での討議を経て、「日本人戦犯を寛大に処理し、死刑や無期徒刑を科さず、極少数に有期徒刑を科す」という中央決定を行った[88]。本決定後も周恩来は最高人民検察院の幹部を中心とする「量刑研究

小組」を設置させ、引き続き「無期徒刑」を求める検察院党組に量刑議論を続けるよう命じた。

　他方、これと同時に中共中央は中国人民政治協商会議や全国人民代表大会での「寛大処理」方針に対する合意の獲得を目指した。1956年3月の政協会議第2期全国委員会常務委員会第19次拡大会議では、羅瑞卿が「寛大処理」方針に基づく戦犯処理は「日本軍国主義者に対する厳重な警告であり、われわれと日本人民との団結に有利であるとともに、日本人民の平和争取や民主闘争を支援する役割を持ち、アジアの平和維持や日中人民の友好協力、米国侵略集団やその追従者を孤立させるためにも有利である」と説明した[89]。これに加えて周恩来が「すでに10年が経過している。もう終わらせなければならない」と語りかけ、(1) 徒刑予定者は51名、徒刑期間は11年乃至20年、(2) 大多数の戦犯を3回に分けて釈放する、(3) 最高人民検察院による報告や全人代常務委員会における討議、さらには座談会を開催するなど、戦犯処理の具体案を明らかにした[90]。

　この言葉通り、続く1956年4月25日の第1期全人代常務委員会第34次会議では張鼎丞検察長が戦犯処理に関する総括報告を行い、これを踏まえ同常務委は「寛釈大多数、懲治極少数」の精神を体現する対日戦犯処理に関する「決定」を採択した。若干長くなるが、本「決定」は中国の対日戦犯処理の基本原則を示すものであると同時に、「戦犯」裁判の法的根拠でもあるので、全文を引いておきたい。

(1) 主要でない日本人戦犯、あるいは改悛の情がかなり著しい日本人戦犯に対しては、寛大に処理し、起訴を免除することができる。
　　罪状が重い日本人戦犯に対しては、各自の犯罪行為と拘留期間中の態度に応じて、それぞれ寛大な刑を科す。
　　日本降伏後、さらに中国領土で他の犯罪行為を行った日本人戦犯に対しては、その犯罪行為を併せて処置する。
(2) 日本人戦犯に対する裁判は、最高人民法院が特別軍事法廷を組織して行う。
(3) 特別軍事法廷で使用する言語と文書は被告が理解できる言語、文字に訳すべきである。

(4) 被告は自分で弁護を行い、あるいは中華人民共和国の司法機関に登録した弁護士に依頼して弁護を受けることができる。また必要と認めた場合、特別軍事法廷は弁護士を指定して、被告の弁護にあたらせることができる。
(5) 特別軍事法廷の判決は最終判決である。
(6) 刑を課せられた戦犯は受刑期間中の態度良好の場合、刑期満了前にこれを釈放することができる91)。

　本決定が中華人民共和国主席令によって即日公布された結果、訴追を免れた1,017人の「戦犯」は最高人民検察院の「免訴釈放決定」により釈放され、1956年6月から8月にかけ、中国紅十字会の手を経て祖国帰還を果たすことになった92)。また、この全人代の「決定」を法的根拠として、最終的には45名の「戦犯」が起訴されることとなった。

3 「戦犯」裁判における「帝国」

　このような動きと平行して、周恩来が語っていた「51名」の訴追予定者については、それぞれ「鉄証」で犯罪事実を固めた「起訴書」「判決書」「公訴詞」「弁護詞」などの訴訟文書が起草されていた93)。1956年1月末、中共中央は最高人民検察院、最高人民法委員および司法部を中心とする関係部門からなる「審判日本戦犯聯合弁公室」（賈潜兼任主任）を組織すると同時に94)、これに北京西郊の臥仏寺で膨大な訴訟文書の起草作業を始めさせていた。政法部門担当幹部の彭真がこれらすべての文書の確認を行い、必要な場合には周恩来も自ら確認した95)。

　これら訴訟文書の起草過程で、最高人民検察院が定めた訴追の基準は、(1) それぞれの犯罪事実が確実でなければならない、(2) 証拠が充分に確実でなければならず、なおかつ複数以上の証拠がなければならない、(3) 証拠と証拠は一致しなければならない、(4) 犯罪の因果関係は明確でなければならず、罪責は明白でなければならない、(5) 捜査工作に関するすべての法律文書と法律手続きは完全でなければならず、法的効力を備えていなければならない、という厳格なものであった96)。

　では、「戦犯」45人はいかなる論理で訴追されたのだろうか97)。最終的に

起訴された「戦犯」は撫順組からは陸軍関係者 8 人、「満洲国」関係者 28 人、太原組からは山西「残留」関係者 8 人、特務間諜関係者 1 名の合計 45 人であった。

まず撫順の陸軍関係者である（裁判地瀋陽、1956 年 6 月 9 日-19 日）。鈴木啓久（第 117 師団長・中将）、藤田茂（第 59 師団長・中将）、佐々真之助（第 39 師団長・中将）、上坂勝（第 59 師団第 53 旅団長・少将）、長島勤（同師団第 54 旅団長兼済南防衛司令官・少将）などの関東軍将官が中心に訴追された。主たる訴因は「わが国に対する日本帝国主義侵略戦争への積極的参加」「国際法の準則及び人道の原則への公然たる違反」「起訴状に列記した各種重大罪行」などが挙げられている[98]。

「満洲国」関係者（裁判地瀋陽、1956 年 7 月 1 日-20 日）は、武部六蔵（満洲国国務院総務長官）や古海忠之（同総務庁次長兼企画局局長）など「行政官」3 人、中井久二（満洲国司法部司法矯正総局局長）など「司法官」4 人、齋藤美夫（満洲国憲兵訓練処処長・少将）など「憲兵関係」10 人、佐古龍祐（満洲国牡丹江鉄路警護旅団長・満洲国軍少将）や原弘志（満洲国鉄路警護軍参謀長・満洲国軍少将）など「鉄路警護軍関係」3 人、三宅秀也（満洲国奉天省警務庁庁長兼地方保安局局長・簡任 2 等）など「警察関係」8 人が起訴された。

対象者が広範におよぶため訴因は多岐にわたるが、「日本帝国主義の侵略政策を積極的に遂行」「日本帝国主義の侵略戦争を支持」「偽満洲国政府の操縦或いは操縦への加担」「我が国の国家主権を簒奪」「国際法の準則及び人道の原則への違反」「我が国東北人民の鎮圧、奴隷化、毒化並びに我が国東北地域の資源・財産を略奪する政策・法令・施策の画策・決定若しくは執行」「我が国人民に対して犯した各種の重大罪行」が挙げられた[99]。特徴的なのは、満洲国の高等文官の訴追では、通常の戦争犯罪以外にも、日本帝国主義による「満洲国」に対する植民地支配そのものが問題視されている点であるといえる。

次に太原組の山西「残留」関係者 8 人だが（裁判地太原、1956 年 6 月 12 日-20 日）、城野宏（山西省政府顧問補佐官）や相楽圭二（閻錫山暫編独立第 10 総隊参謀長・少将）、永富博之（閻錫山太原綏靖公署教導総隊教導第三団団長・上校）など、その多くが日本軍の山西「残留」扇動で主導的立場にいた者が起

訴された。彼らは「わが国に対する日本帝国主義侵略戦争への積極的参加」「国際法の準則及び人道の原則への公然たる違反」などのほか、敗戦後については「悪を改めようとせず、閻錫山の反革命軍隊への参加を隠れ蓑にし、積極的に日本軍の実力を保存し、日本軍国主義を復活させることを企て、再度わが国を侵略するための陰謀活動をし、中国人民に対して各種罪行を犯した」ことが訴因とされた[100]。

なお、太原組では富永順太郎（北支那交通団交通地誌室主事・蔣介石国防部第二庁北平工作隊副隊長）が単独で訴追された（裁判地太原、1956年6月10日-19日）。富永は敗戦まで「富永機関」主事として特務間諜活動に従事し、敗戦後も中国に潜伏し続け、1946年3月以降は蔣介石の下で北平工作隊（後に北平電信支台と改称）を組織し、国民党の諜報間諜活動を支えていた。主たる訴因は「特務間諜活動の組織・指導」、そして敗戦後は「わが国に潜伏して引き続き特務間諜活動を行い、蔣介石集団特務組織と結託し、積極的に我が国人民の解放事業を破壊した」というものであった[101]。

すでに「坦白・認罪」を経ていた被告たちは、いずれも「鉄証」で固められた起訴書を前に改めて「低頭認罪」し、自らに極刑を科すよう請願した[102]。だが、中国が法廷で裁こうとしたのは「戦犯」個人の罪責そのものではなかった。「決定」に基づき付された弁護人たちは、各被告の犯罪事実を踏まえつつも、いずれの被告についても「最高責任者ではなかった」「決定的役割を担う首脳分子ではなかった」「命令執行者にすぎなかった」「被支配的地位にすぎなかった」「職権は限定的であった」などと述べ[103]、あくまで彼らが「奉命執行」者である点を強調し、情状酌量を訴えた。

また、数人の被告については、「日本軍国主義教育が及ぼした影響（家庭や社会環境が個人の思想や行動に与えた影響）」「日本軍国主義復活の陰謀が及ぼした影響（「残留」思想の形成・促進に与えた影響）」「ファシズム軍隊の特徴」などがその犯罪行為の背景にあったと述べ[104]、「日本軍国主義」「日本帝国主義」そのものの罪悪を鋭く指摘し、やはり被告「個人」の罪責については情状酌量を訴えた。

すでに多くの訴因からも明らかだが、各被告の犯罪事実を明らかにすることで中国が裁こうとしたのは、まさに「日本帝国主義」そのものであった。

「満洲国」国務院総務庁長官武部六蔵の弁護人関夢覚が披歴した「弁護詞」、つまり「『満洲国』傀儡政権における被告人の地位は、実際上は偽満洲国国務院総務長官であり、日本軍部と日本政府の命令と決定を貫徹執行するものであった。すなわち、被告人が犯した数々の罪行は、実際上は日本帝国主義が犯した滔天の罪行の構成部分であったといえる」[105]とする弁護の論理は、本来裁かれるべきものが何であったのかを中国が明確に見据えていたことを端的にあらわしていたと言えよう。

おわりに

　建国の興奮冷めやらぬ、革命の理想に燃える中国が実施した日本人「戦犯」処理の本質を論ずることは容易でない。東西冷戦という国際情勢のなか、建国初期中国は「反米帝国主義」という立場から、日本をアメリカから引き離すべく、経済や文化交流などの民間ルートを通じて積極的な対日接近を試みた。このような冷戦戦略的な思考からすれば、1950年代半ばに展開された日本人「戦犯」処理の政治過程は、まさに日本中立化、あるいは日米離間を実現するための中国の戦略的措置であったと評することができよう。

　だが、本章からも明らかなように、「結果としての寛大」が確立するまでの過程には幾多の紆余曲折があった。確かに「寛大」の前提条件である「認罪」に至る過程には、政治体制が異なる世界に住むものには理解できないような、閉ざされた環境における「思想改造」ともいえる「教育」工作が存在した。しかし、それと同時に戦略やイデオロギーという領域を超えた日本人と中国人の侵略と被侵略という両者の立場に基づく、壮絶なぶつかりあいが存在していた。

　もとより、中国による日本人「戦犯」処理の背後にある時代性という問題は極めて重要だが、その本質を理解するためには、それを超えた普遍的な視点からの考察が不可欠なのかもしれない。だが、それは学術的な結論として述べうる範疇を超えてしまうのではないかとさえ思われるのである。

　そのような想いも込めつつ、ある元「戦犯」が綴った一文を引いて本章を終えたい。その元「戦犯」とは、第59師団第53旅団の一兵長として終戦を

迎えた後、シベリア抑留を経て撫順戦犯管理所に移管され、まさに「撫順」における「再生」を自ら体験された国友俊太郎氏である。

氏は疎開中の呼蘭監獄で最初に作られた自主的な学習班の班長を務めるとともに、呼蘭監獄戦犯理論学習組の総責任者にもなり、撫順帰還後も戦犯の自主管理組織である「学習委員会」の文化部長としても活躍した。

加えて氏は、1956年6月、最初に免訴釈放された日本人戦犯335人が属する「第一梯団」団長にも選ばれ、帰国後は帰国戦犯の全国組織である「中国帰還者連絡会」の立ち上げに奔走し、初代の事務局長として「反戦平和・日中友好」を掲げ、戦後日本社会が再び「軍国主義の道」を歩むことなきよう、警鐘を鳴らし続ける後半生を送られてきた。まぎれもなくその人生は「撫順の奇蹟」を体現するものであったといえる。

氏は綴る。

中国政府の我々戦犯に対する政策には道理がある。人を人として扱わず残酷な手段で殺傷し、「手柄」を立てたと思って高笑いするような「思想」を捨て、侵略戦争の罪を認め、被害者に謝罪して、再び人殺しの銃剣をとらないことを誓うことこそ、人間の尊厳を知った者の正しい行為ではないだろうか。また日本国民と中国人民とは互いに戦争に反対し、永遠の友好関係を保たねばならないという「思想」のどこが間違っており、どこが日本にとって危険なのであろうか[106]。

この言葉こそが中華人民共和国の対日「戦犯」処理の本質を端的に示していると筆者は考えるのである。

注
1) 日本政府は中国に拘留されていた「戦犯」を「捕虜」あるいは「抑留者」と捉えており、外交文書などでは括弧づきの「戦犯」と表記される。なお、筆者は中国の被拘留者すべてを一律に戦犯と呼称することを留保する立場から「戦犯」という表記を用いる。詳細は、大澤武司「『人民の義憤』を超えて―中華人民共和国の対日戦犯政策」(『軍事史学』第44巻第3号、2008年) を参照されたい。
2) 平頂山事件 (1932年9月16日) は、抗日義勇軍による撫順炭鉱攻撃に対する報復

として行われた日本軍独立守備隊および憲兵隊による撫順市平頂山地区住民への虐殺事件。住民 3,000 名余が機銃掃射などで殺害され、ガソリンで焼却処分されたといわれる。

3) 認罪「経験」を扱った嚆矢として、野田正彰『戦争と罪責』(岩波書店、1998 年) がある。

4) 東京裁判研究をめぐる業績は枚挙にいとまがないが、近年の研究動向を端的に論じたものとして、林博史『戦犯裁判の研究—戦争裁判政策の形成から東京裁判・BC 級裁判まで』(勉誠出版、2010 年) がある。

5) 「戦犯」個人の回想録や手記なども数多く出版されているが、「戦犯」団体である中国帰還者連絡会による総括としては、同会編『帰ってきた戦犯たちの後半生—中国帰還者連絡会の 40 年』(新風書房、1996 年) がある。また、戦犯管理所職員のインタビューを収録したものとして、中国帰還者連絡会編『覚醒—撫順戦犯管理所の六年』(新風書房、1995 年〔原書は中文〕) や新井利男資料保存会編『中国撫順戦犯管理所職員の証言』(梨の木舎、2003 年) など。なお、中国側の研究としては、袁韶瑩・楊瑰珍編著『従人到鬼　従鬼到人—日本"中国帰還者連絡会"研究』(社会科学文献出版社、2002 年) など。

6) 中国共産党はプロレタリア国際主義に基づき常に各国人民の連帯を追求したが、特に 1950 年代には、資本主義陣営の日本に接近するため、経済や文化などの分野で「積み上げ」方式の民間交流を推進し、両国人民の連携強化を目指す「人民外交」を展開した。なお、「満洲国」戦犯や国民党戦犯に対する「寛大」処理についても、国家統合や台湾統一といった文脈からの考察が不可欠となろう。なお、「戦犯」処理をめぐる歴史状況に関する考察として、丸川哲史「『改造』と『認罪』、その起源と展開」(『世界』第 768 号、2007 年)。

7) 従来、筆者は中国の対日「戦犯」処理における戦略的側面を強調する研究を行ってきた。大澤武司「在華日本人『戦犯』の帰国—天津協定成立の経緯とその意義」(『中央大学社会科学研究所研究年報』第 7 号、2002 年) や「幻の日本人『戦犯』釈放計画と周恩来—中華人民共和国外交部档案をてがかりに」(『中国研究月報』第 712 号、2007 年)、大澤「『人民の義憤』を超えて」など。

8) 1998 年春に中国側が起訴「戦犯」45 名分の「筆供自述 (自筆供述書)」など、「戦犯」関係档案を公開して以来、「戦犯」の「認罪」をめぐる議論・研究は進展を見せた。近年では張宏波・石田隆史「加害の語りと日中戦後和解—被害者が受け入れる反省とは何か」(『PRIME』第 30 号、2009 年) や石田隆史「寛大さへの応答から戦争責任へ—ある元兵士の『終わりなき認罪』をめぐって」(『PRIME』第 31 号、2010 年)、同「中国の戦犯処理方針にみる『寛大さ』と『厳格さ』—初期の戦犯教育を中心に」(『PRIME』第 32 号、2010 年) など、学習から坦白、そして認罪に至る過程に照準を合わせた研究が数多く発表されている。なお、「筆供自述」は中央档案館整理『日本侵華戦犯筆供』(全

9) "State by President Truman on United States Policy toward China," in Department of State ed., *United States Relations with China*, Department of State Publication, 1949, pp. 607-609.
10) 大澤武司「戦後東アジア地域秩序の再編と中国残留日本人の発生─『送還』と『留用』のはざまで」(『中央大学政策文化総合研究所年報』第10号、2007年) など。
11) 新井利男「中国の戦犯政策とはなんだったのか」(『季刊中帰連』第14号、2000年) 316頁。
12) 前掲『帰ってきた戦犯たちの後半生』所収の『名冊』に基づき筆者が作成。太原から撫順へ移管された731部隊関係者4名は名簿から除き、ソ連移管「戦犯」のみの数字とした。
13) 防衛庁防衛研修所戦史室編『関東軍(二)─関特演・終戦時の対ソ戦』(朝雲新聞社、1974年) 490頁。
14) 大澤「『人民の義憤』を超えて」47頁。
15) 防衛庁防衛研修所戦史室編『昭和二十年の支那派遣軍(一)三月まで』(朝雲新聞社、1971年) 352頁。
16) 防衛庁防衛研修所戦史室編『北支の治安戦(二)』(朝雲新聞社、1971年) 123頁。
17) 前掲『北支の治安戦(二)』343-344頁。
18) 前掲『帰ってきた戦犯たちの後半生』18頁。
19) 米ソ協定締結交渉については、大澤武司「東西冷戦と引揚問題─未帰還者問題をめぐる国際政治の構図」(『海外事情研究』第37巻第1号、2009年) など。
20) ヴィクトル・カルポフ(長勢了治訳)『スターリンの捕虜たち─ソ連機密資料が語る全容』(北海道新聞社、2001年) 271-278頁。
21) 同上291-294頁。
22) 同上306-312頁。
23) 阿部軍治『シベリア強制抑留の実態─日ソ両国資料からの検証』(彩流社、2005年) 219頁。
24) 中隊長として第39師団に所属し、移管直前に「ダモイ(帰国)」を果たした増井正次郎は「中支にいた藤部隊、北支にいた衣部隊が狙われていた」と回想している(増井正次郎「ソビエト社会主義共和国に抑留」十二戦友の会編『軍靴之足跡─第三十九師団歩兵第二百三十一連隊十二隊史』十二戦友の会、1987年、184頁)。なお、藤は第59師団、衣は第39師団の通称号であった。
25) なお、関東軍隷下部隊所属の「戦犯」には、第88師団(樺太)や第91師団(千島)、第108師団(錦州)などに属する兵士がわずかに含まれていたが、彼らがいかなる基準で「中国関係戦犯容疑者」に選考されたのかは不明である。

26) 山西省日本軍残留問題を扱ったものとして張宏波「日本軍の山西残留に見る戦後初期中日関係の形成」（『一橋論叢』第778号、2005年）や池谷薫『蟻の兵隊―日本兵二六〇〇人山西残留の真相』（新潮社、2007年）など。
27) 城野宏『山西独立戦記―終戦後四年間中国で戦った日本人の記録』（雪華社、1967年）9頁。
28) 大本営も国民政府軍への「受降」を実現するため、支那派遣軍には自衛を目的とする武力行使を例外的に認めていた。1945年8月22日付大陸命第1388号、臼井勝美・稲葉正夫編『現代史資料38　太平洋戦争4』（みすず書房、1972年）477頁。
29) 稲葉正夫編『岡村寧次対象資料（上）―戦場回顧編』（原書房、1970年）21-23頁。
30) 中国陸軍総司令部訓令政字第21号（1945年9月30日）陳湛綺編『中国戦区日本投降文献匯編　第二冊』（全国図書館文献縮微複制中心、2010年）218-219頁。
31) 中国陸軍総司令部訓令軍補字第47号（1945年10月20日）前掲『中国戦区日本投降文献匯編』84-85頁。なお、「徒手官兵」とは武装解除された将兵を意味する。
32) 中央档案館・中国第二歴史档案館・吉林省社会科学院合編『日本帝国主義侵華档案資料選編―河本大作与日軍山西「残留」』（中華書局、1995年）193-196頁など。
33) 前掲『日本帝国主義侵華档案資料選』204頁。
34) 関連する原史料はいずれも防衛省防衛研究所戦史研究センター所蔵の『第一軍来簡文書綴』に所収。
35) 閻錫山側は「特務団」を「山西省修復鉄路修理工程隊」などに改称し、隊員全員を留用日本人技術者として西北実業の残留人員名簿に入れて国府中央に報告するなど、数々の隠匿工作を行った（前掲『日本帝国主義侵華档案資料選編』211頁）。
36) 前掲『現代史資料38　太平洋戦争4』484-485頁。
37) Chou-En-lai to A. C. Gillim Jr., Apr. 3, 1946, Marshall Paper, Reel No. 32, 1120-1125.
38) 1946年4月16日付第一軍参謀長発電、乙集参甲電351号外、『第一軍発信電報綴』所収、防衛省防衛研究所戦史研究センター所蔵。
39) 山西残留者は1990年代以降、残留軍命の有無や不当な現地除隊措置の取消、残留犠牲者の公務認定、残留経緯の再審査などを求めて行政訴訟を提起してきたが、2005年に最高裁が上告を棄却し、原告の全面敗訴が確定している。
40) 前掲『日本帝国主義侵華档案資料選編』373-374頁。
41) 前掲『現代史資料38　太平洋戦争4』490頁。
42) 最高人民検察院「日籍戦犯情況」（1954年3月31日）档案管理番号105-00160-01、中華人民共和国外交部档案館所蔵。なお、西陵農場拘留者のうち、最も罪行軽微とされた189名は「一般居留民」として1953年10月に送還されている。
43) 董玉峰「到中蘇辺界接収日、偽戦犯前後」撫順市政協文史委員会編『震撼世界的奇

迹―改造偽満皇帝溥儀暨日本戦犯紀実』（中国文史出版社、1990年）50頁。
44） 曲初「周総理、史良部長重視改造日、偽戦犯工作」前掲『震撼世界的奇迹』24頁。
45） 趙去非「日偽戦犯転移哈爾濱改造期間的断片回憶」全国政協文史資料委員会編『改造戦犯紀実』（中国文史出版社、2000年）32-33頁。
46） 孫明斎「改造日本戦犯工作的回顧」前掲『震撼世界的奇迹』129頁。
47） 董玉峰「到中蘇辺界接収日、偽戦犯前後」54-55頁、同「中ソ国境で日本人戦犯を接収」新井利男資料保存会編『中国撫順戦犯管理所職員の証言』（梨の木舎、2003年）115頁ほか。
48） 呉浩然「日本校級以下戦犯改造紀実」前掲『震撼世界的奇迹』172頁。
49） 李渤涛「敵から友へ」前掲『中国戦犯管理所職員の証言』162頁。
50） 董玉峰「到中蘇辺界接収日、偽戦犯前後」54頁。
51） 孫明斎「改造日本戦犯工作的回顧」前掲『震撼世界的奇迹』125頁。
52） 呉浩然「日本校級以下戦犯改造紀実」前掲『震撼世界的奇迹』173-174頁。
53） 同上、174頁。
54） 中尉以上の「戦犯」と病人は引き続き哈爾濱の監獄に拘留されたといわれる（前掲『中国撫順戦犯管理所職員の証言』478頁）。
55） 金源「奇迹写千秋―回憶対日、偽戦犯的改造工作」前掲『震撼世界的奇迹』7頁。なお、前述のように、尉官以下級の教育改造を担当した呉浩然は、哈爾濱の呼蘭監獄時代すでに『帝国主義論』を用いた初歩的な理論学習が行われていたと回想しており、金源の回想とは時期が前後する。
56） 同上、7頁。
57） 同上、7頁。
58） 呉浩然「日本校級以下戦犯改造紀実」前掲『震撼世界的奇迹』175-176頁。
59） 同上、178頁。
60） 同上、179頁。
61） 李放「歴史に残る戦犯起訴状」前掲『撫順戦犯管理所所員の証言』402頁。なお、東北工作団の詳細な組織過程については、李甫山「偵訊、起訴与免訴日本戦犯経過」前掲『改造戦犯紀実』172-177頁など。
62） 呉浩然「日本校級以下戦犯改造紀実」前掲『震撼世界的奇迹』180頁。
63） 張夢実「『満州国』総理の息子でありながら」前掲『撫順戦犯管理所職員の証言』180-181頁。
64） 呉浩然「日本校級以下戦犯改造紀実」前掲『震撼世界的奇迹』180頁。
65） 金源「奇迹写千秋」前掲『震撼世界的奇迹』12頁。
66） 1952年8月以降、最高人民検察院は馬光世、趙維之など9名の検察官で構成される

「日籍戦犯重点調査小組」を組織し、裁判準備のため戦犯の罪行調査を開始していた（孫明斎「改造日本戦犯工作的回顧」前掲『震撼世界的奇迹』137 頁）。

67) 李放「歴史に残る戦犯起訴状」前掲『撫順戦犯管理所所員の証言』405-406 頁。

68) 崔仁傑「改造日本将校級戦犯側記」前掲『震撼世界的奇迹』148-150 頁、李甫山「偵訊、起訴与免訴日本戦犯経過」前掲『改造戦犯紀実』179-180 頁。

69) 「戦犯」の「自筆供述書」に関する分析として、新井利男・藤原彰編『侵略の証言—中国における日本人戦犯自筆供述書』（岩波書店、1999 年）、岡部牧夫・荻野富士夫・吉田裕編『中国侵略の証言者たち—「認罪」の記録を読む』（岩波書店、2010 年）など。

70) 概要を整理したものとして、熊谷伸一郎「太原戦犯管理所簡史」『季刊中帰連』第 35 号、2006 年）2-13 頁。

71) 山西省人民検察院編『偵訊日本戦犯紀実（太原）』（新華出版社、1995 年）1-2 頁。

72) 同上、19 頁。

73) 同上、20 頁。

74) 同上、41-44 頁。なお、太原における「尋問調査」「認罪坦白」活動の展開については、王石麟「参与偵訊日本戦犯工作的回顧」前掲『改造戦犯紀実』184-193 頁を参照されたい。

75) 山西省人民検察院編『偵訊日本戦犯紀実（太原）』61-65 頁。

76) 田桓主編『戦後中日関係史年表　1945-1993』（中国社会科学出版社、1994 年）42 頁。

77) 前掲「日籍戦犯情況」。

78) 「商洽日僑回国問題第四次正式会議記録」（1953 年 3 月 5 日）档案管理番号 105-00268-05。なお、「廖承志関於日僑回国談判情況給毛沢東的報告」（1953 年 2 月 24 日）田桓主編『戦後中日関係文献集　1945-1970』（中国社会科学出版社、1996 年）145 頁など。

79) 「中国紅十字会総会会長李徳全接見日本和平代表団座談会記録」（1954 年 7 月 29 日）档案管理番号 105-00159-03。

80) 奥村勝蔵外務事務次官「中共赤十字李徳全招請の件」（1954 年 8 月 2 日）戦後外交記録 I'-0151、（日本国）外務省外交史料館所蔵。

81) なお、近年公開された中国外交部档案によれば、1955 年春、中国側が第 3 次日中民間貿易協定締結交渉に臨んでいた訪日貿易代表団の帰路の安全を確保するため、「罪行軽微」な撫順組・太原組の一部 596 名を釈放し、その帰還船の往航に代表団を乗せ、帰国させる計画を立案していたことが明らかになっている。詳細は前掲の大澤「幻の日本人『戦犯』釈放計画と周恩来」を参照されたい。

82) 中共中央政治局が採択したとされる 1955 年 3 月 1 日付「中共中央関於対日政策和対日活動的方針和計画」については、張香山『中日関係管窺与見証』（当代世界出版社、1998 年）225-227 頁。

83) 「関於在押日本戦犯與偽満漢奸的偵訊結果與処理意見的請示報告」(1955年9月1日) 档案管理番号 105-00501-01。
84) 「関於処理在押日本戦犯工作中幾個問題的請示報告（初稿）」(1955年11月1日) 档案管理番号 105-00501-02。
85) 「関於処理在押日本戦争罪犯的請示報告」(1955年11月7日) 档案管理番号 105-00501-02。
86) 梅汝璈発廖承志宛「関於日本戦犯的釈放和審判」(1955年12月10日) 档案管理番号 105-00501-03。
87) 「関於処理在押日本戦争罪犯請示報告」(1955年12月20日) 档案管理番号 105-00501-02。
88) 中共中央文献研究室編『周恩来年譜 1949-1976』上巻（中央文献出版社、1997年）531頁。
89) 羅瑞卿「羅瑞卿関於戦争罪犯問題的発言」(『党的文献』第44期、1995年) 23-27頁。
90) 周恩来「在二届政協常委一九次会議（拡大）上的発言」(『党的文献』第44期) 20-21頁。
91) 「中華人民共和国全国人民代表大会常務委員会関於処理在押日本侵略中国戦争中戦争犯罪分子的決定」(1956年4月25日) 田桓『戦後中日関係文献集』272-273頁（著者が訳出）。
92) なお、これら「免訴釈放」された「戦犯」は、本来ならば西陵組と同様に「居留民」の身分を回復し、「北京協定」に基づき帰還するはずだった。だが、中国側は「戦犯」受領のため中国を訪れた日本側民間団体に対して「戦犯を普通の一般人と同一扱いすることは誠に帝国主義的反動思想の残滓である」と非難し、「戦犯」引渡の手続きを定めた「天津協定」の締結を強要した。なお、本協定には「戦犯」引渡に関する項目以外にも、日中両国居留民の自由往来や中国残留日本人婦人の一時帰国（里帰り）など、国交不在の日中間における「ヒト」の移動に風穴を開ける項目も盛り込まれており、中国側は「戦犯」問題と抱き合わせでこれら懸案を解決しようとしていたことがうかがえる。詳細は、大澤武司「在華日本人『戦犯』の帰国—天津協定成立の経緯とその意義」(『中央大学社会科学研究所年報』第7号、2002年)。
93) 処理日本戦犯聯合弁公室「処理日本戦犯工作計画」(1956年4月2日) 档案管理番号 105-00502-01。なお、本弁公室は「審判日本戦犯聯合弁公室」とは別に1956年3月、譚政文最高人民検察院副検察長を組長として設立された、対日戦犯処理の指導組織である。
94) 「関於偵査日本戦犯的主要情況和処理意見的報告」(1956年3月16日) 档案管理番号 105-00501-07。
95) 袁光「中国特別軍事法庭審判日本戦犯始末」何力編『大審判—日本戦犯秘録』（団結

出版社、1993年）213頁。

96）　山西省人民検察院編『偵訊日本戦犯紀実（太原）』65頁。

97）　「特別軍事法廷」に関する詳細な分析については、豊田雅幸「中華人民共和国の戦犯裁判（1）（2）」（『季刊戦争責任研究』第17号・第18号、1997年）を参照されたい。

98）　王戦平主編『正義的審判―最高人民法院特別軍事法庭審判日本戦犯紀実』（人民法院出版社、1990年）365頁。

99）　同上、15頁。

100）　同上、515頁。

101）　同上、683頁。

102）　1956年春、中国は「開開大門、接受社会的影響和人民群衆的幇助（門を開き、社会の影響や人民大衆の協力を受けさせる）」という方針のもと、主として免訴釈放予定の戦犯を対象にした社会参観を実施した。戦犯処理が最終段階にさしかかりつつあることがうかがわれるなか、起訴が予定された重要戦犯たちの多くもそれぞれ認罪を深化させていた。例えば、第59師団長の藤田茂中将は「私は日本帝国主義の中堅分子であり、このような私が罰せられるのは当然である。私は自らが認罪するのみならず、日本帝国主義の罪行を暴露しなければならない」と語り、また第117師団長の鈴木啓久中将も「私は軍国の巨頭であり、滔天の罪行を犯した」とこの時期に語ったと記録される。また、満洲国国務院総務庁次長の古海忠之は「私は日本帝国主義の統治者の一人である（略）私のすべての罪行と責任を追及し、私を処刑することで日本の後世代を再び私の『老路』を歩まないよう教育することができる」と語り、また同国司法部司法矯正総局長の中井久二も「私は罪悪厳重な重大戦犯であり、中国人民が私に与えるいかなる処分も甘受し、死に際して私は喜んで死んでいく」とまで語っている。そして、満洲国懷徳県警務科長であった野崎茂作（簡任1等）に至っては「死刑で死んでいく時には、毛主席と共産党万歳と叫びたい」とまで発言している。なお、認罪に関して比較的頑迷であったとされる山西省残留日本軍関係者（山西組）も社会参観から「決定」（1956年4月25日）に至る過程で認罪を深め、徒刑を覚悟したうえで「刑期満了前の釈放を目指す」と表明するに至っている（最高人民検察院『在押日本戦犯思想情況簡報』（1956年4月・5月）档案管理番号105-00502-07）。

103）　前掲『正義的審判』266、270、274-275、279、478、640-641、725頁ほか。

104）　同上、482-483、646、648頁ほか。

105）　同上、264頁。

106）　国友俊太郎『洗脳の人生―三つの国家と私の昭和史』（風濤社、1990年）387頁。

第5章 朝鮮半島からの引揚と「日本人世話会」の救護活動
―― 朝鮮総督府・京城帝国大学関係者を中心に

永島　広紀

はじめに

　日本統治下にあった朝鮮半島地域からの邦人引揚について、民間ベースではありつつも、日本政府や朝鮮駐在の米軍政庁の公認の下で活動していた引揚団体・グループの史料や個人レベルの証言記録など、近年においてはその利用環境が格段に整いつつある。そして、これらを元にして、単なる短期的・定点的な現象としての、そしてともすれば体験者の見聞や視角でもって固定されがちな「引揚／復員」史ではなく、それ以前と以後の状況までを見据えようとする視点から本章は叙述される。
　特に中心的に取り上げることとなるのが「京城日本人世話会」である。同会は米軍政庁との連携の下、旧朝鮮総督府（およびその外郭法人である国民総力朝鮮連盟）や旧京城帝国大学の関係者を中心にして実務スタッフが形成されており、その活動範囲は単なる引揚業務の実務・調整に止まらず、生活情報をも盛り込んだ「会報」の編集・発行、引揚列車内での移動治療、そして引揚港・博多を擁する福岡市およびその近郊での援護活動に至るまで多岐にわたった。また、こうした組織の実質化にあたってはそれ以前におけるいくつかの人脈的な「伏線」が存在するのである。この京城や釜山などにて結成された日本人世話会に関しては、朝鮮半島を経由する引揚者による手記・証言の類で言及されることは多い。しかしながら、同会に勤務した森田芳夫による『朝鮮終戦の記録』（1964年刊）以外で今のところ学術的な検証に堪えうるものはそれほど多くはない。本章も他の研究とともに同書の成果に負うところが極めて多い。さらに博多港からは日本「内地」居住の朝鮮人たちが

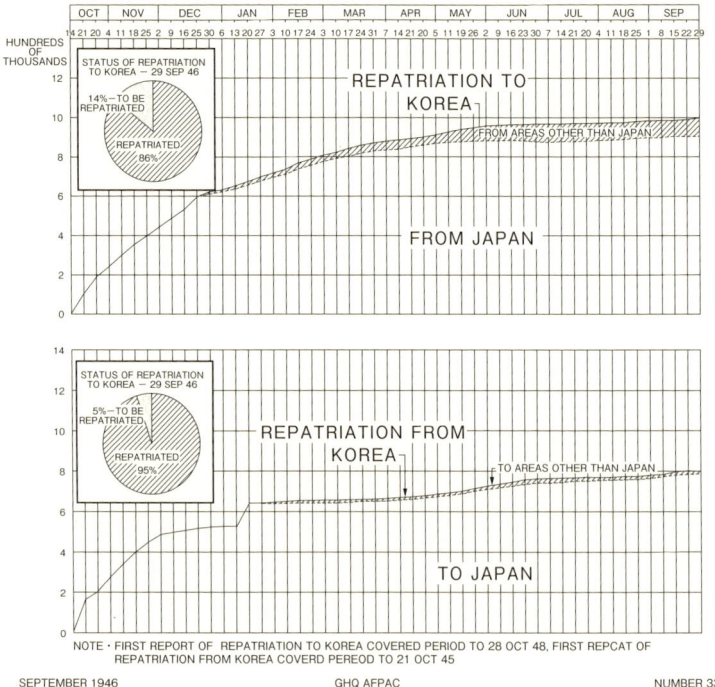

図1 米軍政庁の統計データに見る引揚者による朝鮮半島をめぐる往還の状況
出所：*SUMMATION* No.12 September 1946, United States army military government activities in Korea p.58.

故土に環流しており、さらにその後の「再入国（密航）」も含めて広義の引揚・復員史が設定できるはずである。

なお、朝鮮半島からの復員・引揚史をひもとくに際して、時期的に早く、しかも組織立ってのものとしてはやはり「朝鮮軍」の動向を踏まえることが先決である。しかしながら、その概略を知ることは各種の史料や証言[1]から可能ではあるが、いつ、どの部隊が、どこから、といった細かな動きを具体的に再現することには相当の困難が伴う。軍部隊は、その機動性ゆえに史的な叙述としては初期段階における「無軌道な引揚」と記録されることになったのである。ともかく、1945年初頭、第17方面軍・朝鮮軍管区に編成替え

された朝鮮駐剳軍は、第58軍の指揮下で全羅南道・済州島を中心に陣地を構築し、沖縄に続く陸上戦を想定していた。また、朝鮮総督府も道知事と同じ権限を有する勅任事務官（千田専平）[2]を1945年4月に全羅南道内務部長から転任させて済州に駐在させるなど、まさに同島は臨戦状態に置かれていたが、一方で米軍は「戦後」を見越して、朝鮮半島を本格的に空爆することはついぞなかった。その分、比較的混乱の少ない中で朝鮮駐留軍の復員が迅速に遂行されたことは、これに続く非軍人・民間人の引揚を計画的に遂行するにあたって、その一種の試金石となっていた。

ところで朝鮮軍は隷下の第20師団の主力を東部ニューギニア戦線（第18方面軍・第18軍）に割愛されており、生存者の復員は直接日本本土に向けてなされることになる[3]。またニューギニアに派遣された朝鮮人の軍属・労務者は約5,000人[4]とされ、それらを含む南方からの復員はいったん日本本土に向けて出発し、さらに博多港から釜山に向けて、日本人の引揚とは全くの逆コースにて実施された。例えば『福岡県警察史 昭和前編』（1980年7月）の数字によれば、1946年11月5日現在で博多港には累計で91万8,143人の上陸者があり（最終的には約140万名であったとされる）、また、1947年4月30日現在で50万5,496人の出国者があったとされる。そしてその内訳は49万4,819人（朝鮮）／9,724人（中国）／953人（台湾）であった。

I　民間人の引揚開始と「京城日本人世話会」

さて、外地からの引揚者の多くにとってその上陸の第一歩目の多くは福岡の博多港、あるいは長崎・佐世保や山口・仙崎の埠頭を踏みしめることであった。いわゆる「南鮮」からの引揚は初期の混乱を除けば米軍政庁との協力体制の下で計画的に遂行され、1946年5月までにはほぼ業務が完了していた。そして、敗戦直後からそうした日本人の互助・連絡機関として各地に「日本人世話会」が発足しており、その中心となるのが当初は「内地人世話会」の名称でもってスタートした「京城日本人世話会」であった。当初の会長には元朝鮮総督府殖産局長の穂積眞六郎（法学者・穂積陳重の三男。1941年に退官し、その後は京城電気会社社長・京城商工経済会会頭）が就任しており、以下

の幹部がその名を連ねた5)（カッコ内は筆者による補記)。また14人の特別委員、70人の常務委員の委嘱が行われる6)とともに、当初の事務局は三中井百貨店内に置かれていた。

　　副会長　　　久保田　豊（朝鮮電業・朝鮮鴨緑江水電・日窒海南興業等の各社長）
　　同　　　　　渡辺豊日子（元朝鮮総督府学務局長／朝鮮重要物資営団理事長）
　　事務局長　　金子定一（陸軍少将・衆議院議員・大政翼賛会興亜総本部大陸局長）
　　事務局次長　伊藤憲郎（元釜山地方法院検事正7)／国民総力朝鮮連盟総務部長／朝鮮
　　　　　　　　　　　　　文人報国会理事長）
　　総務部長　　杉山茂一（元京城府総務部長／朝鮮商工経済会常務理事）
　　事業部長　　古市　進（元京城府尹）
　　調査部長　　鈴木武雄（京城帝国大学法文学部教授〔経済学第二講座〕）

間もなく、この陣容は以下のものに更新されている。

　　会長　　　　穂積眞六郎
　　副会長　　　久保田豊　　渡辺豊日子
　　会長付　　　金子定一　　堂本貞一（元朝鮮総督府殖産局商工課長）
　　総務部長　　杉山茂一
　　事業局長　　久保田豊　　同次長・兼渉外部長　　碓井忠平（元黄海道知事）
　　援護部長　　古市進
　　業務部長　　金谷要作（元朝鮮重要物資営団理事）
　　文化局長　　渡辺豊日子
　　　同次長　　伊藤憲郎　　文化部長　　安井俊雄（元京城日報社支配人）
　　　調査部長　鈴木武雄
　　　衛生部長　柳楽達見（元京城歯科医学専門学校々長、朝鮮歯科医学会長）

この後、1945年11月1日には三度の組織改正が行われ、

　　会長　　　　穂積眞六郎　　会長付　金子定一・鈴木武雄

第5章　朝鮮半島からの引揚と「日本人世話会」の救護活動　　143

副会長	渡辺豊日子		
総務部長	杉山茂一	―庶務課　経理課	
指導部長	堂本貞一	―指導課　相談課　会報課　法律相談所	
医療部長	北村精一	（京城帝国大学医学部教授・皮膚科泌尿器科）	
		―総務課　医療課　企画課　移動医療課　罹災民救済病院	
援護部長	古市進	―総務課　援護課　給与課　宿泊課	
連絡部長	碓井忠平	―企画課　連絡課　通訳室　翻訳室	

の布陣となり、これ以降も細かな組織変更と人事の異動が行われているものの、組織としての分掌はほぼ固まっている。また、とりわけ日本人世話会の主要事業といっても過言ではない医療救護の体制が整備されるのが、まさにこの時期のことである。なお、会長の穂積は朝鮮人実業家への不正融資の嫌疑をかけられ、1946年3月19日に逮捕・拘留され、同28日に懲役2年・執行猶予2年の判決を受けたことにより、まもなく日本に引き揚げ、後任の会長は元京城府尹の古市進が務めた[8]。

なお、この京城日本人世話会に関しては、学界のみならず以前よりその存在自体は広く知られており、特に福岡の民放ディレクターであった上坪隆による番組制作とそのルポルタージュ[9]が上梓されて以降、後述する移動医療局（Medical Relief Union: MRU）の活動も次第に知られはじめ[10]、今日に至っている。しかし、先行的な著作・学術研究にあっては、そもそもそうした組織がいかなる人事体系を持ち、また実体を伴って活動することができたのかを、1945年8月以前の状況からひもといて考察するには至っていない。つまり「敗戦史」「引揚史」の一コマとしてとらえられる一方で、それを朝鮮統治史からの文脈で捉え、あるいは同会の成立を可能さしめた「京城府」という特殊な都市環境のことは閑却される傾向がどうしても強い。近年は「モダニズム」の観点から見た都市文化の面でさらなる注目を集めているが、そもそもその基盤となる建築・交通・金融・水道・電気・物流・ラジオ放送等の社会インフラ、そして事実上の首都機能を備えつつ、米軍政・南朝鮮過渡政府にも継承される官制機構（後掲の【資料】を参照）という前提なくして、

京城日本人世話会はその活動を行うことはそもそも不可能であった。この点こそが、ソ連の勢力下にあった北部朝鮮とは際だった違いである。小論はそうした先行研究の不均衡ないしは無関心を解消することも一つの目標としたい。

　特に先に掲げた幹部役員はおしなべて朝鮮人側に信望が篤かったとされる人士たちであるが、その前歴に見えるように朝鮮総督府、および総督府の外郭組織にして外地翼賛団体であった国民総力朝鮮連盟、そして京城帝国大学の関係者を代表する利害調整役の形で選任されていることは明らかである。役員級の職員のみならず、例えば米軍との通訳・折衝役には杉本長夫[11]・寺本喜一[12]ら京城帝大・英文科出身の、しかも戦時末期には国民総力朝鮮連盟（およびその傘下にあった朝鮮文人報国会）に所属した人物らも配されていた。これら戦時期の朝鮮社会を考察する上で欠かすことのできない組織体とその人的な相関[13]をもってして京城日本人世話会も結成されたということに、まずは留意しておきたい。とりわけ、京城府防衛部戦災課がいち早く朝鮮総督府・終戦事務処理本部保護部の所管としての「京城案内所」に改編され、またこうした案内所が釜山と下関にも置かれたことは、やがて厚生省の地方引揚援護局（とりわけ下関引揚援護局仙崎出張所）[14]の前史をも形成している。さらには、旧朝鮮総督府東京出張所も「朝鮮関係残務整理事務所」として旧官公吏の恩給手続きや再就職の斡旋、そして各種学校の学籍照会を行っており、部分的には朝鮮総督府の機能を維持していたのであり、やがてこれらの事務は外務省北東アジア課の外地整理室に引き継がれて現在に至っている。

　なお、そうした世話会幹部の中でやや異彩を放っているのは「金子定一」の存在であろう。敗戦時に京城府内の自宅に滞在中であったとはいえ、その活動の中心は東京と満洲（新京）であり、朝鮮の官界や財界との直接的な関係は薄いと言わざるをえない。そうした金子の事務局長就任の背景については、次節に譲ることにしたい。

II 事務局長・金子定一の去就

　敗戦当時、予備役の陸軍少将であった金子定一は、1885（明治18）年に岩手県盛岡市で南部藩の旧藩士・盛岡の民権運動家である金子定敬の子として生まれ、陸軍士官学校を経て陸軍大学校（27期）を卒業した歩兵科出身の将官であった。支那駐屯軍参謀時代に満洲事変に参加し、その際に朝鮮軍連絡将校を務めている。また松井石根（陸軍中将）・鹿子木員信（九州帝大教授）らの「大亜細亜協会」に参集しつつ、第20師団（京城・龍山）司令部附の大佐時代には「朝鮮大亜細亜協会」創立（1934年3月）にも発起人としてその名を連ねており、そのキャリアに「朝鮮通」的な属性が加味されていくことになった[15]。その後、陸軍大学校教官等を経て1936年8月1日付で少将昇進も、同日付で待命となり、同28日には予備役に編入されている。予備役編入後は、満洲国蒙政部の顧問や満洲国協和会の中央委員・首都本部副長、満鮮拓殖株式会社の顧問等を歴任し、満洲の官製民間団体において重きをなしていくことになる。加えて、1942年の第21回総選挙（翼賛選挙）に翼賛政治会の公認候補として岩手県第二区から出馬して当選しており、大政翼賛会では「興亜総本部」[16]において大陸局長に任命されている。なお、戦時末期には朝鮮・京城府内の三坂通に居を構え、終戦も朝鮮で迎えている[17]。その際、朝鮮側の人望を集めているとの事由により「京城日本人世話会」の事務局長に就任し、東京の関係各官庁との間を往復するなどして主に連絡調整役を担っていた[18]が、その結果ははかばかしいものではなかった。ともあれ、現役の代議士でもある金子の存在は、内務省終戦事務局などとの折衝においてはやはり不可欠とみなされたと言え、また『朝鮮終戦の記録』著者の森田芳夫も金子の上京に帯同し、秘書役を務めていた[19]。

III 「在外同胞援護会」・「聖福病院」・「二日市療養所」

　さて、京城および釜山の日本人世話会と業務的に連動していた組織が、主要な引揚港の一つである博多港にほど近い福岡市内・御供所町の聖福寺境内に置かれた外務省管下の「在外同胞援護会」であり、やがて同会の救療部に

「聖福病院」を併設するに至った。ちなみに内務省から分離した厚生省が管轄する「博多引揚援護局」はその長を官選の県知事が兼ねており、またさらにその傘下には「恩賜財団同胞援護会」が組織されるなど、当初の引揚援護事業には内務省・県の社会事業系と外務省（朝鮮総督府）系が混在・雑居している状態であった。そして、この医療救護にいわば特化した聖福病院が設立される直接のきっかけとなったのが、京城帝大医学部教授（解剖学）の今村豊[20]、同助教授（内科学・耳鼻咽喉科）の須江杢二郎、同講師（衛生学・予防医学）の田中正四[21]らによって京城日本人世話会による「移動医療局（MRU）」が組織されたことである。さらには元来、北朝鮮からの避難民を救護する目的で敗戦後間もなく京城府内に設立された「罹災民救済病院」の院長に北村精一、副院長に須江杢二郎、そして庶務課長に田中正四が就任するという京城帝大医学部の現役教官による人事の流れが、そのまま継承された形となっていた。なお、このMRUにおいては、特別編成の病院列車内で治療・看護業務が行われ、その病院列車は有蓋の貨車には医師・看護婦が配置され、京釜鉄道線と引き込み線で連結していた釜山埠頭に停泊中の連絡船に収容される仕組みとなっていた。

　ここでまずMRUの実質的な中心人物である須江の略歴を確認しておきたい。1906（明治39）年10月17日に須江國松・キクヨの長男として福島県南会津郡伊南村古町に生まれた。福島県立会津中学校から京城帝大予科理科に進み、のち医学部を卒業し（2回生）、同副手・助手を経て1936年11月に咸鏡北道立羅南医院に勤務した。学生時代より日蓮宗系の教化団体である「緑旗連盟」の幹部会員でもあり、1937年9月から「緑旗医院」院長に就任した。1932年10月に大橋次郎（日本赤十字社朝鮮本部主幹）・ハジメの長女である大橋愛子（1910〜2001）と結婚、1944年10月には京城帝大医学部助教授に採用される。終戦後は京城日本人世話会において京城帝大医学部関係者を束ねて「移動医療局」を結成し、引揚者の医療救護活動に従事した。そして須江は自身の引揚である1946年2月以降、同じく朝鮮から引き揚げてきた日赤の医師・看護婦らとともに禅宗の古刹・聖福寺の敷地内に置かれた「在外同胞援護会」内の救療部に身を置き、これが発展した「聖福病院」（現

在は国家公務員共済千早病院／浜の町病院が継承）の副院長に就任している。ちなみに聖福寺に在外同胞援護会が置かれたのは、元・清津日赤病院長である緒方龍（緒方竹虎の実弟）の斡旋によるものであり、また聖福寺は緒方家代々の菩提寺であったことによる。そして、1950年11月からは警察予備隊本部医務局医務課長に転出し、以降は保安隊衛生課長・防衛庁医系技官（技術研究所勤務）を歴任するが、1957年、不慮の事故により殉職する[22]。

加えて、初期の聖福病院には後に東京大学教授を務める文化人類学者の泉靖一（1915～1970）も在職していた。泉は国際法・殖民政策論研究で知られる泉哲の長男として東京に生まれ、父親の京城帝大赴任に伴い朝鮮へ移住し、京城中・京城帝大予科を経て京城帝大法文学部（哲学科）を卒業、卒業後は助手、学生主事を務めていた。在学中より山岳登山で名を馳せ、1945年6月に同大に「大陸資源科学研究所」が新設されると嘱託（敗戦直後に助教授へ昇任したとされる）に就任している。また、これに先だって前出の田中正四らとともに1942年12月には海軍省の発令によりニューギニア民政府による事務嘱託の肩書きで西ニューギニアでの資源調査に参加するために長期出張し[23]、1943年1月から約1年にわたって現地社会の民族社会調査に従事している[24]。さらに朝鮮に戻ったのちは、京城帝大に新設される大陸資源科学研究所の設置準備にあたり、官制の発布後は研究所初（最後でもある）の調査として満蒙での民俗調査を1945年の7月から8月にかけて実施[25]している。

ところで、京城帝国大学は「帝国」日本が史上初めて「外地」に設立した、かつ第6番目の帝国大学令に基づく旧制大学であり、ユーラシア大陸に存在した唯一の帝国大学であった。当初は「法文」と「医」[26]の2学部でスタートし、初代の法文学部長は哲学者の安倍能成、医学部長は細菌学者の志賀潔であった。1924年に旧制高等学校相当の「予科」（当初は2年制）が先行的に開学し、2年後の1926年に学部の開設となった。そして1929年3月に第1回の法文学部卒業生を出している。なお、のちに理工学部（初代学部長は海軍造兵中将・火薬学者の山家信次）がこれに加わって3学部の体制となっていた。以降、閉学までに法文は18回、医は17回、理工は3回の卒業期（戦

時繰上を含む）を迎え、敗戦後は「京城大学」時期を経て「国立ソウル大学校」に改編されていった[27]。

　こうしたコンパクトな学部構成を活かす形で京城帝大においてはいち早く文理融合型の共同研究が盛んな大学であった。当時から哲学系の教員を中心にして「岩波派」と目されたように、東京の岩波書店から各種の書籍・テキストを矢継ぎ早に刊行していたが、とりわけ医学（公衆衛生学）・哲学（宗教学・社会学・文化人類学）との領域横断的な共同研究が試みられ、「京城帝国大学大陸文化研究会」と名付けられた学内組織によって、岩波書店から『大陸文化研究』（1940年7月）・『続大陸文化研究』（1943年4月）を刊行し、また京城帝国大学「蒙彊学術探検隊」の報告書として『蒙彊の自然と文化』（古今書院、1936年6月）、さらに京城帝国大学衛生調査部の編として『土幕民の生活・衛生』（岩波書店、1942年7月、田中正四の執筆）を公表している。これらのコーディネーター役を務めたのは尾高朝雄（1899〜1959、法文学部教授・憲法学／戦後は東大法学部教授）であり、また医学部の今村豊であった。そしてこうした実績によって最終的に今村が所長を務めることになる1945年6月4日における「大陸資源科学研究所」の附置につながっていったのである。

　そして泉は終戦後に、最後の京城帝大総長であった山家信次の依頼によって京城日本人世話会における医療救護活動の企画立案を行い、そしてMRUの運営に尽力することになった。とりわけ在外同胞援護会・聖福病院の運営にも事務長として連絡役を務め、釜山日本人世話会側との折衝のために単身で朝鮮に密航を行ったこともあった。
　さて、聖福病院は分院として福岡市から南に下った温泉地である筑紫郡二日市にも保養所を1946年3月から開設していた。同所では敗戦後の混乱の中で不幸にもソ連兵などの子を身籠もってしまった女性の堕胎手術を、厚生省の黙認と、城大と九大の医学部有志の協力によって実施した。また満蒙調査への参加が機縁となって、泉をはじめとする京城日本人世話会の救護活動を支援した医学部在学者たちは九州大学医学部を中心に転入学が認められ、また予科在学者は各地の旧制高等学校に編入していった。

Ⅳ 『京城日本人会会報』発行のあとさき

　京城日本人世話会においては既述の通り、引揚列車の手配や罹災者・傷病人の救護を主たる業務とするとともに「会報」の発行を行っていた。
　まず引揚げ業務の遂行状況を日々刻々と伝え続けたという意味において極めて史料価値が高いと言える同報の書誌的なデータを簡単に整理しておきたい。朝鮮総督府が米軍に降伏する直前である1945年9月2日、『京城内地人世話会々報』と名付けられたガリ刷り1枚・150部印刷の日刊紙として発行が開始された。1945年12月まで日本語で発行された『京城日報』とともに、そして同紙の廃刊後はほぼ唯一の日本語による定期刊行物として存在していた。なお、当初のタイトルは同年9月15日付（第13号）から『京城日本人世話会々報』と改題されている。第3号から63号（11月17日付）までの編輯兼発行人の名義は安井俊雄（元京城日報社支配人）であり、その後は終刊号である1946年2月1日付の第123号まで同じく元京城日報社の嶺乾一が引き継いでいた。最大発行部数は1,500部であったという。なお、1946年2月6日付で手書きの『移動会報第一号』[28]が最後の引揚列車内で回覧されていた。さらに、1946年2月11日から4月7日までの間に、計8回にわたって『（京城）日本人世話会週報』が発行されていた[29]。
　ところで、この会報の編集におけるその実務を担当していた人物の1人に今村勲なる青年がいた。今村は緑旗連盟が経営する出版社である興亜文化出版の社員であり、機関誌である『緑旗』（のち『興亜文化』に改題）と『新女性』の編集部員であった。京城日本人世話会の会報課においても、当初から会報の編集と印刷の実務に携わっていたという[30]。
　つまるところ、京城日本人世話会（とりわけ医療救護活動）と日蓮宗・国柱会系の修養団体たる緑旗連盟とをつなぐ糸はやはり「京城帝国大学」であった。緑旗連盟は京城帝国大学予科教授の津田栄によって1925年に組織された「京城帝大予科立正会」を淵源としており、当初は学内限定の法華経学習サークルに過ぎなかった。しかし、卒業生が増えるにしたがって、次第に社会改良の運動へその活動の中心を移すとともに、国民精神総動員朝鮮連盟・国民総力朝鮮連盟の職員にも緑旗連盟出身者を多く送り込んでいた。機

関誌発行や各種の社会調査によって朝鮮人のインテリ層に強い影響力をもつ一方、医院や農民道場の開設、女塾の経営など、手広く業務を展開させていった[31]。なお、この医院の名称こそが「緑旗耳鼻咽喉科医院」であり、まさに前出の須江杢二郎が院長を務めていた病院である。

そして、ここでさらに緑旗連盟と京城日本人世話会をつなぐ重要な人物として、小論でもすでにたびたび登場している森田芳夫を改めて取り上げておきたい。森田は既述の通り『朝鮮終戦の記録』の著者として斯界に広く知られているが、戦前から戦後にかけての彼の思想的な背景にまで踏み込んだ検討は、あまりなされてきていない。京城帝国大学法文学部史学科で「朝鮮史学」を専攻した歴史研究者である彼は、世話会長である穂積眞六郎の指示により朝鮮半島からの引揚に関する史料収集と談話の聴取を開始したとされる。

以下、まずは森田の略歴を整理しておきたい。

V 京城日本人世話会と森田芳夫

森田芳夫（1910～1992）は全羅北道・群山府の出身（出生地は広島）であり、実家は薬業を営んでいた。京城公立中学校では後に作家となる中島敦・湯浅克衛らと同級であった。さらに京城帝国大学予科（文科B組）に入学し、さらに京城帝国大学法文学部史学科に進学後は朝鮮史学を専攻し、今西龍や小田省吾らの指導を受けている。卒業後は「緑旗日本文化研究所」の専従員となり、また緑旗連盟が経営した「清和女塾」（高等女学校卒業者対象の一年制）の講師として仏教史や朝鮮史を講じた。また恵化専門学校（旧：京城中央仏教専門学校）の講師も務めていたが、1942年秋から国民総力朝鮮連盟の事務局専従となり専務参事として文化部の編輯課長に就任し、主として機関誌である『国民総力』の編集に携わっていた。

敗戦後は、京城日本人世話会の主事として会長秘書を務め、自身の引揚後は朝鮮引揚同胞援護会の副参事として福岡で勤務した。さらに引揚援護庁調査員（官房総務課）から外務省調査員（管理局引揚課）に転じ、法務事務官（入国管理局総務課）を経て外務事務官（アジア局北東アジア課）に転官している。

まずは厚生省・法務省・外務省を渡り歩いた森田の足跡を単純にトレースすることだけでも、戦後の日本における引揚援護事業の「縦割り」ぶりと横の「連絡」ぶりを確認することができる。

なお、北東アジア課において森田は主に日韓国交正常化交渉の事務方を務めた。とりわけ前田利一・北東アジア課長（のち韓国大使、古川兼秀〈敗戦時の咸鏡北道知事〉の女婿、京城帝大法文学部卒業後に文官高等試験行政科に合格して朝鮮総督府に採用され、属官のまま終戦を迎える。戦後、外務省に転籍）の片腕・補佐として日韓会談では文化財返還問題、在日韓国人の法的地位問題等に取り組んだ。なお、在大韓民国日本国大使館参事官を最後に定年退官の後は、国際交流基金の派遣によって誠信女子師範大学の教授に就任した。この間、長く九州大学文学部の非常勤講師も務め、これが機縁となって『朝鮮終戦の記録』に対して九州大学より文学博士の学位が授与された。そして誠信女子大を退職後は学習院大学東洋文化研究所客員研究員として日韓国交正常化交渉史の執筆を行っていたが、作業の半ばで没している[32]。なお、生前の遺志により蔵書一式が九州大学文学部朝鮮史学研究室に寄贈され、1995年春に福岡に移送された。

さて、その森田芳夫にはさまざまな「横顔」があった。それは朝鮮史研究者であり、仏教史研究者であり、そしてまた熱心な日蓮主義者でもあった。彼はペンネームを使い分ける（三木治夫・松田純・楠川幸夫・鈴坂史郎など）ことによって、さまざまな媒体に文章を掲載しているが、これまでのところ、日蓮主義運動との関係はほとんど注目されていない。しかし、国柱会の青年組織である精華会の機関誌『王道文化』には戦前から戦後にかけてしばしば寄稿[33]するなど、その意味において思想的行動は一貫したものであったと言えよう。

また引揚後の一時期、福岡市郊外（香椎）に住む医師・原志免太郎（原智錬）宅に森田夫妻は居候しており、そして原もまた福岡において東亜連盟運動を支持する田中智学の盟友であった。ただし、同じ日蓮主義でも「内鮮一体」を推進していた緑旗連盟に対しては、東亜連盟運動の主唱者である石原莞爾はきわめて批判的であったとされる。以下は森田による石原の没後における回想の一節である（下線は筆者）。

いつも民族生活を尊敬すべきことを説かれ、政治の独立を強調され、不自然な同化政策を真向から罵倒された。朝鮮にあつた私達のコースにはきびしい批判が向けられてゐた。総督政治に満足せぬ朝鮮の多くの人達は、満洲に、京都に、山形に先生の後を追ふてお訪ねしては、正しい朝鮮のあり方のご教示を求めてゐた。私はいつもその人達から間接にお考へを聞かして頂いてゐた[34)]。

こうした路線の違いがあったとはいえ、森田は自身の引揚から間もない福岡滞在時に、すでに京城日本人世話会の事業に関する、しかも後年の『朝鮮終戦の記録』の原型とも言える文章を国柱会（精華会）系の雑誌である『眞日本』にまず寄稿[35)]するなど、森田の戦後における記録作業の場を提供したのも、結果的にはやはり東亜連盟運動であった。

おわりに

以上の考察から明らかになったことをあらためて整理することで、小文の締めくくりに代えたい。

まず、本文でも述べたように、日本人による朝鮮引揚史を検証する際には、やはり1945年8月以前の状況、少なくとも1943〜44年段階の官制と各種の法令等を踏まえた上で、さらに人的な相関を見極める必要がある。とりわけ朝鮮の場合は、それが「京城」という大陸に隣接する半島の中心都市であるという地政学的な条件からしても、あるいは食住環境や文化水準から見ても、きわめて機能的たりえたということが挙げられよう。京城日本人世話会の場合、特にその活動の機動性が京城帝国大学と緑旗連盟の関係者によって担保されており、また旧朝鮮総督府・京城府庁関係者と米軍政側との協調体制にあったことに尽きる。だからこそ、軍政庁は総督府時代の遺制をそのまま流用することで、統治を円滑ならしめることに腐心し、またこのことが朝鮮側左派民族主義の激しい憤懣を惹起することにもなった。日本人が去り、そして「解放」から1年後には南朝鮮過渡政府も稼働をはじめ、きたる大韓民国建国への胎動が本格化していくことになる。「帝国・日本」の版図としての朝鮮は消滅したが、少なくとも北緯38度以南域においては、「帝国」時代の

システムを遺制としてかなりの程度で温存しながら、南北分断の道を歩んでいくことを余儀なくされた。つまり、京城日本人世話会の活動とその終焉とは、単に朝鮮半島から日本人が退散したことだけを意味するに止まらず、日本人によって維持された朝鮮統治機構の引き渡し、それそのものであった。

注

1) 宮本正明、「【解説】朝鮮軍・解放前後の朝鮮」(「未公開資料朝鮮総督府関係者録音記録 (5)」)『東洋文化研究』〈学習院大学東洋文化研究所〉6、2004 年、が現段階での研究水準と関係史料の状況を知るのに最適である。

2) 福島県出身、1901 年生、明治大学を経て 1927 年に文官高等試験行政科に合格後、内務省に入省し、職業紹介事務局属を振りだしに愛媛県農商課長・石川県農工水産課長等を経て朝鮮総督府へ赴任。全羅北道警察部長と忠清北道内務部長を務め、済州道赴任前には京城府総務部長であった。

3) この経緯に関しては尾川正二『東部ニューギニア戦線』(図書出版社 1992 年、のち光人社 NF 文庫、2002 年に収録) に詳細である。なお、尾川は 1942 年 4 月に京城帝国大学法文学部文学科 (国語国文学専攻) へ入学後に第 20 師団 79 連隊に入営し、1943 年 1 月に釜山港からニューギニアに向けて出発したという。『会員名簿』(京城帝国大学・京城帝国大学予科同窓会、1985 年) では第 17 回 (1994 年 9 月) の卒業となっており、出征中に繰り上げ卒業になっていたとみられる。

4) ニューギニア北部の町であるウェワクの海岸地にある「韓国人受難戦歿慰霊碑」(2002 年に張炳黙によって建立) の記述による。なお、張炳黙は伊藤孝司『棄てられた皇軍』(影書房、1995 年) に登場しており (同書 94・95 頁)、1923 年生まれの平安北道出身、甲種合格の志願兵、釜山港に帰還などといった経歴を語っている。

5) 『京城内地人世話会々報』第 1 号 (1945 年 9 月 2 日付) による。

6) 森田芳夫『朝鮮終戦の記録』(巌南堂書店、1964 年) 134 頁。

7) 1892 年生、青森出身。東京帝大独法科卒。戦後は弁護士開業の傍ら、東京都引揚者団体連合会副委員長・東京少年審判所保護司を務めている (『同和』14 号、1949.2)。

8) この経緯は森田前掲書、ならびに穂積眞六郎『わが生涯を朝鮮に』(友邦協会、1974 年) に詳しい。

9) 上坪隆『水子の譜』(現代史出版会、1979 年)。

10) 木村秀明『ある戦後史の序章』(西日本図書館コンサルタント、1980 年) を嚆矢として、武able繁太郎『沈黙の四十年』(中央公論社、1995 年)、土井全二郎『ソ満国境 1945』(光人社、2007 年) などが挙げられる。

11) 1909 年生、広島県御調郡久井町に出生、南大門小学校から京城中・京城帝国大学予科文科 B 組を経て同法文学部文学科（英語英文学専攻）を卒業する。卒業後は京城帝国大学法文学部助手から同副手を経て京城法学専門学校講師嘱託となり、同助教授を経て同教授となる。戦後は日本人世話会勤務のかたわら軍政庁の通訳を務め、引揚後は京都府警察本部刑事課通訳を経て彦根経済専門学校教授に就任。その後、滋賀大学経済学部助教授から同学芸学部助教授を経て同教授となり同経済学部教授に配置換えとなる。戦前期の著作に『エドガー・アラン・ポオ譯詩集』（東京、興文社、1936 年）・『詩集神州の鍾』（京城、人文社、1944 年）がある。また「杉本長夫年譜と著作目録」（『彦根論叢』滋賀大学経済学会）139・140 合号〔人文科学特集 25〕1970 年）がある。1973 年没。
12) 1906 年生、咸興南道元山にて出生、咸興小学校から京都府立第二中学校・京城帝国大学予科文科 B 組を経て同法文学部文学科（英語英文学専攻）を卒業。卒業後は京城帝国大学法文学部助手を経て京城第一高等女学校教諭となり、のち国民総力朝鮮連盟専務参事（文化課長）に就任する。戦後は日本人世話会通訳・軍政庁連絡員を務め、引揚後は京都府教育委員会事務局勤務を経て西京大学〈のち京都府立大学〉文家政学部助教授に就任し、社会福祉学を講じる。のち同教授を経て定年後に四国学院大学文学部教授に転任する。自伝的回想として『落穂拾いの人生』（私家版、1992 年）がある。1999 年没。
13) この点に関しては、永島広紀『戦時期朝鮮における「新体制」と京城帝国大学』（ゆまに書房、2011 年）を参照されたい。
14) 出張所長は下関案内所長から横滑りで異動する竹内俊平（元朝鮮総督府学務局錬成課長）であった。
15) 「朝鮮に於ける大亜細亜主義運動」（『大亜細亜主義』2 巻 11 号、1934 年）・「朝鮮大亜細亜協会創立経緯」（『大亜細亜主義』2 巻 12 号、1934 年）等の記事による。
16) 日中事変勃発後、乱立する「興亜」団体の統制をはかるべく、まず 1941 年に翼賛会内の政策局に東亜部（のち東亜局に昇格、1942 年 3 月に「興亜局」に名称変更）を置き、また興亜院の主導により「興亜団体連合会」の結成が急がれ、これが「大日本興亜同盟」（1942 年 5 月発足）に発展する。しかし、戦局の悪化に伴い、実効性のある組織化は困難を極め、1943 年 5 月に翼賛会はついに興亜局を廃止して「興亜総本部」を新たに設置して興亜同盟を解消せしめた。さらに東条内閣の総辞職・小磯内閣の成立を受けて機構改革が行われ、その際に金子定一は「大陸局長」に就任している（『翼賛国民運動史』翼賛運動史刊行会、1954 年、946 頁）。
17) 金子定一の経歴に関しては、『満洲紳士録』〔第三版〕（満蒙資料協会、1940.12）・『翼賛議員銘鑑』（議会新聞社、1943 年、112 頁）・『大東亜建設代議士政見大観』（都市情報社、1943 年）・金子定一記「在鮮終戦日記抄」（『金子定一集第一』金子定一全集刊行会、

1958年)・金子定一述「甲子革命政変記」(『金子定一集第二』盛岡、金子定一全集刊行会、1959年)・衆議院参議院編『議会制度七十年史衆議院議員名鑑』(1962年)・『陸海軍将官人事総覧陸軍篇』(芙蓉書房、1981年) などを参照した。

18) 金子定一氏談「眼前の事象に動揺してはならぬ」(『京城日本人世話会々報』52、1945年10月3日付)。

19) 前掲「在鮮終戦日記抄」にその時の行程が記録されている。またこの時には元国民総力朝鮮連盟事務局書記(宣伝部編輯課勤務)の三吉保らのほか、夏山茂(朝鮮名：曺秉相、元中枢院参議・京畿道会議員・京城府会議員)ら「親日派」も同行したとされる。

20) 1896年生、長崎県出身。第五高等学校(第三部医科)・京都帝国大学医学部卒。京城医学専門学校を経て1926年に京城帝大医学部に助教授として着任し、1929年から教授を務めた。戦後は広島県立医科大学・新潟大学・三重県立医科大学で教鞭をとる。なお、緒方龍とは京大で同期であった。1971年没。

21) 1915年生、長崎県出身。京城中学校から京城帝国大学予科を経て医学部を1941年に卒業する。卒業後は助手勤務を経て敗戦時には医学部講師。MRUでの活動を経て、引揚後は1948年から広島に新設されるABCC(原爆災害調査委員会)に勤務するとともに旧制広島県立医学専門学校／広島県立医科大学の講師(1949年7月に教授昇任)を兼ね、その後は国立移管後の広島大学医学部に勤務した。敗戦前後の日誌を『痩骨先生紙屑帖』(金剛社、1961年)に収録している。

22) 追悼文集である『須江杢次郎さんを偲ぶ』(私家版、1958年)を元に記述した。

23) この間の細かな発令状況に関しては、泉靖一の「履歴書」(タイプ版、「京城帝国大学」専用罫紙使用、京城帝国大学総長山家信次の公印有、福岡市総合図書館所蔵の「博多港引揚資料(波多江興輔資料)」371)に依った。

24) この時の調査に関しては、緑旗連盟の『興亜文化』誌(1944年4月号)に「西ニューギニア原住民の經濟生活」と題する文章を掲載したほか、鈴木誠との共著として『西ニューギニアの民族』(日本評論社、1944年)が出版された。

25) この経緯に関しては自身の回顧である『遥かな山やま』(新潮社、1971年)に詳しい。

26) なお、医学部は旧大韓帝国期の大韓医院(併合後は朝鮮総督府医院)の設備とスタッフを引き継いで発足している。この点に関しては通堂あゆみ「【解説】京城帝国大学時代の回顧」(「未公開資料朝鮮総督府関係者録音記録(13)」『東洋文化研究』14、2012年)に詳しい。

27) 詳細な変遷については、馬越徹『韓国近代大学の成立と展開』(名古屋大学出版会、1995年)を参照されたい。

28) これらの会報に関しては、今村勲の旧蔵物が平和祈念事業特別基金に寄贈され、同

基金より発行された『資料所在調査結果報告書（別冊）』（1999年）に収録（2-123号、および移動会報。第1号のみ今村による筆写物）される形で大部分が影印復刻されている。また福岡市保健福祉局が収集し、福岡市総合図書館が所蔵する「博多港引揚資料」（1030-1〜1030-23）にも第1号から第123号まで全号が残っており、しかも『資料所在調査結果報告書（別冊）』からは漏れている「急告」（1946年2月初か?）と第123号の号外が含まれている。

29) 森田『朝鮮終戦の記録』1011頁。なお、福岡市総合図書館には「自三月十日至三月十六日」・「自三月十七日至三月廿三日」・「自三月廿四日至三月卅一日」分の3週分が所蔵されている。

30) 『資料所在調査結果報告書（Ⅰ）』（平和祈念事業特別基金、1993年）、同書195頁。なお、今村には『京城六カ月私の敗戦日記』（私家版、1981年）と題された当時の日記翻刻を収録した回想録がある。

31) これらの点に関しても前掲永島広紀『戦時期朝鮮における「新体制」と京城帝国大学』を参照されたい。

32) 以上の略歴は『年報朝鮮學』3（1993年）所載の「森田芳夫先生略年譜」に依拠した。

33) 森田芳夫による戦前期の文章については、永島広紀「森田芳夫先生著作目録・追補」『年報朝鮮學』6号（1997年）、79-87頁、を参照されたい。なお、その後の調査により、『王道文化』に掲載された以下の文章が確認されている。「『王道文化』のために……京城短信……」（1巻5号：1938年）、「新しき朝鮮の地位」（1巻6号：1938年）、「朝鮮思想・諸相」（2巻5号：1939年）、「日本・朝鮮」（3巻1号：1940年）、「K君への手紙」（3巻7号：1940年）、「半島にゑがく歴史の心」（4巻6号：1941年）、「世界統一の天業」（4巻12号：1941年）。

34) 森田芳夫「明日に生きる石原先生」『石原莞爾研究』（1号、1950年、精華会中央事務所）62頁。

35) 森田芳夫「日本人の朝鮮引揚―京城日本人世話会の動きを中心に」『真日本』（1巻3号、1946年）。

第5章　朝鮮半島からの引揚と「日本人世話会」の救護活動　157

関係年表

	（一般状況）	（城大、日本人世話会関係）
1945年		
2月6日	第17方面軍・朝鮮軍管区新設	
6月	国民義勇兵制に伴い国民総力朝鮮連盟が解散	
6月		京城帝大に大陸資源科学研究所を付置
8月8日	ソ連軍、羅津を空爆	
9日	ソ連軍の咸鏡道侵攻	
8月15日	早朝、遠藤政務総監・西廣警務局長と呂運亨の会談　終戦の詔勅　李鍝公の陸軍葬執行　朝鮮建国準備委員会が発足　曺晩植、平安南道治安維持委員会を組織	
16日		京城大学自治委員会結成
18日		京城内地人（日本人）世話会発足
20日	日ソ軍停戦	
23日	ソ連軍、開城に進駐	
24日	ソ連軍、平壌に先遣隊を送る	
27日	朝鮮総督府に終戦事務処理本部を設置、同本部保護部長に元農商局長が就任	朝鮮府戦災課を右保護部「京城案内所」に改編
28日		京城日本人学徒団結成
9月6日	米軍先遣隊が金浦飛行場に飛来	
8日	米軍、仁川に上陸	
9日	朝鮮総督府庁舎にて降伏文書調印	
13日	米軍、開城に進駐	
20日	米軍政庁が発足	軍政庁、保護部の引揚計画を承認
24日		世話会、規約改正で組織を刷新
27日	米軍管理での軍人復員が始まる	
28日	済州島で降伏文書調印	世話会に法律相談部を置く
10月1日		京城罹災民救済病院開院
3日	米軍政長官、日本人の個人的引揚を禁止	
4日	一般民の輸送を一時停止	
10日	計画輸送列車の試運転	
11日		京城日本人世話会に「移動治療局」を設置
14日	平壌市民衆大会に金日成が登場	
16日		京城大学に名称変更（軍政庁法令15号）　終戦処理本部保護部京城案内所を世話会に吸収
17日		穂積世話会長らホッジ中将と会見
23日	京仁地区の邦人計画輸送開始	穂積会長ら鍾路署に拘留、取調を受ける
11月1日		世話会、第3次の機構改編
3日	朝鮮民主党結成	
19日	北朝鮮行政局設置	
12月8日		世話会、貨物輸送部（のち荷物課）を新設
11日		京城ホテル内に「孤児収容所」を設置
27日		世話会、人事刷新
12月末	軍人の復員がほぼ終了	
1946年		
1月16日	米ソ共同委員会予備会談（～2月6日、於：軍政庁）	
2月8・9日	北朝鮮臨時人民委員会発足	
		「国立ソウル大学校設立法」公布
3月19日		穂積会長、西大門刑務所に収監
28日		穂積会長に有罪判決（執行猶予）
末		穂積辞任、新世話会長に古市進
12月27日		京城日本人世話会、撤収
1948年		
7月10日		釜山日本人世話会撤収
8月15日	大韓民国政府樹立	
9月9日	朝鮮民主主義人民共和国政府樹立	

[資料] 戦時末期における京城府内の主要行政機構・官員と主な人事異動（未定稿）

1942年7月1日現在	1943年12月1日付機構改革後→至1945年8月
京城府尹（2）古市 進　　理事　濱田虎熊（43/02/15）	→ 生田清三郎（45/05/02）→ 辻 桂五（45/06/16）
庶務課長　主事　松尾平次	府尹官房
総務部長　府事務官　千田専平	庶務課長　松尾平次
学務課長　府事務官（6）菅野 寛	調査室主幹　濱田虎熊
内務課長　府理理官（7）田中俊嗣 → 笠井一男（43/06/10）	会計課長　千葉祇彦
社会課長　府理理官（7待）市木孝嗣	総務部長　千田専平（3）馬場政義（44/08/17）
戸籍課長　府顧　伊原相磯 → 蘇宜奎（42/10/01）	学務課長　菅野 寛 → 江藤良人（?）（45/01/25）
国民総力課長　主事　稲垣辰男（兼）→ 稲垣辰男（42/10/01）	内務課長　笠井一男
中央卸売市場長　主事　藤崎 定	経済課長　西脇禎治
監査課長　主事　金子周成 →（42/10 廃止）	税務課長　松田金一郎
済稲課長　主事　湯山清一	饋収課長　岩下 斌
衛生課長　技師　渡部主税	産業課長　武良竹市（44/01/04）
勧業課長　主事　楢木楠見	防衛兵務課長　藤原伊三
産業課長　主事　江頭又次郎（42/10/01 改称）	戸籍課長　蘇宜奎（?）
調査室　主幹　濱田虎熊（43/02/15）[42/10 新設]	中央卸売市場長　藤崎 定（?）
経済課長　主事　稲垣辰男（42/10/01 新設）	民生部長　金平安喚
防衛兵務課長　主事　藤原伊三（42/10/01 新設）	労務課長　保 尚義
	社会課長　安部誠一
財務部長　府事務官（4）星村宇	衛生課長　渡部誠一
税務課長　主事　松田金一郎	済稲課長　阿部鹿之助
饋収課長　主事　羽磨瀬三郎 → 金古県成（42/10/01）	
会計課長　主事　藤岡藤平	工営部長（改称）渡邊敏郎（45/05/22）
	伴 格夫　　　　　　　　　　　　　　→ 中野休文（45/08/03）
工営部長　府技師（3）伴 格夫	防衛部長　藤宣奎（?）
水道課長　主事　江頭又次郎 →　技師　眞田重雄（42/10/01）	水道課長　眞田重雄
土木課長　技師　伊藤文雄	土木課長　矢野眞郷
都市計画課長　技師　矢野眞郷	都市計画課長　伊藤文雄
営繕課長　技師　土屋 積	営繕課長　土屋 積
	[新設]　　　災害救災課長　渡部主税
	中区長　　　府理事官（兼）笠井一男（43/06/10）
	鎮路区長　　府理事官（5）黒木儀壽生（43/06/10）
	東大門区長　府理事官（兼）菅野 寛（43/06/10）
	城東区長　　府理事官（6）市木孝嗣（43/06/10）
	西大門区長　府理事官（4）三和 卒（43/06/10）
	龍山区長　　府理事官（3）福島二一（43/06/10）
	永登浦区長　府理事官（6）稲澤重臣（43/06/10）

| 図書館長　司吏　山本吉久 |
| 京城運動場主任　書記　山口政治 |
| 府民館長　主事　佐藤啓器 |
| 府民病院長　医師嘱託　野坂三枝／龍山分院長　森山嘉太 |
| 隣保館長　主事（西部）文宅振一、（龍江）松田隆義、（敵東）金田健作、（永登浦）松原啓禅 |

第 5 章　朝鮮半島からの引揚と「日本人世話会」の救護活動

京畿道警察官吏紹介所長	府事務官 (6) 保 尚義						
昌徳宮警察署長	道警視 (6) 小池鶴一	→	(7) 田川勝喜代 (42/07/15)	→	菅波久道 (44/11/13)		
京城本町警察署長	道警視 (5) 正岡高一	→			星出壽雄 (43/09/30)	→	寺坂正男 (45/03/31)
京城鍾路警察署長	道警視 (5) 石川宗四郎	→	(5) 佐脇吾作 (42/07/18)	→	伊坂和夫 (43/09/30)	→	稲田定雄 (45/03/31)
京城東大門警察署長	道警視 (5) 稲田壽生	→	(6) 泉川秀雄 (43/03/30)	→	牛島純一 (43/12/17)	→	泉川秀雄
京城西大門警察署長	道警視 (6) 谷重榮作	→	(6) 樋口育久 (42/12/24)	→	稲田定雄 (44/02/29)	→	狩野謙重 (45/03/31)
京城東大門警察署長	道警視 (5) 佐々木清一	→			稲田定雄 (42/12/24)	→	孫田宗明 (44/11/13)
京城龍山警察署長	道警視 (5) 川島卯之助	→	(6) 谷重榮作 (42/12/24)	→	脇口 惠 (43/09/30)	→	三瓶武光 (45/06/16)
京城永登浦警察署長	道警視 (7) 松下三代吉	→	(7) 瀧口寛二 (43/03/30)				
京城麻浦警察署長	道警視				細川市衛 (44/07/15)	【新設】	
京城城北警察署長	道警視				加藤康男 (44/07/15)	【新設】	
京城消防署長	道警視 (7) 野口謙吉	→			渡邊虎次 (44/02/29)		
京城中学校 学校長 (3) 江頭六郎					高方將雄 (44/04/07)		
龍山中学校 学校長 (3) 河野宗一					臼井和市郎 (44/03/31)		
京畿中学校 学校長 (3) 岩村俊雄					鳥田牛椎 (44/03/31)		
疑福中学校 学校長 (3) 堀内 朋					夏山佐治 (44/04/07)		
京城旭丘中学校 学校長 (3) 森田安次郎							
京城第一高等女学校 学校長 (3) 坂田政次郎					石川頼彦 (44/04/07)		
京城第二高等女学校 学校長 (3) 梶原梅次郎					永澤義愈 (44/04/07)		
京城第三高等女学校 学校長 (4) 武田資機					野口德三郎 (44/04/07)		
京城鶴高等女学校 学校長 (4) 琴川 寛					大丸勝良 (44/04/07)		
京城商業学校 学校長 (4) 長谷山利市					(3) 高山民蔵 (44/03/31)		
京城農業学校 学校長 (4) 村瀬示路	→				飯島一三 (45/03/31)		
京城工業学校 学校長 (3) 野村 稔	→				市村秀志 (43/03/31)		
京城東工業学校 学校長 (3) 上山道造							
京城東工業学校 学校長 (3・勤待) 大村金治					【新設】 蜂谷定夫 (44/04/18)		
京城商業学校 学校長 (3) 板谷邦介					中光彌平 (43/03/31)	→	蜂谷定夫 (44/03/31)
京城德商業学校 学校長 (6) 池谷転司							
京城女子実業学校 学校長 (4) 宮原貢太					【新設】 宮原貢太 (44/04/18)		
京城女子商業学校 学校長 (兼)					【廃止】 (44/03/31)		
京畿工業学校 学校長 (6)					【新設】 大澤武彌		

凡例：『朝鮮總督府官報』、および「昭和十七年七月一日現在職員録（京畿道）」252（1942 年 11 月）・253（1942 年 12 月）・257（1943 年 4 月）・260（1943 年 7 月）・265（1944 年 1 月）内の「アラビア数字は高等官等、侍」は高等官侍遇、「新侍」は朝任官侍遇、名前横の（　）内数字は発令日をそれぞれ示す。（？）はいまだ最終的な確認がとれていないことを示す。

国民学校　学校長　訓導（田山）直人、（江畿）良人、（南山）浩、（麗井）清、（欅路）一郎、（鐘路）：牧野茂方、（東大門）：別府房司、（三坂）：田中彌市、（龍山）：宮崎重信、（元町）：平田庶大、（芋島）：安倍　清、（漢堂堂代大）：齋藤　正、（青葉）：岩島彌太郎、（本梶太郎、（男耳）：中村多門、（昌慶）：山本義雄、（曙澤豐盛）：（校洞）：小野立治、（町田）田治之助、（齋賀仁徳）：堂里直徳、（村上邦爾）、（吉村）清、（菅松）清運、（山口秀雄）、（蓬萊）：達坂慶蔵、（釜漏）：寺田静正、（見原）正治、（頭鶴）：高松超造、（頭屋）：阿野左三、（龍江）、（順町）：大野勝大、（龍運興三松）、（鐘面松）、（阿媛）：小山鴨雄、（督雲）：土居菊丸、（咀暗）：海野野田九八、（西江）：中村唯正、（要型）：鹽津保一郎、（溢川）：繁山一秀、（北阿曜）：宮本榛行、（文新）：塚崎清明、（鞍山）：池田勇雄、（愚爵）：新川司雄、（西村）竹市、（漕運）、野田九八、（西江）：中村唯正、（婁型）：鹽津保一郎、（溢川）：繁山一秀、（北阿曜）：宮本榛行、（文新）：塚崎清明、（鞍山）：池田勇雄、（愚爵）：新川司雄、（西村）竹市、（漕運）、（？）はいまだ最終的な確認がとれていないことを示す。

第6章 ラバウルからの日本軍の復員過程

増田　弘

はじめに

　本章の目的は、ニューギニア北東部の対岸に位置するニューブリテン島のラバウルを拠点とする第8方面軍（軍司令官今村均大将）に焦点を当て、終戦から復員[1]に至る2年余を時系列に1)「終戦の過程」、2)「連合国軍（オーストラリア軍）への降伏過程」、3)「日本軍の解体と抑留過程」、4)「帰還準備と復員過程」の4段階に区分し、個々の状況と実態を解明することにある。
　そもそも今村が「蘭印」（オランダ領東インド、現インドネシア）を統轄する第16軍司令官から西太平洋南東部領域を統轄する第8方面軍司令官に転任した1942年11月の時点では、ラバウルから約1千キロ東南に位置するソロモン諸島の一大拠点のガダルカナル島は米軍来襲によって壊滅的な打撃を被っており、現地の第17軍（軍司令官百武晴吉中将）は補給を断たれて飢餓状態に陥っていた。すでに制海権と制空権を失っていた日本軍は、結局翌1943年2月、ガダルカナル島からの撤収を完了したが、同島に上陸した総計3万1千余名の将兵のうち、ブーゲンビル島へと生還できたのはわずか1万600名（全体の34％）にすぎず、しかも死者2万名のうち戦闘による戦死者は5千名であり、四分の三に当る約1万5千名は栄養失調やマラリアによる病没者が占めていた。"餓島"といわれる所以である[2]。
　このような悲惨な状況を目撃した第8方面軍は、以後、今村を先頭にして「現地自活計画」に邁進した。そして連合国軍主力、いわゆるマッカーサー軍がこのラバウル地区との戦闘を避けて北上した結果、同方面軍は本国から遠く孤立しながらも、他の部隊と比較すれば、かなり平穏に1945年8月15日の終戦を迎えることとなった。もちろん終戦の報に接したのち、今村隷下

の全部隊は、海軍部隊（南東方面艦隊司令長官草鹿任一中将）約3万名とともに、「降伏調印、武装解除、武器・軍需品等の引き渡し、将兵の生活保護と労役、俘虜の処遇、戦犯・抑留者と戦争裁判、本土帰還・復員」といった諸々の難問に対処することを余儀なくされた。

さて、現地に進駐してきたオーストラリア軍（以下「豪軍」とする）第11師団は、数的劣勢もあったためか、10万を超える日本軍に対しては階級制度を残して将校を優遇する一方、一般兵士に対しては過酷な取り扱いをする事例が多く生じ、炎天下で強制労働に従事する日本兵へさまざまな嫌がらせをするなど、戦時中の怨念や敵対感情を露わにする者が少なくなかった。また日本側を震撼させた戦犯裁判でも、他の地域の事例に劣らず、公平性を欠いた粗雑で陰湿な裁定事例も多かった。そのため、最高責任者の今村自身が豪軍への抗議の意味から自ら戦犯容疑者の収容所（キャンプ）に入って自殺を図るなど、緊迫する場面もあった。このように降伏後の日本軍将兵の抑留生活は悲惨なものとなったのである。

それでも最後尾に連なると予想していた本土への復員は、アメリカ側の配船が順調に進展したこともあり、意外にも終戦年の12月にニューギニアの第18軍から予告もなく開始され、次いでブーゲンビル島周辺の第17軍へと続き、ほぼ半年を経た1946年6月にはラバウル方面の全部隊の復員を完了するに至る。

さて本稿は、防衛研究所図書館が所蔵する第8方面軍関連資料[3]、外務省外交史料館が所蔵する日本政府・外務省および終戦連絡中央事務局（Central Liaison Office: CLO）資料[4]、将兵一般の体験談を広く収録した独立行政法人平和祈念事業特別基金編『平和の礎』[5]のほか、オーストラリア戦争記念館（Australian War Memorial: AWM）研究センター（Research Center）で収集した資料や文献[6]に依拠して、上記の経緯に関する歴史的検証と考察を行う。終戦以降、内地では順調に実施された日本軍の復員と比較して、いわゆる外地における日本軍[7]の復員問題は、シベリアなど旧ソ連地域での抑留と復員過程も含めて究明途上にあり、戦後期の重大な歴史的空白となっている。その意味でこの事例研究が復員研究を補足するための一助となれば幸いである。

I　終戦の過程

1　終戦以前の状況

　今村を最高指揮官とする第8方面軍は、1944年春以降、米軍がニューブリテン島北方の拠点であるラバウルを素通りして北進したため、太平洋のはるか南東地域で敵中に孤立していたものの、「士気きわめて旺盛」であった。方面軍の終戦時の態勢は、ラバウル地区に方面軍司令部・第17師団・第38師団・第65旅団・独立混成第39旅団・戦車第8連隊・その他の兵站諸部隊など約5万7,400名、ニューブリテン島の東部に隣接するブーゲンビル島には、ガダルカナル島から撤収してきた第17軍司令部・第6師団・独立混成第38旅団など約1万4,400名、またラバウルの北方に隣接するニューアイルランド島のナマタナイには独立混成第40旅団ほか約7,750名、合計約8万名弱が配備されていた。終戦直前までの方面軍の戦死・戦傷死者数は5万5千名、戦病死者数が1万6千名、計7万1千名に達し、別に約3万名の推定死亡者があった。つまり、方面軍はほぼ半減していたことになる。しかも終戦時の時点で、マラリアなど病患者数はラバウル地区で総員の17.3%にも及んでいた[8]。

　それでも方面軍は孤立以来、自活自給のために全力で食糧生産に取り組んだ結果、ラバウル地区では約6万5千名の約100日分（ただし戦時定量）を保有するほどの成果を上げた。自給率は1944年末で60%、終戦時で約80%と推定された。また兵器も小銃4万5千丁、軽砲600門、重砲80門、戦車100輌などのほか、ガソリン等の燃料も十分保有されていた。ただしブーゲンビル島では保有する糧食は皆無の状態であった[9]。

　さて8月13日頃、南東方面艦隊司令長官の草鹿が今村を訪問し、「最悪の事態（敗戦を意味すると想定できる―注は増田、以下同じ）に対処すべき方策を講ずるべきでないか」との意見を述べたが、今村は「斯くの如きことは一切無視し現任務の遂行に邁進すべき」ことを主張した。翌14日、同盟通信が「一五日正午天皇陛下の重大放送あるにつき洩れなくラジオを拝聴するよう」に伝えてきたため、司令部中枢は事態の重大さを秘かに深憂し、将兵の動きを警戒しながら、15日を迎えた[10]。

2 玉音放送

　同日正午、今村は幕僚らとともにラジオの前に着席して玉音放送を拝聴した。しかし高性能の受信機がなかったために音声が不明瞭で聴取に堪えなかった。同盟通信より正確な終戦の詔勅を入手したのはのちのことであった。すでに内容を察知していた今村は同日ただちに「承詔必謹（天皇の終戦命令に忠実に従うこと）」の根本方針を決定した。翌16日には大本営から「戦闘行動停止に関する命令」を受領したことで、この命令に応ずる処置を取った。そして隷下の諸部隊に対し、終戦における陸海軍人への勅語を伝達すると同時に、中央部からの命令に基いて「戦闘任務の解除」を命じた。方面軍司令部はブーゲンビル島の第17軍にもこれらを伝達し、ラバウル周辺地区の兵団長および部隊長を「図南嶺司令部（ラバウル市街より東南約10キロ地点のトトポに所在）」に招致して、終戦の詔勅と方面軍命令を下達した[11]。

　集合した諸部隊幹部の大半は、「対ソ宣戦の詔勅」に違いないと信じていたため、「終戦の詔勅」に接すると動転する者が少なくなく、「只々茫然として只男泣のむせび声のみ」と化した。さらに大本営から停戦命令が届き、「一同悉く茫然自失たるのみ」という状態になった。結局多くの将兵は、「大元帥陛下の御命令を拝したる上は承詔必謹こそ国体を護持し至尊を安んじ奉るの途」であると自省して、ひとまずは「全軍萬斛の血涙を呑んで何等の動揺不祥の挙に出ずるものなく茲に矛を収め」ることとなったのである[12]。

　昭和天皇による終戦の報に接して、当然ながら外地に在った諸部隊の動揺は激しく、自決者を出すなど司令部中枢側が対応に苦慮した場面が多々あった。そのような中で、結果として第8方面軍は、連合軍への降伏宣言に抵抗することなく、順当に受諾する方向へと収斂したことは奇跡ともいえるであろう。前記のとおり、ラバウル周辺は孤立していたために部隊全体の抗戦意欲が旺盛であり、日本の前途には依然として楽観的空気が支配的でもあって、一部を除けば日本が降伏するとの予想は絶無に等しかったのである。

3 今村司令官の決断

　にもかかわらず、第8方面軍を平穏な結末へと導いた最大要因は、今村の沈着冷静な態度であった。今村はいつの時点であったかは判明し難いものの、

玉音放送の主旨を十分に認識しており、天皇のポツダム宣言受諾から間髪入れずに「承詔必謹」の根本方針を掲げ、一糸乱れぬ態勢の維持に腐心した。同時に、戦争継続を主張する一部の部隊を慰撫して終戦を受け入れるよう意を尽すなど、日頃の部下との信頼関係を基軸として上下団結したことはリーダーシップの本質を示したといえよう。もちろん今村が「徒らに御宸襟(天皇の御心)を悩ませ申し上げてはならない」と繰り返し厳命するなど、天皇の絶大な威信を最大限に利用したことは事実であるが、毅然とした司令官のトップダウンによる決着方法が取られたことが顕著な特色であった。

なおこれは第8方面軍だけではなく、台湾の第10方面軍の安藤利吉軍司令官、フィリピンの第14方面軍の山下奉文軍司令官、中国華中方面における第6方面軍の岡部直三郎軍司令官などの場合でも同様のパターンが見られることは特筆すべきであろう[13]。

なお30日、大本営はニューギニアの第18軍(軍司令官安達二十三中将)を南方軍の戦闘序列から外し、再びこの第8方面軍へ戻すことを命じた。当時の第18軍は敗走を続けており、孤立状態にあった。そこで第8方面軍はこの決定に快く応じ、以前と変わらず第18軍への支援を惜しまなかった[14]。

II 連合国軍(豪軍)への降伏過程

1 オーストラリア軍への降伏

日本の降伏前後より、オーストラリア側は連合国軍最高司令官(Supreme Commander for the Allied Powers: SCAP)となるダグラス・マッカーサー(Douglas MacArthur)米陸軍元帥からの指示に基づき、イギリス政府との間で対日占領の役割分担について協議すると同時に、日本軍の降伏を処理する際の地域分担についても意見交換を重ねた。豪軍最高司令官トーマス・ブレイミー(Sir Thomas Blamey)陸軍大将と英軍側代表で東南アジア連合軍最高司令官(the Supreme Allied Commander South East Asia: SACSEA)のルイス・マウントバッテン(the Lord Louis Mountbatten)海軍大将との交渉の結果、豪軍が管轄する地域はロンボク島およびボルネオを除く東部蘭印、ニューギニア、ニューブリテン島、ニューアイルランド島、ナウル諸島、オーシャン諸島、ブーゲン

ビル島とその周辺諸島と決定した15)。したがって、ニューブリテン島、ニューアイルランド島、ブーゲンビル島のほか、ニューギニアも統轄する第8方面軍は、豪軍に対して降伏を行い、その上で豪軍の進駐を受け入れることとなったのである。

　まもなくラバウルの第8方面軍司令部は、終戦処理に関して「豪軍の管理下に入るべし」との大本営からの命令に接した。そこでニューギニア東北部のラエに所在する豪軍司令部との無線連絡に努めたが、困難を極めた。他方、豪軍の第1軍司令部も再三ラバウルの日本軍との交信を試みたが難渋し、ようやく8月22日に至って双方の連絡がつながった。日本側の陸海軍両司令官は豪陸軍の第1軍司令官ヴァーノン・スターディ（Vernon Sturdee）中将に対して、「目下ニューブリテン、ブーゲンビル両島の駐屯軍が敵対行為の停止命令を遂行中ではあるが、いまだブーゲンビル軍に対する命令が徹底されていない」旨を伝達した。同時に日本軍の両司令官は、「東京からの停戦交渉命令が届くまでは交渉を行うことはできない」ことも付言した。そこでスターディは、豪軍側にとって必要不可欠な日本軍に関する情報を伝令することの承諾を求めた。日本側はその承諾を躊躇したものの、今後も豪軍側との無線の交信を続けることを約束した16)。

　同じ8月22日、英太平洋艦隊が航空母艦のグローリー号（Glory）をニューブリテン島へ派遣できることをスターディに伝えてきた。そこでスターディはこのグローリー号をラバウル沖に停泊させ、9月6日に同艦上で降伏調印式を挙行する旨を決定した。その日時の決定は、オーストラリア政府がマッカーサーより、9月2日に実施される東京湾上での日本政府・軍との降伏調印式よりも以前に各戦闘地域で降伏調印式を実施しないよう命令を受けていたからであった。またスターディは今村をラバウル所在の日本陸海軍と民間人（約2万名）の代表責任者かつ最高指揮官に指定し、今村を直接交渉相手とする旨の指令電報を寄せた。その上で、9月6日の午前9時に12名を超えない軍関係者を同伴させて同艦に到着すること、その際に日本軍に関する情報（配置、兵力、傷病者、連合国側捕虜、現地雇用者、兵器等々）を用意することを指示した。さらにスターディは、9月4日、部下の参謀をラバウル港外に派遣し、日本側の軍使と艦上で接触させ、6日の調印式について協議を

行わせた。その際、豪軍側は今村に伝達済みの降伏式に関する指令書を手渡し、式当日に日本軍が携行すべきとされた諸種の記録に対して詳細な指示を与えた[17]。

2　降伏調印式

　降伏調印式は、予定通り、9月6日午前10時40分より、セントジョージ水道に仮泊したグローリー号上で挙行された。同艦の周囲には、英艦2隻、豪艦5隻が配置されるなど物々しい警護を固めていた。連合国軍がいかに日本軍側の抵抗ないし奇襲を恐れていたかを物語っている。今村司令官ほか加藤鑰平参謀長、高橋鶴夫・大田庄次両参謀、また草鹿海軍長官および海軍側幕僚もグローリー号に到着し、飛行甲板上に整列した。そこには2千名もの人員を擁していたという。すでにスターディは正面中央に位置し、その周辺に陸海空軍の代表がコの字に立ち並んで日本軍代表を迎えた。相互に挙手の礼を交わしたのち、直ちにスターディは降伏文書を朗読した。英語を日本語へと通訳した際、武装解除の条項で誤訳を生じる場面もあったが、それ以外に問題はなく進行した。ところが最後の調印時点で日本側に一悶着が生じた。今村ただ1人の署名に対して草鹿が異論を唱え、海軍を代表して自分も署名することを強く主張したのである。結局今村、草鹿が順次署名し、最後にスターディが署名して降伏式は終了した[18]。

　なお日本側はその際、補給が途絶えて苦悩していたニューギニア東北部の第18軍に対する衣糧等を補給したいこと、同軍部隊を「自活」のためにラバウル付近へ移動させたいことを豪軍側に申し入れた。豪軍側は当初これに否定的であったが、9月29日に許可する旨を伝えてきた[19]。

　他面、日本軍の武装解除のために進駐を予定していた豪軍側は、日本側から得られた情報によって日本軍の兵力が予想以上に膨大であるとの事実を知り、驚愕すると同時に不安感を募らせた。豪軍側は8月の時点で、日本陸軍を5万、海軍を5千、合計5万5千名と見積もっていた。ところが実際にはニューブリテン島に5万7千名（4千余の民間人を含む）、ニューアイルランド島に1万2千名も存在していた。海軍も3万名を擁していた。加えて28名の抑留されていたヨーロッパ人捕虜と5,600名弱のインド人捕虜、そのほ

か中国人、マレー人、インドネシア人など 2,500 余名がおり、併せて 10 万を優に超える人員が存在していた。この意外な多さに占領を行う豪軍側は戸惑ったのである[20]。

3 オーストラリア軍の上陸

まず豪海軍士官 2 名が日本軍拠点のラバウルに上陸し、直ちに 28 名のヨーロッパ人捕虜を解放すると同時に、現地調査を行い、意外にも日本軍人の栄養状態がよいこと、米・野菜等の備蓄が豊富であること、150 マイル（約 240 km）以上もの長いトンネルが構築されていることを発見した。次いで 9 月 10 日、豪陸軍の第 4 旅団がラバウルに上陸し、直ちに進駐を開始した。3 日後にはケン・イーサー（Ken Eather）陸軍少将を長とする第 11 師団司令部、15 日には第 13 旅団も到着した。17 日、イーサーは今村を召喚し、日本軍将兵を 1 万人ずつ収容する合計 13 個の捕虜収容所を建設するよう命じた。さらに土地を開墾し、食料を自給するよう命じた。また豪軍は 18 日にニューアイルランド島に上陸し、武器・弾薬の破棄を海軍将校に命じるとともに、1 万 2 千名の日本軍をラバウルへ移動させるよう命じた。翌日、同島を管轄してきたカビエングの日本軍司令部は進駐軍によって占拠された。さらに豪軍はブーゲンビル島への進駐を行うが、やはり当初の 1 万 3 千の推定は誤りであり、実際は 2 万 3 千名であることを知らされた[21]。

ここにラバウル周辺における総計約 13 万名の日本陸海軍は武装解除されると同時に、収容所での抑留生活へと移行していくのである。

III 第 8 方面軍の解体と抑留過程

1 日本軍の武装解除

日本軍の降伏後に進駐した豪軍は、直ちに日本軍の武装解除を開始した。1945 年 9 月 6 日の降伏調印式の終了直後、今村と随行幕僚の軍刀が取り上げられたことが発端となり、豪軍の本格的進駐とともに日本軍の全面的な武装解除が始まった。

武装解除はまず個人の携帯兵器・軍刀・眼鏡等から始まり、次いで重砲以

下の各種火砲などの兵器類、そして弾薬へと及んだ。弾薬類は、各地の洞窟に格納しているものを日本軍の手で逐一運搬し、指定された場所で引き渡す方法であり、並大抵の仕事ではなかった。トラック類は以後の使用を考慮して、大部分のガソリンとともに一時日本軍が保管した。また戦車や牽引車類は一旦引き渡したのち、ジャングル地帯を開墾する作業のために返却された。臼砲やその他の秘密兵器は豪軍の進駐に先立って「処理済み」、つまり解体処分されていた。さらに終戦とともにラバウル地区の全体と第17軍に対して方面軍命令を発し、すべての軍旗を集めて焼却した。ただし「御紋章」は大切に保管して、復員時に返還できるように処置した。豪軍の進駐を迎えた際、あるいは武装解除作業隊がさまざまな重圧を豪軍側から受けた際も、「豪軍の指令は即ち陛下の御命令なり」との信条を固く守り、誠実にこれを履行した。このような日本側の水際立った潔い"城明け渡し"作業ぶりは豪側から称賛され、同年12月の終了時にはイーサー師団長自身が今村に感謝の念を示したほどであった[22]。

2　強制収容所生活の開始

続いて豪軍は日本軍を強制収容所（キャンプ）へ移動させる作業を開始した。2個旅団程度の小兵力にすぎない豪軍側は、膨大な日本軍将兵を帰還の日まで管理し、しかも「自活自存」させることの困難さを十分認識していたため、適宜キャンプ群を設定し、組織的な運営に配慮した。具体的には、陸海軍部隊将兵のため10カ所、将官（33名）のため1カ所、朝鮮人・台湾人のため1カ所、計12カ所のキャンプ（のち設置された戦犯容疑者専用キャンプを含めれば計13カ所となる）を設営し、周辺地区での農耕を許して自活自存させた。また各キャンプには先任大佐級の集団長を置き、その下に団長を配置させた。キャンプ建設は進捗し、9月下旬の着手から3カ月後の12月末には完成した。この時点で方面軍の組織は実質的に解体されて、すべてがキャンプ組織によって運営されるようになった。豪軍は大尉または少佐をキャンプ司令官とし、その下に1個小隊の兵力を集団キャンプの外に配備し、全体を管理した。とはいえ日本軍は適度の自治と自活を許され、内部では旧部隊そのままの「建制」を継持できたため、他の方面の日本軍と比較すれば、

かなり恵まれた条件の下でキャンプ生活を送ることができた[23]。

　数的に劣る豪軍側にとっては戦時体制を維持した方がより負担が軽く、有利な方法であったものの、日本軍の最下層に位置する兵士にとって厳しい規律の存続は苦痛の面もあった[24]。

　今村は、キャンプ生活の目的として次のような2点を掲げた。第1に、「将兵の大量帰国は、戦災で廃墟となった本土にとって大きな負担となる。したがってしばらくラバウルに留まることが本土の助けとなる」ということ、第2に、「日本の復興に寄与するためには、戦争で失った国際的信義を取り戻すとともに、科学技術の分野に関する知識と能力が不可欠であり、これらの勉学と修得とがラバウルに留まる目的である」ということであった。前者から新農耕地の開墾と自活自存の確立が、後者からは余暇を利用した教育課程への取り組みが必然とされた。ただし教育の目的はおおむね達成できたとはいえ、戦時中の自活自存体制を維持することは不可能であった。なぜなら全体の三分の一が病床に伏す状況にあり、三分の一が労務提供に奪われ、四分の一が宿営地の建設や周囲の整備に振り分けられて、残りのわずか五分の一弱程度が農作業に従事できたにすぎなかったからである[25]。

3　戦犯裁判

　しかも戦犯容疑者の問題が重圧となった。豪軍は日本軍の武装解除を急速に進めるとともに、戦犯容疑者の摘発に乗り出した。その大部分は言われなき「俘虜虐待」の罪名であった。実は中国やマレーで捕虜となった者の中で、宣誓・解放後に普通人として日本軍と雇用契約を結び、労務者として日本軍に使用されていた者が多数存在した。ラバウル地区やニューアイルランド島には、そのような外国籍の労働者が計8,319人存在した。彼らは大本営命令によって南方総軍で編成され、のちに第8方面軍に配属されたわけである。したがって、彼らは決して俘虜ではなかった。また彼らの給養・労働条件・管理条件は日本軍将兵と同様であり、総じて日本側に協力的であった[26]。

　ところが連合国軍は一方的に「俘虜虐待」の罪名をもって臨もうとした。彼ら労働者側も一部の扇動者に踊らされ、その内容を誇張し、日本の将兵を容疑者として指名した。それは豪軍の立会の下に、日本軍将兵が整列させら

れ、彼ら労働者に首実検させるとの方法であった。こうして「俘虜虐待」の罪名を被せられて、隊長や将兵の多数が次々と戦犯容疑者として特設キャンプ（日本側はこれを"光部隊"と呼称した）へ引き立てられることとなった。外敵に敗れたことなく、まして戦犯問題などの経験がない日本軍であるから、「天から降って来たような問題」であった。全軍将兵の間では不安と陰鬱と悲憤の空気が漂った。加えて日本軍の下士官兵や海軍施設部隊の朝鮮系要員などが、武装解除以降に反抗的となり、遂には暴徒化する事態に至った。今村は豪軍側に対し、戦犯容疑者となった日本軍将兵の資格身分の経緯など自ら説明し、折衝に努めたばかりでなく、豪軍を通じて東京のマッカーサー総司令部（GHQ）および大本営（のち第一復員省）にも要請したが、まったく反応がなかった（進駐後、日本軍の無線通信は禁止されていた）[27]。

当時、第6野戦憲兵隊に所属していた一兵士は次のように証言している。

「憲兵隊は犯罪部隊に指定され残留となった。連日使役にかり出される。光部隊からの呼び出しがあり戦争裁判が始まった。私も二回参考人として出頭した。復員してからも一回呼び出された。勝者が敗者を裁く裁判で、憲兵隊では松本次一憲兵准尉以下6名が死刑を宣せられ殉職した。菊池隊長以下16名は、3年、5年、10年、無期の刑を宣せられ、ラバウル（西方に位置する）マヌス島で服役した。」[28]

ついに今村は、1946年4月11日、自己の裁判を早急に行うことを求める要望書を豪軍側へ提出した。その中で、1）「現在戦争犯罪容疑者トシテ貴軍軍法会議ノ裁判ヲ受ケツツアル予ノ部下将兵ノ大部ハ……軍司令官タル予ノ意図ニ合スベシト判断シテ実行セルモノト確信ス、故ニ戦争犯罪ニ問ハルベキ最高ノ責任者ハ予ナリ」、2）「貴軍ガ速ニ予ヲ裁判スルコトハ……彼等ニ対スル判決ヲ一層適正ナラシメ得ベシト信ズ」、3）「目下当方面日本軍ノ復員ハ……四月中ニハ約其ノ半部ノ帰還ヲ見ルニ至ルベク予ガ第十二集団（今村が所属する収容キャンプ）ニ留マルコトハ必要少キニ至レリ。故ニ貴軍ガ速カナル時期ニ……予ニ対スル裁判ヲ行ハレンコトハ予ノ最モ希望スル所ナリ」と主張した[29]。

さらに今村は、強制収容された戦犯容疑者を慰撫するとともに、「光部隊に自ら入り、彼らと起居をともにして苦痛を分かち合いたい」と志願した。しかし豪軍側は日本全軍の復員など処理すべきことが多々あるとの理由で受け入れなかった。ようやくそれが認められたのは、復員の見通しが立った4月28日であった。そして今村は光部隊に入所した翌日、つまり4月29日の「天長節」に自決を試みたが、豪軍の迅速な手当で生命を取り止めた。その際、豪軍カニンガム中佐は、「今後は再びこのようなことをしてくれるな、自重されて日本の再建に努力されたい、御心中は重々お察しするが閣下のような立派な方は日本再建にはなくてはならない方だ」と慰撫し、今村の毅然とした態度を賞賛したという[30]。

4　炎天下の強制労働

　一般の将兵は、"作業隊"としてさまざまな労働に従事する日々を過ごした。ただし豪軍側はこの作業隊を国際法による「戦争捕虜（Prisoners of War: POW）」ではなく、「降伏者（Surrender of Personnel: SOP、なお英軍では Japanese Surrendered Personnel: JSP と一般に称する）」とみなして、一切の賃金支払いを拒んだ。これはイギリス政府と東南アジア連合軍（South East Asia Command: SEAC）の方針に従ったものと推定できる[31]。各集団に割り当てられた作業隊の作業内容とは、「軍需品の荷役、豪軍キャンプ地区の伐採・清掃・雑役、戦犯容疑者キャンプの構築、道路作業」等であったが、炎天下、広い地域に分散した作業が多かった。にもかかわらず、最小限1日21グラムを必要とする食塩の給与が15グラムに制限されるなど、過酷な作業となった[32]。

　加えて豪軍の作業隊員に対する虐待や不法行為は、復讐的で残酷を極めた。マラリアで発熱して作業が困難となった者に、ことさら重い椰子樹を担がせて走らせ、走れないと鞭で叩いて足蹴にする、椰子樹を掘り上げた大穴の中に落とし込むといった明らかな虐待もあった。また飯盒の中に蛇を入れたり、面白半分に拳銃弾をゴムのパチンコで弾き飛ばし、顔面を負傷させたりした。豪軍下士官兵等の不法行為は、連日のように繰り返され、作業隊は牛馬のように酷使された。そこで今村はイーサー師団長を訪問し、「豪軍の残虐行為は真に許されないもので一歩も譲れない」旨を訴え、その非を責める事態と

なった[33]）。

　そのほか、給養衛生面ではマラリア剤や動物蛋白の欠乏が問題となった。マラリア患者の体力回復のためには、缶詰肉類の補給を豪軍に依存せざるを得なかった。連合国軍の補給を受ける場合、すべてこれは賠償となって日本の負担となることを日本側は恐れたが、今村は、栄養補給のために肉類の補給を豪軍に仰ぐことはやむを得ないと認めた。同時に、日本軍が保有していたマラリア剤を豪軍に没収されたことを強く抗議した。実は豪軍進駐後、マラリア剤ばかりでなく、日本軍保有の調味品類、衣料品類、衛生材料すべてを供出するよう強要された。これは「非人道極まる大虐行為」ではあったが、日本側としては抵抗できなかった。このような窮状の中で、日本側はひたすら復員を待ちわびたのである[34]）。

Ⅳ　帰還準備と復員過程

1　復員の準備体制

　当初、第8方面軍はその復員帰還が数年後になるであろうとの判断に立って、帰還の実現する日まで現地自活に専念した。言い換えれば、豪軍の世話を受けないようにとの信条を維持しようとした。これは連合国軍の補給を受けることは、すなわち賠償となって、日本側の負担となることを恐れたからであり、祖国の一時も早い復興のために足手まといになってはならないという健気な心情でもあった。その成果もあって主食の自給は一応解決できたものの、動物蛋白だけは欠乏したため、マラリア罹患者などは体力を回復させる必要から缶詰肉類の補給を豪軍に依存せざるをえなかった[35]）。

　半面、第8方面軍は復員への準備を降伏直後から開始していた。1945年10月31日に今村司令官名で策定された「南東方面陸軍部隊　復員（復帰）業務処理要領ノ件」は、1）方面軍司令官を「復員管理官」に、第17軍司令官および第18軍司令官をその代行管理官に、各師団長を「下級管理官」に定めたほか、隷下各部隊の復員担当官まで定め、内地到着をもって「復員完結日」とすること（総則）、2）復員完結日をもって「除隊（召集解除）」、つまり「退職」と定め、それ以前は軍隊の態勢を維持すること（人員及馬匹ノ整

理)、3) 内地までの帰還準備のために各人30日分の衣糧需品（たとえば精米または乾パン500グラム等）を確保すること（軍需品ノ処理）、4) 復員に関する所要の資金は内地の上陸地に設置された関係機関または陸軍東京経理部から直接交付を受けること（金銭処理）、5) 死没者や生存者の功績等については、陸軍留守業務部に移管する（功績□賞整理）と詳細に取り決めていた（□は判読不能：筆者)[36]。用意周到な対策が練られていたといえる。

2　日本本土の復員受入れ準備

　一方、日本本土では政府を中心として外地からの復員の受け入れ準備態勢が整いつつあった。政府内では1945年8月21日、内閣調査局と内務省管理局が引揚を所管することを決定し、9月12日に帰還輸送の方針を定め、20日には「帰還対策委員会」の設置と「引揚民事事務所」の開設も決定すると、各地から復員や引揚が開始された。同年9月の南朝鮮および台湾の陸軍部隊の復員と、メレオン島に駐屯していた海軍部隊の復員が端緒とされる。そして年末までに、東南アジア地区とソ連軍占領地区を除く各地から引揚と復員が実施された。遅れていた東南アジア地区でも、翌46年2月の北ボルネオ地域からの復員と引揚が始まった[37]。

　しかし実質的な復員の進展は、連合国軍最高司令官総司令部（General Headquarters / Supreme Commander for the Allied Powers: GHQ/SCAP）、いわゆるマッカーサー総司令部の介入を待たねばならなかった。GHQはすでに前年10月15日に帰還者の日本上陸港を指令し、翌16日には引揚に関する当面の方針を日本政府に明示していた。国政のあらゆる面が占領軍の管理下に移管されつつあり、この復員・引揚もすでに日本政府独自の業務ではなくなっていた。つまり、復員・引揚は占領軍による日本の非軍事化・民主化方針の一環として位置づけられ、占領軍の管理下で遂行されていく。また米軍当局は、「ポツダム宣言」第9項（「日本軍隊は完全に武装を解除せられたるのち各自の家庭に復帰し平和的かつ生産的の生活を営む機会を与えられるべし」）に依拠して、外地に残留する日本軍人の復員を義務としていたが、本来は義務ではない一般邦人（民間人）の本国への引揚にも手を差し伸べていくのである。

　とりわけ同月12日に発せられた「引揚に関する中央責任官庁を決定せよ」

とのSCAP指令は、きわめて重要であった。終戦以降、日本側の復員・引揚は、陸軍省（まもなく第一復員省へと改称）は陸軍の復員を、海軍省（同様に第二復員省へと改称）はまた海軍の復員を、一般邦人の引揚については内務省が地方庁を介してこれを処理するといった分裂状態にあり、3機関を統制する機構を欠いていたからである。ここにGHQから日本政府へ指令が出る背景があった。その結果、18日の会議で厚生省が引揚に関する「中央責任官庁」と決定し、11月22日に同省社会局に「引揚援護課」が誕生した。同時に、地方の復員・引揚の受入れ組織として「地方引揚援護局」7局と3出張所が設置され、ようやく外地からの受入れ体制が整ったのである[38]。

3 遺骨の送還

　この間、第8方面軍司令部は「遺骨の処置」を重視して、1946年2月28日に先発隊を帰還させることを決定した。恐らくこれは南方軍が支那派遣軍のやり方をまねて実施した方法を採用したものと思われる。そこで司令部は高橋参謀を指名し、遺骨1万3,583柱を内地に送還（「奉還」）させた。その状況について、ラバウル先発隊長は東京の第一復員省次官宛の電報で次のように報告している。

　一。葛城（旧日本海軍の艦名で帰還業務に従事）に依るラバウル部隊第1回帰還軍人軍属総員2,658名にして内訳左の如し。
　イ　先発隊第8方面軍参謀高橋大佐以下101名、
　ロ　ラバウル第2回帰還者第8方面軍副官某［判読不能］少佐以下2,557名（海軍333名を含む）。
　一。陸軍先発隊の任務左の如し。
　イ　高橋大佐以下若干名は中央との連絡、高橋大佐は任務終了後ラバウルに帰還するものとす、
　ロ　第8方面軍副官中尾中佐以下17名は主として陸軍関係遺骨宰領、
　ハ　第8方面軍参謀瀬川中佐以下57名は陸軍関係復員雑務処理[39]。

　実は、他の部隊では意図的に遺骨を運ぶと称して戦犯容疑者をこの宰領組

織の中に組み入れたケースもあり、今回のラバウルからの先発隊もそのような政治的配慮がなされていたとしても不思議ではない。

ただし高橋ら一時的帰還者は、帰還時の軍装検査の際に遺骨の所持を目立たないように細心の配慮をしなければならなかった。そのような苦労の末に、3月9日、広島県の大竹港に上陸したものの、そこで鄭重に出迎えた者はわずかに2、3名でしかなかったという。「当時の一般国民の空気から見て已むを得なかったとはいえども、復員関係当事者およびその他関係官民の不甲斐なさには憤激を禁じ得ないもの」があったとの率直な感想を記している。上陸後、高橋は直ちに東京の（第一）復員省に出向き、ラバウルの状況を報告し、続いて5月14日には宮内省（現宮内庁）に出向いて「状況報告」を口頭で行うとともに、今村軍司令官が自決前に収容所内で執筆した上奏書の伝奉方を依頼し、ここに復員上の手続きをすべて終了したのである[40]。

4　復員の繰り上げと完了

肝心の本隊の復員は、予想に反して急速に繰り上がった。促進要因としては、第1に、1946年初頭以降、米軍から貸与されたLST（大型揚陸艦）やリバティ型の輸送艦・病院船が復員・引揚事業に本格的に参入したことが挙げられる[41]。第2に、日本政府内における復員の優先順位繰り上げの決定があった。つまり、終戦直後の9月11日に閣議報告された極秘文書「在外軍隊の内地帰還迄の給養等に関する件」は、外地の各部隊の給養等の生活概要を明らかにしており、その中で、南東太平洋（8万9千）については「(糧食)ラバウルの〔ママ〕除き殆んど無し」、「(被服)現在殆んど裸同然ならん」、またニューギニア（2万9,300）も同様に「(糧食)殆んど無し」、「(被服)現在殆んど裸同然ならん」、「特に中部太平洋方面及び南東方面は之が為草根木皮をも食するの窮状に立入り〔ママ〕栄養失調に依る多数の損耗を見るに至れり」など、ラバウル地区を除く第8方面軍の劣悪な状況を伝えていた[42]。

たしかにニューギニア東部の第18軍は最悪の状態にあり、これに次いでブーゲンビル島の第17軍も厳しい状況に置かれていたが、他方、ラバウル地区のニューブリテン島やニューアイルランド島ではほぼ自給自活態勢が整っており、日常生活に支障を来たすほどではなかった。しかし幸いにもニュー

ギニアでの劣悪な状況に連動して、第18軍および第17軍を傘下に収める第8方面軍全体の復員が日本政府によって最優先すべき順位へと繰り上がる結果となったわけである。

こうして南東方面の引揚は、早くも1945年末にニューギニアの第18軍から突如開始され、次いでブーゲンビル島やソロモン諸島の第17軍へと及んだ。一方、ラバウル部隊の本格的帰還輸送は、翌46年3月中旬から始まり、6月24日に名古屋港に入港した帰還船第52号（3,378人乗船）を最後としてすべて完了する[43]。ここに長く苦難に満ちた抑留生活に終止符が打たれたのである。

おわりに

ではラバウル周辺における第8方面軍将兵約8万名の終戦から復員に至る過程は、外地にあったその他の日本軍部隊と比較した場合、どのような共通点や相違点があるのだろうか。またこのラバウルの事例が全体の中でどのような位置を占めるのか、あるいは一体どのような歴史的意義を見いだせるのであろうか。依然として350万名余に及ぶ外地における各部隊の復員過程の全容が解明されていない現段階では、マクロ的視点に立った個々の位置づけは難しく、ミクロ的視点に基づく評価に留まらざるを得ないが、以下のような結論を導くことは可能であろう。

第1に、第8方面軍が終戦から復員までに要した1年弱という期間は、他の外地部隊と比較した場合、少なくとも5年に及んだイギリス軍管轄地域（ビルマ・マラヤ等）やオランダ軍管轄地域（インドネシア）、あるいは最長11年にも達した旧ソ連軍管轄地域（シベリア）の部隊と比較すれば、かなり恵まれていたといえる。当初の悲観的予想に反して、復員が終戦の年末から開始され、1946年6月までに全員の本国帰還が完了したからである。同方面軍の復員順位の繰り上げは、米軍の復員・引揚輸送への積極的な参入と、日本政府の独自調査による現地衣食住環境の劣悪な基準に基づく配慮という他律的条件に起因したのである。

ただし第2に、現地軍の「自活自存」といった自律的ないし人為的要因も

見逃せない。それはとくにトップリーダーとしての今村軍司令官の優れた資質に負うところ大であった。今村の指導力はすでに終戦時点における適切な判断と停戦に至る統率力に発揮されていたが、それに先だって、ガダルカナル戦敗北の経験を基にした「現地自活」主義を徹底的に実践するといった先見性にあった（実は海軍側はそのような意見に当初は耳を貸さず、その面での自活態勢が遅れを取る結果となった）。こうして今村軍は自給自足体制をいち早く確立し、連合国軍本隊が戦闘を避けたという幸運にも恵まれて、ニューギニア戦線のような悲惨な飢餓状態をまったく体験することがなかった。それが終戦という激震に襲われても軍内部の統制の乱れを引き起こさなかった大きな要因となった点は見逃せない。厚生省（現厚生労働省）の引揚記録においても、「ブーゲンビル島にあった第17軍は、終戦に至るまで、長期にわたる戦闘と終戦後も引き続いた給養不良によって、はなはだしい困憊の状態にあったが、第8方面軍司令官の適切な指導により復員を準備し、その復員は、予想以上に円滑に処理された」と高い評価を下している[44]。

　第3に、数的劣勢に立つ豪軍側の判断もあって、日本軍は収容所生活の中で軍律および将兵の階級に基づく階層的組織を維持し続け、上意下達のシステムが機能したことであった。フィリピンの第14方面軍の場合、アメリカ側は日本軍の階級制度に基づく軍事体制を意図的に解体したため、組織内部では兵士が上官に逆らうといった下剋上的な混乱が生じたこととは対照的であった。反面、ラバウル地区でも他の地域と同様に、数千名に及ぶ朝鮮人や台湾人の反抗や暴挙に直面して混乱が生じたものの、当初から彼ら専用の収容所が設置されて日本側キャンプと区分されたことによって、決定的障害とならなかった。しかもこの日本の軍制が必ずしも各隊の自主性を損なうものとはならず、今村軍司令官の温情もあって、教育面や余暇面の活用ではかなり自由な自己管理能力を発揮させたことは注目に値しよう。

　第4に、負の側面として、同方面軍の一般兵士は豪軍側の厳しい監督下で強制労働に駆使され、時には残虐な行為によって振り回されたばかりでなく、公正性が貫かれたとは言い難い戦犯裁判によっても翻弄させられた。とくに日本の憲兵隊員や外国人捕虜収容所の看守たちは、現地人や雇用されていた外国人の目の敵とされ、一部朝鮮系の扇動者によって不法かつ不当な処断に

第6章　ラバウルからの日本軍の復員過程　　179

よる獄死者を出す結果となった。しかも降伏時や帰還時に日本軍将兵は所持品のほとんどすべてが豪軍側によって没収されたために、当時の貴重な資料を喪失したのである[45]。

　以上のとおり、外地に在った日本軍将兵は、日本国内の回復と安定が急速に進展する終戦以後もなお、戦争の苦闘を継続する運命に苛まれたのである。

注

1)　「復員」の本来の意味は、「戦時態勢ヲ整ヘアル軍隊ガ平時ノ態勢ニ復スル意ナリ」、ただし「本終戦ニ際シテハ平時ノ態勢ニ在ルモノヲ廃スルコトヲモ含メテ復員ト称シアリ」(「編制機構（復員関係）ニ関スル綴」昭和20年度（8月以降）、防衛研究所戦史研究センター所蔵) より。なお一般に「引揚」は民間人を対象とするのに対して、「復員」は軍人・軍属の帰還を指す。本稿もこの解釈に従っている。

2)　角田房子『責任　ラバウルの将軍今村均』(新潮社、1987年) 298-311頁参照。

3)　「第8方面軍（南東方面）の終戦概況」(記述者名なし、年月日なし) と「第8方面軍復員史資料（ラバウル地区を主とす）」(元陸軍大佐高橋鶴夫（昭和29年9月稿）、厚生省引揚援護局史料室（昭和31年5月複写))。防衛研究所戦史研究センター、陸軍71中央「終戦処理」。

4)　外交記録公開ファイル「太平洋戦争終結による在外邦人保護引揚関係雑件―在外各地状況及び善後措置関係・日本軍隊撤収関係」(分類番号K'7101-2-1、リール番号K'0004)(外務省外交史料館所蔵)。

5)　平和祈念事業特別基金『平和の礎　軍人軍属短期在職者が語り次ぐ労苦Ⅵ』(1996年)。

6)　本稿で使用しているAWM・研究センター所蔵の日本軍関連のAWM82文書を中心とする。なお田中宏巳『オーストラリア国立戦争記念館所蔵　旧陸海軍資料目録』(緑蔭書房、2000年) が前述AWM文書について解説文を掲載している。またオーストラリアの太平洋戦史に関しては同センター所蔵の、Gavin Long, *AUSTRALIA IN THE WAR OF 1939-1945,* Series one Army, Volume VII, *THE FINAL CAMPAIGNS* (Canberra, Australian War Memorial, 1963) の中のChapter 23: AFTER THE CEASE FIRE, pp.548-583が大変有益であった。そのほか、Jack Gallaway, *THE ODD COUPLE: Blamey and MacArthur at War,* University of Queensland Press, 2000 の一部も参考とした。

7)　終戦時の陸軍は、内外に188師団、117旅団など約547万人の総兵力を配置していた。すなわち、日本本土（小笠原諸島等を含む）238万8千人、千島・樺太（第5方面軍）8万8千人、台湾・南西諸島（第10方面軍）16万9千人、朝鮮（第17方面軍）29万4千人、満洲（関東軍）66万4千人、中国本土（支那派遣軍）105万6千人、南方方

面（南方軍）74万4千人、ラバウル方面（第8方面軍）7万人である。厚生省援護局『引揚げと援護三十年の歩み』（ぎょうせい、1978年）46-47頁。

8) 前掲「第8方面軍（南東方面）の終戦概況」1-6頁参照。前掲書『オーストラリア国立戦争記念館所蔵　旧陸海軍資料目録』25頁参照。

9) 前掲「第8方面軍（南東方面）の終戦概況」2-5頁参照。なお今村は率先して現地自活のために汗を流した。主計大佐であった伊藤光信は、「軍司令官に朝一番早く畑に出られては、参謀もその下の者もやらないわけにはいかない。これで現地自活は成功し、ラバウルは最後までもちこたえた」と証言している。ただし海軍側は今村の提案を当初は一蹴し、南東方面艦隊が本格的に現地自活を始めたのは1944年6月以降であった。前掲『責任　ラバウルの将軍今村均』322-323頁参照。

10) 前掲「第8方面軍復員史資料（ラバウル地区を主とす）」2-3頁参照。今村はすでに和平交渉が始まっていることを承知しており、またその2日前に方面軍司令部の暗号班長を通じて終戦実現を確実と思わせる通信を入手していたという。前掲『責任　ラバウルの将軍今村均』393頁参照。

11) 前掲「第8方面軍復員史資料（ラバウル地区を主とす）」2-4頁参照。

12) 前掲「第8方面軍復員史資料（ラバウル地区を主とす）」3-4頁、前掲「第8方面軍（南東方面）の終戦概況」6頁参照。

13) 第10方面軍参謀西浦節三中佐・同安藤正少佐（昭和30年8月稿）、厚生省引揚援護局史料室（昭和31年10月複写）、「比島に於ける終戦前後の概況」同上、第6方面軍参謀長中山貞武少将（昭和31年1月稿）、同上、防衛研究所戦史研究センター、陸軍71中央「終戦処理」。

14) 前掲「第8方面軍復員史資料（ラバウル地区を主とす）」4頁参照。

15) *AUSTRALIA IN THE WAR OF 1939-1945*, p.553.

16) *Ibid.*, p.556. なお前掲「第8方面軍（南東方面）の終戦概況」6-7頁によれば、8月25日頃に豪軍との交信に成功し、以降、豪軍の指令を逐次受けることとなったとあり、オーストラリア側との違いが見られる。

17) *Ibid.*, p.556. なお前掲「第8方面軍（南東方面）の終戦概況」7頁によれば、日・豪両参謀の打ち合わせを日本側は3日としているが、4日が正しいであろう。

18) *Ibid.*, p.556. 前掲「第8方面軍（南東方面）の終戦概況」7頁参照。

19) 前掲「第8方面軍（南東方面）の終戦概況」7-8頁参照。

20) *Ibid.*, pp.556-557. *Ibid.*, pp.555によれば、豪軍第1軍（First Army）が管轄する日本側の数的分布は、ニューブリテン島で陸軍5万3,212、海軍1万6,218、民間人1万9,861、その他8,155、計9万7,446、ニューアイルランド島で陸軍7,721、海軍3,427、民間人1,263、計1万2,411、ソロモン諸島（ブーゲンビル島含む）で陸軍1万5,041、海軍6,049、民

間人 2,324、計 2 万 3,414、オーシャン諸島・ナウル諸島で海軍 4,046、民間人 556、その他 541、計 5,143、北東ニューギニアで陸軍 1 万 2,008、海軍 950、民間人 305、計 1 万 3,263、各々の合計で陸軍 8 万 7,982、海軍 3 万 690、民間人 2 万 4,309、その他 8,696、総合計 15 万 1,677 人となった。そのほか英領ボルネオ、蘭領ボルネオ、セレベス、チモール等を管轄した豪軍第 1 軍団（I Corps）は総計 19 万 2,361 名の陸海軍人、民間人、その他を担当しており、双方併せて、34 万 4,038 人もの膨大な日本人を収容する必要に直面したのである。

21) Ibid., pp.556-557. 前掲「第 8 方面軍（南東方面）の終戦概況」6-8 頁参照。前掲「第 8 方面軍復員史資料（ラバウル地区を主とす）」5-11 頁参照。ただし日本側ではキャンプは 12 カ所となっており、食違いがある。これは戦犯容疑者を収容するキャンプを加えていなかったためであろう。

22) 前掲「第 8 方面軍復員史資料（ラバウル地区を主とす）」24-25、32-33 頁参照。「軍司令官卜豪軍第 11 師団長卜ノ会見時ノ応答覚」（9 月 17 日）、AWM82:2/141。

23) 前掲「第 8 方面軍復員史資料（ラバウル地区を主とす）」20 頁参照。前掲「第 8 方面軍（南東方面）の終戦概況」11-13 頁。

24) 収容所生活でも階級制度が残ったことは、一般兵士にとっては苦痛の種であった。ある兵士は次のように証言している。「いつも苦しむのは兵隊だ。豪軍に命じられる重労働と食糧作りの農作業の毎日。病気で倒れる兵隊が大勢になる。日本軍の将校は特別待遇で、兵隊の監視役か、または通訳をするだけで重労働をしなくて良い。他の部隊での話――ある夜、兵隊たちの怒りが爆発した。上官である将校宿舎に数名の兵隊が殴り込んだ。兵隊たちの喊声と、いろんな物を将校に投げつける姿が薄暗い明りの宿舎の中で影絵のように見えた。その後、オーストラリア軍は殴り込み部隊に対し、罰として日本に帰る日を延期したと聞いた」。「将校の当番兵は将校の身の回りの世話、食事運搬、荷物持ちと、大変な重労働があった。（復員途上の船上での）ある日、当番兵たちの怒りが爆発、二、三の当番兵が、将校の私物用柳行李を太平洋上に投げ捨ててしまった。今まで弱い立場だった当番兵たちの最後の抵抗でした」。滝口岩夫『戦争体験の真実 イラストで描いた太平洋戦争一兵士の記録』（第三書館、1994 年）209、223 頁。

25) 前掲『オーストラリア国立戦争記念館所蔵 旧陸海軍資料目録』27-28 頁参照。

26) 前掲「第 8 方面軍（南東方面）の終戦概況」9 頁参照。

27) 前掲「第 8 方面軍復員史資料（ラバウル地区を主とす）」12-13 頁、前掲「第 8 方面軍（南東方面）の終戦概況」9-10 頁参照。

28) 加藤正夫「ラバウル ジャキット分遣隊」平和祈念事業特別基金『平和の礎 軍人軍属短期在職者が語り継ぐ労苦Ⅵ』（1996 年）。

29) General, C-in-C, S.E. Japanese Forces, to G.O.C. Aust. 8th Military District, Subject:

TRIAL OF Gen. IMAMURA, 11th April, '46、AWM82:2/103。

30) 前掲「第8方面軍復員史資料（ラバウル地区を主とす）」33-34、38頁参照。
31) マウントバッテン最高司令官（SACSEA）は、日本将兵の処遇に関して「日本降伏者」という範疇を定め、日本人の労働に対する報酬支払は不要であるとの方針を立てた。これは主として財政的見地によるものであった。他方、アメリカ側は日本の将兵を「捕虜」、つまりPOWとして扱い、賃金を支払った。
32) 前掲「第8方面軍復員史資料（ラバウル地区を主とす）」13頁参照。
33) 前掲「第8方面軍復員史資料（ラバウル地区を主とす）」14-15頁、前掲「第8方面軍（南東方面）の終戦概況」10、13-14頁参照。AWM82:2/108によれば、昭和21年4月13日附の第8軍団長による「対濠事故ニ関スル件報告」は、作業中に濠軍将兵が日本側に対して、駆け足、腕立て伏せ、軍靴による踏付け、殴打などの不法行為を働いた旨を記録している。反面、AWM82:2/151によれば、同年2月5日附の第8作業団の「田里集団報告事項」には、「濠軍援助作業ハ定評アリシ……友好的ナル取扱ニ依リ整斉円滑ニ実施シアリ」とあり、また AWM82:2/209 によれば、1月14日附の第2作業団本部の「作業状況報告」でも、「濠軍ノ我ニ対スル取扱及態度ハ全般的ニ不可ナキモノト認メラル、監視法モ全般的ニハ侮蔑的威圧的ナラズ」、「全般的ニ将校ハ紳士的ナルモ下士官兵中ニハ乱暴ヲ働ク者モアリ」とある。そのほか、次のような証言もある。「ある日、豪軍兵の恥辱と虐待に怒った一海軍兵が、作業中のスコップで豪軍兵を殺害した。見張りの豪軍兵がその場で海軍兵を銃殺した。この事件をきっかけに"命大切"と日本兵を恐れた豪軍上層部は方針を変更。海軍兵一人の勇気ある死で、10万人の日本兵捕虜は重労働から解放された。」前掲『戦争体験の真実　イラストで描いた太平洋戦争一兵士の記録』213頁。
34) 前掲「第8方面軍復員史資料（ラバウル地区を主とす）」29-30頁参照。
35) 前掲「第8方面軍（南東方面）の終戦概況」13頁参照。
36) 「南東方面陸軍部隊ノ復員（復帰）業務処理要領」（昭和20年10月31日　南東方面軍司令部）、AWM82:2/187。なお復員に関する日本政府の腹案がラジオ・ニュースで伝わり、在ラバウル部隊の最後尾の帰国は1949年春になるとされた。『責任　ラバウルの将軍今村均』401頁参照。
37) 前掲『引揚援護の記録』2-4頁参照。
38) 同上4-5、10頁参照。なお「地方引揚援護局」7局とは浦賀、舞鶴、呉、下関、博多、佐世保、鹿児島であり、3出張所とは横浜、仙崎、門司である。
39) 普通電報（昭二一、三、二〇）葛城発　第〇二〇九〇〇番電（前掲外交記録公開ファイル所収）。
40) 前掲「第8方面軍復員史資料（ラバウル地区を主とす）」26-27、37-38頁参照。

41) リバティ輸送艦（V型）100隻、LST輸送艦（Q型）85隻、病院船（V型）6隻が引揚用輸送のために貸与された。『引揚げと援護三十年の歩み』82頁参照。
42) 前掲、軍務課江川少佐によって閣議報告された極秘文書「在外軍隊の内地帰還迄の給養等に関する件」K'3001-2-1（前掲外交記録公開ファイル所収）。
43) 前掲「第8方面軍復員史資料（ラバウル地区を主とす）」15頁参照。
44) 前掲『引揚げと援護三十年の歩み』58頁。
45) キャンベラの戦争博物館（AWM）では、限定されたものながら、奇跡的に没収された史料（軍事手帳・日誌・絵日記等）を閲覧できる。

第7章 | 遺骨の帰還

浜井　和史

はじめに

　アジア・太平洋戦争における敗戦とそれにともなう大日本帝国の崩壊がもたらした変動は、戦後に残された「生者」のみならず、戦争で亡くなった「死者」＝戦没者をも巻き込むものであった[1]。現地部隊からの戦死状況報告、遺骨の還送、盛大な市町村葬という、明治以来、数次の対外戦争を経て構築された大日本帝国下の「戦死をめぐる慰霊の体系」[2]は敗戦によって変容を余儀なくされ、戦後の日本は戦没者にどう向き合うかという新たな問題に直面した。

　大日本帝国の崩壊にともなう復員・引揚に関する研究および戦没者慰霊に関する研究は、近年、目覚ましい成果をあげている。しかし、海外で死没した戦没者の遺骨が戦後どのように日本本土に送還され、遺族のもとへ帰って行ったのかというプロセスは十分に明らかにされていない[3]。遺骨の還送が戦前の「戦死をめぐる慰霊の体系」の重要な一要素を構成し、「肉親の遺骨のゆくえと最期の状況をどうやって知るか」が「戦後遺族の意識のあり方を規定した一大問題であった」[4]のであれば、そのプロセスの戦前・戦後の変容を明らかにすることは、日本の「戦後」を理解するうえで不可欠の作業であるといえよう。

　そこで本章は、独立を回復した日本政府が1953年に本格的な「遺骨収集団」の派遣を開始する以前の「遺骨帰還」[5]のプロセスについて、復員・引揚にともなう遺骨の帰還と、1949年1月のフィリピンのカンルーバン収容所からの遺骨の帰還に焦点を当てて検討する。その際、本章では、海外からの遺骨の帰還プロセスを、日本本土への「送還」と遺族のもとへの「帰宅」

との二段階に区別して捉える。その議論の便宜として本稿では、遺骨が海外から日本本土に送還されるまでのプロセスを表現する際には「帰還」の「還」の文字をあて、遺骨が日本本土へ到着後、遺族のもとへと届けられるプロセスを表現する際には「帰」の文字をあてて使い分けることとする[6]。

　1937年7月の盧溝橋事件から1945年9月の降伏文書調印までに亡くなった全戦没者数は約310万人で、このうち日本本土以外の戦没者は約240万人、そのうち、すでに遺骨が日本に「還ってきた」ものは約127万柱とされている[7]。この送還済約127万柱のうち、千鳥ヶ淵戦没者墓苑に納骨されたものが約36万柱あり、これは遺族のもとへは「帰っていない」遺骨となる。したがって、未送還の約113万柱と千鳥ヶ淵戦没者墓苑に納骨済の約36万柱を合わせた少なくとも約150万人分の遺骨が今日における「帰らぬ遺骨」であるといってよく、これは実に、海外戦没者の3人に2人以上は遺族のもとへ帰っていないという計算になる。そしてさらにここで注意が必要なのは、これら日本本土へ送還済とされる「遺骨」もまた、必ずしもすべてが「実骨」であるとは限らないということである。遺族のもとへ届けられた遺骨箱の中には、遺髪や遺爪、戦地の石ころや砂、霊璽のみが納められている、いわゆる「空の遺骨箱」として表象されるものが少なくなかった。その意味では、「実骨」の「帰還」が占める割合はもっと少ないことが推測される。

　このように戦後日本社会では肉親の遺骨が「帰らない」という経験をもつ国民が相当数にのぼったと考えられる。また、肉親のみならず、戦友や知人・友人等を含めると、「帰らぬ遺骨」は多かれ少なかれ国民全体として共有された経験ではなかったか。こうした問題意識を踏まえて本稿は、終戦後、占領下の日本で行われた遺骨帰還のプロセスを解明するとともに、今日なお続く日本の「戦後処理」としての遺骨の「帰／還」を歴史的に位置づけることを目的とする。

I　復員・引揚にともなう遺骨の帰還

1　遺骨が帰還するまで

　戦没者の取扱いをめぐっては、明治政府成立直後から、陸海軍を整備する

過程において埋葬場所や手続きなどが随時取り決められ、陸海軍ともに軍が設定した埋葬地に葬ることが原則とされた[8]。その後、日清戦争・日露戦争という明治期の大規模な対外戦争を経て、海外の戦場で戦死（戦傷病死）した「海外戦没者」を対象とする戦没者処理規定が定められた。

　日清戦争時には、戦闘が終了するごとに戦没者の遺骸を戦場掃除隊が収容し、可能な限り火葬に付して遺骨を現地に仮埋葬し、墓標を建てるといった一連の戦没者処理の流れが行われていた[9]。これらの遺骨は、日清戦争後すべて発掘のうえ国内に送還された。そして、日露戦争時には「戦場掃除及戦死者埋葬規則」が制定されて、「戦場掃除」（＝遺体の回収）と「内地還送」（＝国内への送還）という方式が確立された[10]。ただし、日露戦争においては、現地に建てられた「納骨祠」に遺骨の一部や遺灰が納められ、後にこの「納骨祠」を中心に巨大な碑が建立されて「忠霊塔」となった[11]。

　この日清・日露戦争時に確立された「戦場掃除」と「内地還送」の二大原則は、アジア・太平洋戦争期においても基本的に適用された。「戦場掃除」については、全軍に公布された「作戦要務令」（1938年2月）において詳細に規定されており[12]、また、各部隊において遺骨の「内地還送」に関する規定が定められた[13]。

　しかし、およそ1943年2月のガダルカナル戦での敗北を境として、各戦域・戦場において「戦場掃除」と「内地還送」の二大原則が崩壊することとなった[14]。戦局が悪化するにつれて、もはや遺体や遺骨の収容は不可能な状況となり、軍は遺骨の代わりとして戦場の砂や土などを遺骨箱に納め、これを「英霊」の帰還として遺族を納得させる必要に迫られた[15]。戦争末期に陸軍が定めた「留守業務規程」[16]は、戦没者の遺骨や遺留品について現地部隊から連隊区司令部を経て遺族に伝達するまでの処理要領を含むものであったが、特に「遺骨ヲ収容シ得サル場合ハ遺留品又ハ記念ト為ルヘキ物ヲ以テ遺骨ニ代ヘ収納スルコトヲ得」（第19条）との文言が盛り込まれていたことは、遺骨が還らない状況が常態化していたことを示すものであった。

　こうして終戦時には、アジア・太平洋の広大な地域に未収容の戦没者の遺体や遺骨が多数残されることとなったが、各部隊が保持していた戦没者の遺骨や遺留品は、海外部隊の復員にともない、復員兵とともに日本本土に「帰

還」した。

　これらの遺骨や遺留品の取扱いについて、1945年9月23日に海外部隊の復員処理を目的として陸軍が定めた「外地部隊留守業務処理要領」[17]は、原則として「宰領者ヲ附シ成ルヘク速ニ還送スルモノ」としていた。実際、戦没者遺骨の護送担当者である「宰領者」は優先的に帰国することができたため、戦犯容疑者がその任にあたる場合もあったという[18]。これに対応して現地部隊でも「支那派遣軍復員規定」[19]や「南方軍復員に関する規程」[20]などを定めて各部隊が保持する遺骨や遺留品の処理手続きを規定した。こうして持ち帰られた遺骨は、本土上陸後速やかに戦没者の本籍地にある連隊区司令部か、留守担当者（遺族等）の住所が明確な場合は同住所所管の連隊区司令部に送付することとされた。

　陸海軍省が解体されて第一・第二復員省となり、引揚援護に関する官庁が整理されるとともに、復員・引揚が一層本格化しつつあった1946年4月には「復員留守業務規程」[21]が制定された。これは戦前の「留守業務規程」（前出）が終戦後の実情に即したかたちで改定されたものであった。この新規程は、その後幾度となく改正を繰り返しながらも、1951年3月に「復員業務規程」[22]が制定されるまで、復員留守業務の指針となった。

　海外から持ち帰られた遺骨等の処理手続きに関して「復員留守業務規程」は、遺骨は所属部隊や階級・氏名・本籍地等を付した適宜の箱（袋）に収納して、遺骨名簿とともに、各引揚港に設置された上陸地支局長に引渡すとしていた。そして、原則として復員連絡局[23]を経て、戦没者の本籍地の地方世話部[24]か、留守担当者の住所が判明している場合は同住所所管の地方世話部に護送して確実に引き継ぐものとされた。遺骨等を受理した地方世話部では、縦横15センチ、高さ13センチを標準とする遺骨箱を調製して収納し、通常は慰霊祭を実施後、遺族に伝達するものとされた。また、遺骨や遺留品がない戦没者については「故陸軍（氏名）之霊」と記した霊璽を遺骨箱に収納することとしていた（第38条）。慰霊祭に関しては、「厳粛荘重」な慰霊祭か、あるいは慰霊祭を省略して「遺骨伝達式」を行うことを規定しており、その実施は「克ク地方ノ実情ニ即応」するものとし、「神式、仏式等適宜ノ方法ニ拠リ英霊ヲ慰メ遺族ヲシテ衷心ヨリ満足セシムルニ遺憾ナカラシム」

とされた（第40条）。

　このように「復員留守業務規程」は、遺骨処理の手続きとしては戦前の「留守業務規程」の流れを汲んだものといえ、実際に処理を担う機関も旧陸海軍の後継機関であった。またこれに従事する職員の心構えとして、留守業務を的確かつ迅速に処理し、軍人・軍属や遺族等の処遇に遺憾なからしめることは「実ニ皇軍有終ノ美ヲ済ス所以ノ道」（第3条）と明記するなど、精神面でも戦前との連続性をうかがわせるものであった。

　しかし、1945年12月の「神道指令」をはじめとする連合国軍最高司令官総司令部（General Headquaters: GHQ）による一連の政教分離政策は、遺骨帰還の光景にも変容をもたらした。1946年11月には「公葬等について」が発出され、「地方公共団体は、公葬その他の宗教的儀式及び行事（慰霊祭、追弔会等）は、その対象の如何を問わず、今後挙行しない」旨が通達された。これにより市町村主催の慰霊祭の実施や、慰霊祭への首長の出席が禁止された[25]。戦没者の遺骨の輸送・保管・伝達に関しては、「その取扱は礼を失せざるよう、敬虔に行うべき」であり、学校構内を除く「公共建物又は公共用地を使用するのは差支えない」としながらも、「伝達式に一般公衆が参列すること」は認められず、「軍国主義思想の宣伝鼓吹」とならぬように釘を刺されることとなった。

　ここで、本土上陸後における遺骨処理の具体的な流れについて概観しておこう。

　佐世保引揚援護局の『局史』によると、「宰領者」より受領した遺骨のうち陸軍関係のものは府県別の棚に納めて一連番号を記入のうえ白布に奉包し、英霊車を編成して各地方の復員連絡局、世話部（課）へ護送した。その際、西部復員連絡局管下は一括護送し、長崎、佐賀地方世話課へは直接交付、その他は西部復員連絡局を経由して各復員連絡局へ一括交付した。海軍関係については佐世保地方復員残務処理部[26]へ送付され、本籍地不明の遺骨・遺留品は長崎地方世話課に一括送付された[27]。

　遺骨等が都道府県に到着してから遺族に伝達されるまでのプロセスについて新潟県の例を見てみると、地方世話部で受領した遺骨・遺留品は、新潟市内の寺院（後に世話部内の「英霊奉安室」）に安置して伝達の準備を整え、大

部分は新たに遺骨箱を造って収納した。海軍は、陸軍とは別に安置して慰霊祭を行っていたが、地方世話部が世話課となってからは陸軍と合同で伝達式を実施するようになった。慰霊祭と遺骨伝達式はセットで実施され、新潟市公会堂、白山国民学校、市立中学校などを会場としていた。前出の「公葬等について」が発出されてからは宗教的行事をなくし、遺骨伝達式は単に遺骨を遺族に伝達するだけの儀式となったが、新潟県では県仏教会会長らの努力によって、県が実施する遺骨伝達式に先立ち県仏教会主催による慰霊法要が営まれた。したがって新潟県に関しては、実質的に「公葬等について」以前の慰霊祭方式と異なるところがなかったという。同県における慰霊祭および遺骨伝達式の実施回数は1946・47年が最も多く、1951年度までに126回、約4万7千余柱の遺骨を伝達した[28]。

以上は軍人・軍属の遺骨処理の流れであるが、一般邦人の遺骨についても見ておこう。

海外から持ち帰られた一般邦人の遺骨の取扱いについては、当初、明確な規定がなかったため、各上陸地において個別の対応がとられた。1947年10月の舞鶴引揚援護局の報告によると、遺骨を持ち帰った友人や知人が直接遺族への引渡しを希望する場合はその「好意にまかす」こととし、局による処理を希望した場合は、いったん寺院に安置して遺族に通知し、引き取りに来るのを待つか、村役場を通じて郵送した。遺骨を引き取る遺族等がいない場合には、同局において適当な日時を選び、同地の寺院に埋葬された。ただし、同局に遺骨の処理を依頼する者は、到着の1船に1件あるかないかの程度であったという[29]。また、1948年9月以降は「外地死没一般邦人遺骨取扱要領」が示達され、同要領に基づいて同様の処理がなされたとされる[30]。

2 「帰らぬ遺骨」をめぐって

こうして終戦後、海外部隊の復員にともない復員兵によって持ち帰られた遺骨の総数は、1951年9月の時点で約50万柱にのぼったとされる[31]。その内訳の詳細は不明であるが、たとえば「支那派遣軍」によって1946年12月までに中国から持ち帰られた遺骨は8万4,114柱とされる[32]。また、上陸地の各地方引揚援護局で取り扱った遺骨数が参考になる（表1参照）。

表1 主な地方引揚援護局の取扱遺骨数

		推計	陸軍	海軍	一般	期間（開局以降）
地方引揚援護局	函館	2,500	2,485	15	—	〜49年12月
	浦賀	80,886	64,568	16,318	—	〜47年2月（陸軍は46年7月まで）
	名古屋	47,359	—	—	—	〜47年1月（遺体を含む）
	舞鶴	12,455	11,525	130	800	〜52年（内訳は推定）
	田辺	11,443	9,373	1,125	945	〜46年6月
	大竹	38,225	36,039	2,186	—	〜46年12月
	宇品	76,918	76,657	261	—	〜47年10月
	博多	66,605	66,525	80	—	〜47年4月
	佐世保	42,342	41,906	436	—	〜48年6月
	鹿児島	30,672	29,565	1,107	—	〜46年12月
合計		409,405				

注：単位は柱。陸軍・海軍・一般の内訳は判明分のみ記載。
出所：各地方引揚援護局の局史（加藤聖文監修・編『海外引揚関係史料集成』ゆまに書房、2002年所収）に記載の統計を参考に作成。

　しかし、日本本土に「還ってきた」これらの遺骨が、必ずしもすべて遺族のもとへ届けられたわけではなかった点には注意する必要がある。終戦の混乱の中で、復員兵が持ち帰った遺骨の取扱いもまた混乱を極め、氏名不詳や受取人不明などの理由により遺族のもとへ「帰らない」ケースも少なくなかった。

　終戦直後に「帰らぬ遺骨」が生じた最大の理由は、国内における遺骨輸送の混乱であり、それには戦没者ないし遺骨に対する国民の冷淡な態度が関係していた。戦前・戦時中において遺骨の輸送は運輸省により特別に配慮されていたが、終戦によって輸送が混乱する一方で復員が急速に進捗したため、その取扱いが「粗略」となり、「荷物と同様の取扱」がなされ、輸送の途中で紛失するケースが多発するなどして「遺族等から非難の的」となった[33]。遺骨伝達式の式場までトラックで遺骨を護送していた茨城県では、闇物資検問にかかり警察官の取り調べを受けることもあったという[34]。『朝日新聞』は、1945年12月末の時点でそうした「宙に迷う」遺骨が約3万1千柱確認されていると伝えている[35]。同紙は「終戦後から遺骨に対する一般国民の態度は極度に無関心」になったとの復員課長の談話を載せているが、実際に

遺骨輸送の任に当たった浦賀引揚援護局の「局史」も、「敗戦の現実」により「英霊」に対する一般国民の「敬弔の態度と鄭重な取扱ひ」が「跡形もなくな」ったことに係員は「漏なく慨嘆する所」であったとの所感を記している[36]。

また、1946年8月の『朝日新聞』は再び「順調な復員に反比例して混乱」する「迷う遺骨」の問題を取り上げ、他部隊による委託輸送が多くなったために受取人不明の遺骨が増加した状況を伝えている[37]。同紙によれば、1946年5月から7月までに浦賀の上陸地支局には約1万4千柱の遺骨が「帰還」したが、そのうち約半数が受取人不明であった。その背景として同紙は、送還される遺骨に付された戦没者情報が「姓」のみであるなど不備が多いことを挙げ、また他部隊による委託輸送が増えたことを指摘して「現地部隊幹部の無責任」を糾弾している。この点に関しては、「遺骨の処理は部下にまかせ、自分の体と荷物だけを後生大事に持ち還つた上級将校」の存在についての噂が流布している状況も紹介している。

ほかにも「帰らぬ遺骨」の発生には、さまざまなケースが見られた。たとえば「支那派遣軍復員本部」が扱っていた遺骨の安置場所が火災に遭い、約2千柱が焼損した[38]。同本部では、焼け残った遺骨を集めて、分骨してお詫状とともに遺族へ送ったとされる。また鹿児島引揚援護局では、主にフィリピンのダバオから引き揚げてきた一般邦人で上陸後に死没した300人余が茶毘に付され、同局によって埋葬されたままになっていたという事例もあった。このことは講和後に問題となり、その多くが沖縄出身者であったことが判明したため、1954年3月に247柱が沖縄へ「帰還」した[39]。同様に、フィリピンから博多に引き揚げてきて上陸後に死没した一般邦人の遺骨が福岡県内の寺院に安置されたままになっていたという事例もあり、1960年の時点で15柱が「帰らぬ遺骨」として安置されていた[40]。

このように、終戦直後の混乱状況の中で少なくない数の「宙に迷う」遺骨が発生したが、他方で、遺族の側が遺骨を受け取らないというケースも生じた。すなわち、すでに霊璽等が納められた遺骨箱を本人の遺骨として受領し埋葬供養しているので、たとえ後日になって戦友等が本人の遺骨を持ち帰ったとしても受け取りを希望しないといったケースが生じたのである。遺骨の「二重帰還」ともいうべきこうした現象が起こる事情について新潟県では、

遺骨の送還はできないと判断してすでに霊璽等を交付した場合でも、「戦友愛」から「万難を排して」遺骨を収容し、復員の際に奉持帰還した場合があると説明して、遺族に対して理解を求めている[41]。

これら遺族のもとへは「帰らなかった」遺骨について前出の「復員留守業務規程」は、上陸地の引揚援護局における調査で戦没者の本籍地および留守担当者が不明なものは、最寄りの地方世話部（世話課）に送付することを規定していた。また、1951年4月の「復員業務規程」では、本籍地の世話課にて調査できるものは世話課において、その他のものは留守業務部（のちに厚生省未帰還調査部）にて調査究明することとされた。新潟県では、1947年に世話課に改編された時点で約1,500柱の伝達先不明の遺骨を安置しており[42]、また舞鶴地方引揚援護局では、1954年7月、同局に保管していた伝達先不明遺骨244柱を厚生省未帰還調査部に移管したとの記録が残っている[43]。

このように、復員・引揚にともない遺骨が日本本土には「還ってきた」が遺族のもとへ「帰らなかった」ケースを分類すると、以下の五つの場合があったと考えられる。①遺骨の氏名判別が不可能である場合、②伝達すべき遺族の住所が不明の場合、③遺族が受け取りを希望しなかった場合、④何らかの事故により遺族へ到達しなかった場合（前出の輸送事故、火災による焼失など）、⑤上陸後、寺院などに安置されたままになっていた場合である。これらのうち①から④までのケースに該当する遺骨のほとんどは、厚生省未帰還調査部に集められ、最終的には1959年3月に創設された千鳥ヶ淵戦没者墓苑に納骨された。同墓苑創設時の納骨数は、8万7,101柱であった[44]。

3　遺骨収容問題の「発見」

前項までに見たように、戦時中から復員・引揚時にかけて少なからぬ遺骨が「帰還」したが、それでも海外戦没者数の全体からみると「帰還」した遺骨数はむしろ少数であり、南方を中心として海外には多数の戦没者の遺骨が残されていた。それらの地域では、終戦後、連合国軍に収容された日本軍が復員前に遺骨の捜索・収容を申し出ても、認められない場合が多かった。

戦時中、「遺骨を保管していた戦友が又戦死すると言う状況」で「到底最

後まで遺骨を保存することが出来なかつた」とされる東部ニューギニアでは、終戦後に遺骨の収容をオーストラリア軍に申し入れたが許可されず、さらにムッシュ島の収容所で死亡し同島墓地に埋葬された1,000人以上の遺体の送還も許されなかった[45]。したがって同方面の部隊が復員の際に遺骨を持ち帰ったことは、「皆内緒の行為であつた」とされる。他方でグアムでは、終戦後、米軍に対して「戦場に遺棄された遺骨収集方を懇請し」たところ、1945年11月に20日間の日程で区域を限定して収容の許可が得られたため、無名遺骨約700柱と氏名判別の遺骨10柱を収容し、復員の際に携行したとされる[46]。しかし、こうした事例はあくまで例外的であった。

海外に残された戦没日本人の遺骨や遺体の数および埋葬地に関する情報は、1946年から1952年にかけて、米国やオーストラリアなどの連合国や国際赤十字から数回にわたって日本政府に伝えられた。これらの情報を受けて日本政府は、1946年11月、海外戦没者の取扱いについてGHQとの間で協議を開始し、処理方針の検討を進めた[47]。しかし、GHQは米国の戦没者処理を優先したため日本への対応が遅れがちとなり、日本政府においても海外の遺骨収容に終戦当初から「重大な関心」を有していたが、「生存者の帰還が完遂されていない際であり、これを積極的にとりあげて推進するような情況になかつた」[48]。

海外に残存する遺骨に関して最初に一般の関心を惹いた出来事としては、1950年6月、米国から帰国途上の尾崎行雄議員が飛行機故障により不時着したウェーク島で戦没者の遺骨が散乱する状況を国内に伝えたことがあった。しかし、外務省が同島の調査および遺骨収容を申し出たのに対して、折からの朝鮮戦争激化の状況下でGHQから回答がもたらされることはなかった[49]。

戦後の日本において、海外戦没者の遺骨収容の問題が国民的関心事として「発見」されたのは、1951年9月のサンフランシスコ平和条約の調印を迎えてからのことであった。条約調印を伝えた『朝日新聞』には、講和後に日本が取り組むべき課題として、南方に残留する生存者の帰還とともに、「野ざらしの遺骨」の収容を促進すべきとの記事が掲載された[50]。また、それから一週間後の同紙「天声人語」は、「遺骨がわりに一握の砂や石ころや木片を押しつけられた遺族にとっても、せめて講和後には、わが子、わが父、わ

が夫の息をひきとった地から、在りし日のうつそみの一片と覚しきものを受取りたいのは人情」であるとして、講和後の日本は「民族の落穂拾いの行脚を始めるべき」と早期の遺骨収容を訴えた[51]。これらの記事がきっかけとなり、元海軍報道班員でフィリピンにて抑留生活を送った経験をもつ芥川賞作家の寒川光太郎などが中心となって、同年9月末に南方遺骨引揚促進会と南方遺骨引揚協議会が発足した[52]。

これと前後して日本政府内においても、講和後における遺骨収容事業の着手を見据えて本格的な検討が開始された[53]。また、平和条約調印後は前出の「公葬等について」で規定された制約が解除され、慰霊祭への知事・市町村長・公務員の列席や遺骨伝達式への一般人の参列などが認められるとともに、遺族へ伝達不能な遺骨について「地方公共団体が簡素な墓又は納骨施設を造ること」も認められた[54]。同年10月18日には、吉田茂首相が公の資格で靖国神社を参拝したが、これは1945年10月23日の幣原喜重郎首相以来、6年ぶりのことであった。

このように、平和条約の調印を契機として、遺骨収容問題が国民的な関心事となるなかで、政府内においても具体的な遺骨調査に向けた動きが本格化した。

1952年1月から4月にかけては、まず硫黄島と沖縄に政府の遺骨調査団が派遣され、同調査団が伝えたこれら激戦地における遺骨の状況は、マスコミによってセンセーショナルに報道された[55]。特に沖縄では、終戦直後から住民による遺骨収容が行われていたが、沖縄において戦没者の遺骨が「丁重に」収容され、「ねんごろに供養」されているのを日本政府が「発見」したのは、この時が初めてであった[56]。

こうして日本政府は、1952年4月の平和条約発効を経て、南方地域への遺骨収集団の派遣に向けて本格的に動きだすことになる。1950年代に実施された遺骨収集団の派遣の模様はその都度大々的に報道され、遺骨収容問題は「賑やかな」季節を迎えることになった。

しかし、遺骨収容問題が「発見」される前に、復員・引揚とは別途に海外から「帰還」した遺体（遺骨）が存在し、その状況ゆえに後日になって混乱を招いたケースが存在した。次節ではそのケースについて見ていく。

II　フィリピンからの遺体（遺骨）の送還（1949年）

1　「静かな帰還」

　フィリピン・ルソン島の日本人収容所の一つであったカンルーバン収容所は、マニラから東南24キロのモンテンルパ収容所よりもさらに約20キロ南に位置するフィリピン最大の日本人収容所であった。日本軍の軍医であり、収容所の米軍病院（第174病院）で診察を行った守屋正の回想によると、収容された日本人の多くは病人で、収容後に死没した日本人の多くがカンルーバン収容所に隣接する墓地に埋葬されたという[57]。墓地には番号とネームプレートが付された十字の白い墓標が建てられ、その数は夥しい数にのぼった。

　米軍がこれらフィリピンに所在する米国管理下の日本人戦没者の処置について検討を開始したのは1948年春のことであった。それにはいくつかの事情があったと考えられる。すなわち、もともと米国側は日本政府に対して1948年半ば以降の遺骨送還をほのめかしており[58]、その前提となっていた米国戦没者の遺体収容作業がひと段落したこと、また米国とフィリピン政府との関係において、フィリピンが1946年7月に独立し、翌47年に米比軍事基地協定を締結したことから、米軍管理区域のフィリピンへの返還問題が持ち上がっていたことなどが挙げられよう。

　米陸軍省、米国務省、極東軍司令部、在フィリピン米国大使館等の間でこの問題について検討の結果、1948年8月、陸軍省は次のような結論を極東軍司令官（Commander-in-Chief, Far East: CINCFE）に宛てて送付した。すなわち、国務省は日本人戦没者を管理する責任を日本が受け入れる可能性が追求されるべきことを勧告しており、また米軍墓地登録部隊（American Graves Regisration Service: AGRS）は、フィリピン政府が遺体処理のために日本人のフィリピン入国を許可するのであれば、連合国軍最高司令官（Supreme Commander for the Allied Powers: SCAP）は遺体の日本への送還を提案するだろうと述べている。したがって、これらの合意が得られたならば、遺体処理の詳細はSCAPの同意に基づく日本政府の責任になると考えられ、その場合、米国のコミットメントはこの作業を達成するための必要最小限の援助に限定されるべきである、というのである[59]。

この結論を受けて8月25日、GHQのリヴィスト少佐（M. A. Rivisto, Chief Quartermaster, Memorial Division, G-2）は、フィリピンのカンルーバン収容所に隣接する墓地に埋葬された約5千体の遺体ないし遺骨の引取りについて日本側の意向を打診し、同時に発掘・火葬計画や人員、費用などについて具体案を提示するよう要求した[60]。日本側では、外務省と引揚援護庁復員局が中心になって対応策の検討を開始した。ここで外務省は基本方針として、「一般に日本国領域外に在る戦歿将兵の遺骨は関係国の事情が許す限り原則として内地に持帰る方針を採る」こととしたが、これは1946年以来政府内で検討してきた「内地還送」の原則を確認するものであった[61]。また具体的な方法として、日本の便船を輸送船として利用すること、発掘等の作業は可能な限り日本人作業員によって行うこと、必要物資は日本側が調達し、事情が許す限り現地にて火葬に付してから輸送すること、作業はできるだけ短期間で終了させることを決定した[62]。この計画案は9月13日の次官会議にて報告された後、9月16日、GHQに提示され、その後GHQからフィリピン政府にも回付されて検討されることになった。

しかし、10月8日にGHQからもたらされた回答は、日本側にとって予想外のものであった。すなわち、フィリピンに日本人作業員を派遣し、発掘した遺体を現地で火葬して日本へ送還するという案は、「比島の治安が日本人の活動を許さない状況」にあるため「実現困難」として、米国側の手で日本まで輸送し、本土上陸時に日本側に引渡したいと伝えてきたのである[63]。また遺体の火葬については、米国側としては火葬に関する日本の風習についての知識もなく、また現地には設備もないため非常に困難な作業となり多大な時間を要する上、経費の点からも日本で火葬する方が低廉であることを挙げて、送還後に日本側で行うよう要請した。この回答に対して日本側は、「米側が遺骨を送還してくれる好意は非常に有難い」ものであり、日本側としては現地での火葬が望ましいが「遺骨を送還してくれる折角の好意に対し当方丈の便宜を主張するのは返って失礼」であるとして、米国側の提案を受諾することが決まった[64]。これにより米国側も10月26日、日本側への遺体（遺骨）の送還を正式に決定した[65]。そして12月30日、極東軍司令官の命令として米第8軍司令部は、①佐世保引揚援護局にて「軍、民双方の戦死者」を

引取ること、②引取った戦死者を「親近者又は之を受領すべき法定代理者」に引渡す準備をすること、③引渡し不可能のいかなる遺骸に対しても適当な埋葬を手配することを、正式に日本政府に命じた[66]。

　一方、日本政府部内では、遺体（遺骨）の本土到着後の処理要領について具体的な計画を立案した。日本側が特に重視したのは、遺体（遺骨）の遺族への引渡しであった。米国側からは事前に名簿の存在が伝えられており、到着後に火葬作業と並行して速やかに引渡し先の調査が進められるよう作業要領を決定した。作業の手順としては、旧陸海軍関係については留守業務部ないし第二復員局残務処理部で、一般邦人については外務省管理局で遺骨伝達先の調査を行い、軍・民の区分が不明のものについては三者で協議すること、伝達先が判明した場合には旧軍人・軍属の分は世話課を経由して遺族に伝達し、民間人の分は援護局が処理すること、伝達先が不明の場合の処理方法および無縁仏として認定するまでの調査期間等については追って決定することなどが確認された[67]。

　こうして日本側の受入れ準備が進められる中、日本人戦没者の遺体（遺骨）を積載したボゴタ丸は12月21日にフィリピンを出港し、予定より5日遅れの1949年1月9日、佐世保市針尾北町の浦頭港に入港した。そして翌10日午前10時45分、ボゴタ丸船上にて、日本政府を代表して笠島角次郎佐世保引揚援護局次長が第8軍より派遣されたフロール中佐から遺体（遺骨）と名簿の引渡しを受けた。遺体（遺骨）が納められた箱は549箱にものぼり、それらはいったん艀に移されたのち、1月11日、佐世保市江上町釜地区の佐世保引揚援護局内に作られた安置所へ運ばれた。斉藤惣一引揚援護庁長官は、1月14日、フィリピンの現地における発掘と送還の準備等はすべて米国側の手によってなされたとの事実を明らかにして米国の好意に謝意を表するとともに、送還された遺骨は「一般戦没者の遺骨と同じように各都道府県庁を通じて関係遺族の手にお渡しする」との談話を発表した[68]。なお、斉藤長官からは同年3月、「人道主義に立脚したアメリカ軍特別の御好意」に対して、マッカーサー（Douglas MacArthur）最高司令官に宛てて感謝状が送られた[69]。

　安置所に納められた遺体（遺骨）は1月13日より、援護局の南西約1キ

ロの地点に設けられた野天火葬場にて荼毘に付された。遺体（遺骨）は一箱に平均8体ずつ収納され、1体ずつを紙で包装して名札が付されており、箱の外側にも氏名が記入されていた。こうした「極めて丁重厳重」な米軍の取扱いぶりに日本側は大いに感激したという[70]。火葬に際しては、民間業者からも作業請負の申し出があったが、「遺体ではあるが生きて帰つた引揚者と変らぬ気持」で「ねんごろに処理しなければならない」という「引揚援護の精神」から、原則として作業は援護局職員によって行われた[71]。火葬初日は10箱（80体）であったが、作業が順調に進んだため、翌日からは1日あたり15箱（120体）を、さらに1月20日からは20箱（160体）の火葬が行われた。作業時には、名簿と遺骨が齟齬をきたさないように、約20体に対して1名ずつの調査係を配置するなど細心の注意が払われた。作業は1カ月にわたってほぼ連日行われ、作業を中断したのは、1月23日の衆議院選挙日と豪雨のあった2月1日の2日間だけであったと記録されている。こうして、当初2カ月程度かかると思われていた作業は、1カ月後の2月13日にすべての火葬を終了した[72]。

　火葬と並行して、名簿に記載された氏名から遺骨を伝達すべき遺族を特定する照合作業が行われた。作業の過程で、実際に送還された遺体・遺骨数は4,515体・307柱の合計4,822体（柱）であることが判明したが、米軍から渡された名簿はローマ字表記のものであり、誤りも多かったため、照合作業は困難を極めた。遺体名簿には氏名のみしか記載されておらず、そのうち554体については当初から氏名不詳（unknown）となっていた。他方、遺骨の名簿には階級、所属部隊、戦没地、戦没日といった詳細な情報も付されていたが、これは1945年8月に米軍に臨検されマニラへ回航された陸軍病院船の橘丸が積載していた遺骨であったとされる[73]。

図1　拾骨作業の様子
出所：佐世保釜墓地戦歿者護持会提供。

ローマ字表記の名簿は日本語に直されて留守業務部など関係各所に配布され、伝達先の調査が行われた。報告によると名簿内には、朝鮮人および台湾人と思われるもの130人、フィリピン人と思われるもの83人分の氏名があり、これらは当初、交付先の調査から除外された[74]。また名簿上では遺体となっているが、現物は霊璽や少量の遺骨、あるいは遺髪や破損した遺骨小箱となっているものも91人分あることが判明し、それらを遺族へ伝達する際は「誤解を避けるため」に特に注意するよう指示がなされた[75]。
　こうして進められた照合作業の結果、1949年1月末には750柱の伝達先が判明し[76]、3月末以降に発送作業が開始され、その状況は随時米軍にも報告された。4月5日の時点で、伝達先の判明数は陸軍が1,216柱、海軍が625柱、一般邦人が27柱とされており[77]、また1949年6月の段階では、遺族へ引渡し済みの遺骨は陸軍が811柱、海軍が832柱であり一般邦人の引取先はまだ判明しておらず、6月17日の時点で佐世保引揚援護局内に奉安されている遺骨数は2,872柱との報告がなされている[78]。そして1949年12月の時点で、氏名不詳ないし未伝達の遺骨は2,075柱であり、それらは留守業務部に移管したという記録が残っている[79]。これらの数字からは、帰還した遺体（遺骨）はおよそ1年のうちに半数以上は遺族のもとへ「帰った」ということになる。
　以上、フィリピンからの遺体（遺骨）送還の経緯を見てきたが、これは遺骨収容問題が「発見」される以前に、海外に埋葬された多数の氏名判明の遺体（遺骨）が日本に「帰還」した唯一の事例であった。しかし、約5千体（柱）という遺体（遺骨）の規模や大がかりな火葬作業、周到な日本政府の準備体制と米軍側の協力といったある種画期的な出来事であったにもかかわらず、遺骨収容問題の「発見」後に実施され、「賑やかな帰還」となった硫黄島・沖縄への遺骨調査や南方への遺骨収集団の派遣とは対照的に、「静かな帰還」とでも形容されるべきものとなった。これを伝える報道も限られており[80]、ほとんどの国民は帰還の事実を知ることがなかったものと思われる。この点に関して、当初日本側が計画したように、日本側の要員がフィリピンの現地を訪問して遺体を発掘し、その帰還を実現することができたならば、あるいは国民的な関心事として注目を集め、これが遺骨収容問題の「発見」となり

えたかもしれない。しかし結果として「静かな帰還」となった背景には、すでに見たとおり、フィリピン側に日本人の入国を許さない事情があったことに加え、前出の「公葬等について」の通達にも見られるように、占領下の日本において、遺体（遺骨）の帰還に際して政府や地方自治体の主催による慰霊祭の実施や盛大な出迎え式が実現困難であったという、時代的な制約があったといえる。

2　忘れられた「釜墓地」と「帰らなかった」遺骨

　フィリピンのカンルーバン収容所から「帰還」した遺体を荼毘に付して遺骨を箱に納めた後には、少量の残骨と遺灰が残された。佐世保引揚援護局の『局史』によれば、これを火葬場近くの景勝地に集めて塚として供養塔を建立し、「長くそのめい福を祈ることにした」とされる[81]。現在も残る供養塔（図2）の裏面には由来が刻まれており、そこには「比島より還送の遺体四五一五柱及開局以来当地に於て火葬に附したものの残骨」を埋葬したとある。実際、フィリピンから送還された遺体以外に、復員・引揚船中や上陸後に佐世保引揚援護局内で死亡し火葬処理が行われたものは、1948年6月までに軍人・軍属と一般邦人を合せて3,793人にのぼった[82]。供養塔はこれらの残骨および遺灰を合せて埋葬した地に建立されたのであり、この場所は地名から「釜墓地」と呼ばれるようになった。

　1950年5月1日に佐世保引揚援護局が閉局すると、釜墓地を含むその跡地は1957年9月まで警察予備隊ないし保安隊・自衛隊の針尾駐屯地として使用された。この間隊員による自発的な清掃や「墓前祭」が行われることもあったが、供養塔の存在も、フィリピンからの遺骨帰還という事実自体も風化し、忘れられた存在となった。

　こうした状況に対して火葬現場係長であった平井富雄は1957年に、援護局の閉局以来「一度の法要も行われず、ただ荒れ果てるままに任せて、まったくの無縁墓地と化した」とうったえる嘆願書を各方面に送付した[83]。また同じく1957年9月の参議院外務委員会では、平井の証言に基づきフィリピンからの遺骨が「放置」されている状況が指摘された[84]。これに対する政府の対応は不明であるが、平井の嘆願に共鳴した僧侶たちが托鉢を行い、

1959年10月には釜墓地に慰霊碑を建立し、1964年10月には本仏寺という御堂と梵鐘を建設するに至った。さらに、1965年から翌年にかけて慰霊祭が実施され、佐世保市長や陸上自衛隊相浦駐屯地司令が参列するなどしたが、1967年1月に平井が急死したことで、以後慰霊祭は中断となった。そしてその頃、周囲の工業団地建設などにより釜墓地に通ずる道が分断されるなどしたため、その後は荒れ放題の文字通り忘れ去られた存在となった[85]。

図2　釜墓地の供養塔
出所：筆者撮影。

　この事態が改善されたのは1980年代になってからのことである。1982年6月に長崎博愛会の宮内雪夫理事長（長崎県議会議員）が中心になって戦歿者釜墓地護持会（現・佐世保釜墓地戦歿者護持会）が結成され、同年より慰霊祭が再開されることとなった。

　結成当初より護持会がその活動において慰霊祭とともに重視したのが、フィリピンから帰還した遺体（遺骨）の行方を明らかにすることであった。護持会結成と同じ1982年の8月に、本仏寺に残されていた遺体（遺骨）名簿（米軍から交付された名簿をローマ字のまま書き写したもの）が大阪で開催された読売新聞社主催の「戦争展」に出陳され、同紙上にて大きく報じられたことにより、釜墓地の存在は一躍注目を浴びることとなった。「戦争展」では名簿のコピーが用意され、名簿の存在を知った遺族たちが肉親の名前を探す光景が見られた[86]。

　「戦争展」に先立ち、護持会では同年7月に、送還された遺体（遺骨）の行方について厚生省に照会していた。その結果、翌8月に同省から名簿上氏名不詳（unknown）であった554柱と遺族不明とされた82柱の合計636柱を、1959年3月の千鳥ヶ淵戦没者墓苑設立時に納骨したとの回答を得た[87]。したがって、残りの4,186柱は遺族のもとへ「帰った」という計算になるが、

この数字に疑問を抱いた護持会や『読売新聞』、ルポライターの小西龍造らが、遺族へ伝達済とされる4,186柱についての追跡調査を行った。その結果、1983年の『読売新聞』の調査では、厚生省において入手した「比島還送遺体交付先連名簿」をもとに伝達済とされる山梨と群馬の現住所が判明した遺族を調査したところ、16遺族のうち遺骨が「帰ってきた」のはわずかに3遺族であったことが判明した[88]。小西もまた、名簿に記載のあった遺族のうち、400人余についてはそのほとんどが実際には遺骨を受け取っていないとの調査結果を出し、この問題は国会でも取り上げられたが[89]、政府からは先の護持会への回答以上の答弁はもたらされなかった。

しかしその後、名簿に姉の名前を発見した若尾静子が改めて厚生省に照会したところ、同省は、すでに納骨済と回答した636柱に加えて、氏名は判明したものの伝達先不明とされた758柱を1965年に千鳥ヶ淵戦没者墓苑へ納骨したという事実を初めて明らかにした[90]。すなわち公的記録によれば、フィリピンから送還された遺体（遺骨）のうち、遺族へ伝達されなかったものは、実際には合計1,394柱存在していたということになる。これは全体の約30％にあたる数字であり、送還された遺体（遺骨）の3分の1は遺族のもとへ「帰らなかった」ということになる。

このように、護持会等の調査活動がきっかけとなり遺骨の行方に関する新たな事実が判明したものの、千鳥ヶ淵戦没者墓苑に納骨されている遺骨のなかには氏名判明の遺骨も存在するという事実は、「偽りの無名戦没者墓苑」として大々的に報道され[91]、さらなる遺族の不信を招く結果をもたらした。それはすなわち、本土に「還ってきた」氏名判明の遺骨でも、遺族のもとへ「帰らなかった」遺骨がまだ他にもあるのではないか、という不信である。千鳥ヶ淵戦没者墓苑の性格については今日、海外戦没者で「氏名の判別が出来ない」または遺族不明などの理由で「遺族にお渡しできなかった」遺骨を納める施設とされている[92]。しかし1959年の墓苑創設当時より、政府はしばしば墓苑に納骨される遺骨はすべて「氏名の判明しないもの」であるという説明をくりかえしていた[93]。これらの説明に見られる表現の差異については、それまで政府も国民も深くは追究してこなかった面もあるのだが、釜墓地からの問いは、墓苑の性格はもとより、戦後に「帰還」したとされる遺

骨の行方について、改めて問い直すきっかけとなったといえよう。

また、護持会の不信は遺骨の行方のみならず、そもそもなぜ遺骨帰還の事実が遺族に伝わらなかったのか、という点にも向けられた。その結果、米国側の誠意ある協力のもと、日本側の周到な準備によって遺体（遺骨）が迎え入れられ、職員の熱意によって火葬や遺骨伝達の作業が行われたという、前項で見たような公文書等の史料から再構成されるストーリーそのものに対しても疑問の目が向けられている。

この点に関しては、フィリピンからの遺体（遺骨）の帰還が、まさに「静かな帰還」であったがゆえに、帰還に関する記憶を政府と遺族間で共有できなかったことが今日の不信を招く要因になったと考えられる。本稿の冒頭で触れたように、戦前において遺骨の内地還送は「戦死をめぐる慰霊の体系」の重要な一環を占めていた。しかし終戦後、遺骨収容問題が「発見」されるまで、国民全般における戦没者に対する関心は低下し、時には冷淡とさえいえる傾向を帯びるようになった。こうした状況は、遺骨収容問題の「発見」後、遺骨の帰還が国民的関心事として共有されて、ようやく改善の方向へ向かうことになる。その意味では、1949年1月というフィリピンからの遺骨帰還のタイミングは、結果として政府と遺族の双方にとって不幸な結果をもたらす要因となったといえる。

おわりに

大日本帝国の崩壊にともない、戦後日本における海外戦没者の「遺骨帰還」の形態は、時の経過とともに変容し、政府および遺族にとっての意味づけもそれにしたがって変化してきた。

復員・引揚にともなう遺骨の帰還は、占領下という時代的制約のもと、手続き的には概して戦前との連続性において処理されたものであったと整理することができる。すなわち、遺骨は各部隊より宰領者により持ち帰られ、旧軍の後継機関である上陸地支局、復員連絡局、地方世話部（課）等を通じて遺族へ伝達された。伝達に際しては戦前と同様に慰霊祭が行われたが、占領政策により、原則として簡素な遺骨伝達式のみが行われるようになった。

他方、1951年9月の遺骨収容問題の「発見」後、遺骨収容に関する国会決議を経て1953年から開始された政府遺骨収集団の派遣による「帰還」は、派遣先国との正式交渉、現地における「象徴遺骨」の収容と慰霊碑の建立、盛大な出迎え式に特徴づけられ、常に国民の関心を集めるなかで行われた「賑やかな帰還」となった。これとは対照的に、復員・引揚から遺骨収容問題の「発見」に至る谷間の時期に行われたフィリピンからの遺体（遺骨）の帰還は、国内においてもほとんど知られることなく、結果として「静かな帰還」となった。この「帰還」は、当初日本政府が人員を現地に派遣して遺体を収容し日本へ送還するという計画を立てていたように、それまでの復員・引揚にともなう帰還とは一線を画する性格のものであったが、結果的に日本人の派遣は許可されず、米軍の手で日本に送還されることになり、その処理は従来の手続きの延長線上で行われた。結局、遺骨帰還の事実は同時代的に遺族には共有されず、遺族がその事実を「発見」するまでには30年以上の月日を要することとなった。

「帰らぬ遺骨」の問題は、終戦直後から社会問題と化していた。ただしここで注意しなければならないのは、復員・引揚にともない帰還した遺骨に関しては、あくまですでに「還ってきた」ことが前提であって、それが「帰らない」のは手続き的な問題であることが多かった点である。戦後の日本政府がより大きな問題として直面したのは、海外に残存している遺骨をどのように処理すべきかという問題であった。

もちろん、遺骨が「帰らない」ことに対して、戦後の日本政府も手をこまねいていたわけではない。1946年以降の政府部内での研究は、原則として海外にある遺骨をすべて国内に送還するという「内地還送」の方針を立てており、その根底には一人でも多くの遺族に遺骨を「帰したい」という考えが働いていたことは間違いないだろう。しかし、遺骨収容問題の「発見」後、遺骨収集団の派遣をめぐる交渉の過程で日本政府は方針の変更を余儀なくされ、1950年代の遺骨収集団は、「象徴遺骨」の収容にとどまることとなった[94]。その結果、1950年代には「遺骨帰還」の重心が「帰」よりも「還」に置かれてしまったように思われる。すなわち、「象徴遺骨」の収容によって、全戦没者の遺骨帰還を代表させる考え方である。1950年代末から60年代前半

にかけて政府当局者が「いわゆる遺骨収集は一応終えた形になっておる」との認識を示したことはその現れともいえる[95]。しかしそれはあくまで日本への帰「還」であり、遺族への「帰」還を意味するものではなかった。

とはいえ、1960年代後半以降、遺族や戦友たちが戦地を訪れ、なおも現地に遺骨が散乱している状況を伝えるようになると、政府は彼等の声に後押しされるかたちで新たに遺骨収容の実施計画を示すことになる。第二次、第三次計画と続く新計画では、「象徴遺骨」という考え方は消滅し、「可能な限りすべて「還す」」という「内地還送」の原則が採られることになった[96]。これは、遺骨収容問題が新たな段階に入ったことを意味しており、今日における遺骨帰還もその延長線上で実施されている。このことはすなわち、できるだけ遺骨を国内に「還」すのと同時に、遺族のもとへ「帰」る遺骨を増加させる狙いがあったと考えられる。

遺骨の行方をめぐる釜墓地からの問いは、こうした状況の延長線上において、戦後日本における遺骨収容問題をまた一つ新しい段階へと導く役割を果たす契機となったと評価できる。すなわち、遺族にとって「遺骨の帰還」とは、自分たち遺族のもとへ「帰ってくる」ことを意味するのだという素朴な感覚に改めて気づかされるきっかけになったといえるのではないだろうか。2003年度からは、遺骨のDNA鑑定が実施されるようになったが、これは氏名不詳の遺骨の断片でさえも遺族のもとへ「帰る」可能性を最大限に追求するための手段であるといえ、その意味では今後帰還する遺骨のすべてに、遺族のもとへ「帰る」可能性が秘められているといっていいだろう[97]。このことは1950年代には考えられなかったことであり、遺骨収容問題はまた新たな局面を迎えている。

遺骨収容問題が「発見」されてから60年を経て、今日なお「遺骨帰還」への取り組みが続けられているが、それは戦後がまだ終わっていない状況を示すと同時に、遺骨がまだ「帰ってきていない」遺族にとっては「戦後を終わらせる」ことにつながる大切な作業であるともいえよう。

注
1) 本章では、1937年7月の盧溝橋事件から1945年9月の降伏文書調印に至る日中戦

争および太平洋戦争を総称して「アジア・太平洋戦争」と表記し、日本政府が主催する「全国戦没者追悼式」の追悼対象と同様に、この戦争での一般人を含む死者を「戦没者」と表記する。
2) 藤井忠俊『兵たちの戦争―手紙・日記・体験記を読み解く』(朝日新聞社、2000年) 212–218 頁。
3) 戦後初期の日本政府の遺骨収容方針を明らかにしたものとして、浜井和史「「内地還送」から「象徴遺骨」の収容へ―戦後日本政府による初期「遺骨収集」の方針策定の経緯」(東洋英和女学院大学現代史研究所『現代史研究』第6号、2010年3月)、1950年代における遺骨収集団の派遣経緯を明らかにしたものとして、浜井和史「戦後日本の海外戦没者慰霊―1950年代遺骨収集団の派遣経緯と『戦没日本人之碑』の建立」(『史林』第91巻第1号、2008年1月)、沖縄における遺骨収容問題を取り上げたものとして、北村毅『死者たちの戦後誌―沖縄戦跡をめぐる人びとの記憶』(御茶の水書房、2009年)、硫黄島における遺骨収容についてはロバート・D・エルドリッヂ『硫黄島と小笠原をめぐる日米関係』(南方新社、2008年)、遺族との関係から遺骨問題を読み解いたものとして、一ノ瀬俊也『銃後の社会史―戦死者と遺族』(吉川弘文館、2005年)、西村明「遺骨収集・戦地訪問と遺族―死者と生者の時―空間的隔たりに注目して」(『昭和のくらし研究』第6号、2008年3月)、同「遺骨への想い、戦地への想い―戦死者と生存者たちの戦後」(関沢まゆみ編『国立歴史民俗博物館研究報告第147集 戦争体験の記録と語りに関する資料論的研究』2008年12月)が挙げられる。
4) 一ノ瀬『銃後の社会史』174頁。
5) 従来、日本政府は海外における戦没者の遺骨収容について「遺骨収集」との表現を使用してきたが、2010年8月にこれを見直し、「遺骨帰還」との表現に改めた。
6) なお、本章では日本人戦没者の遺骨の帰還のみを取り扱うものとし、大日本帝国崩壊後における朝鮮人や中国人、その他連合国の捕虜等の遺骨の祖国への帰還に関しては、日本人戦没者とは別の力学が働いていると考えられることから、分析の対象外とする。
7) 2012年3月31日現在。約127万柱のうち日本政府による「遺骨帰還」事業によって国内に「還ってきた」遺骨は約33万柱とされる。厚生労働省 HP より〈http://www.mhlw.go.jp/seisakunitsuite/bunya/hokabunya/senbotsusha/seido01/index.html〉2012年6月18日閲覧。
8) 明治から昭和戦前期にかけての日本における戦没者の取扱いに関して、制度面については、原田敬一「陸海軍墓地制度史」(新井勝紘・一ノ瀬俊也編『国立歴史民俗博物館研究報告第102集 慰霊と墓』2003年3月)、実態面については、波平恵美子『日本人の死のかたち―伝統儀礼から靖国まで』(朝日新聞社、2004年)が参考になる。
9) 日清戦争時の戦没者処理の詳細については、羽賀祥二「戦病死者の葬送と招魂―日清戦争を例として」(『名古屋大学文学部研究論集』第46号、2000年3月)を参照。

10) 陸達第100号「戦場掃除及戦死者埋葬規則」（1904年5月30日）（防衛省防衛研究所戦史研究センター所蔵）。同規則では、敵国戦没者の処理についても規定された。日露戦争時の戦没者処理については、原田敬一「慰霊の政治学」（小森陽一・成田龍一編『日露戦争スタディーズ』紀伊國屋書店、2004年）を参照。
11) 日露戦争後に中国東北部に建立された忠霊塔については、横山篤夫「『満州』に建てられた忠霊塔」（『東アジア研究』第48号、2007年3月）を参照。
12) 「作戦要務令」（1938年9月29日施行）（防衛省防衛研究所戦史研究センター所蔵）。「戦場掃除」について記した「作戦要務令　第三部」は、1939年10月に追加された。なお、「作戦要務令」のもととなった「陣中要務令」（1924年8月26日施行）にも「戦場掃除」についての記述がある。
13) たとえば、第17軍司令部制定の「大東亜戦争戦（病）死者遺骨還送規定」（1942年7月15日）（防衛省防衛研究所戦史研究センター所蔵）など。
14) 横山篤夫「戦没者の遺骨と陸軍墓地―夫が戦没した妻たちの六〇年後の意識から」（関沢編『戦争体験の記録と語りに関する資料論的研究』）105-106頁。
15) 同上。また、波平『日本人の死のかたち』162-176頁をあわせて参照。
16) 陸亜普第1435号「留守業務規程」（1944年11月30日調製、45年1月1日施行）（防衛省防衛研究所戦史研究センター所蔵）。
17) 陸普第1880号「外地部隊留守業務処理要領ノ件達」（1945年9月23日）（防衛省防衛研究所戦史研究センター所蔵）。
18) たとえば、「第六方面軍復員資料」（浜井和史編『復員関係史料集成』第5巻、ゆまに書房、2009年）236頁、にそうした例がみられる。
19) 総参一第1530号「支那派遣軍復員規定」（1945年10月26日）（浜井編『復員関係史料集成』第1巻、ゆまに書房、2009年）11-135頁。
20) 威参復第1号「南方軍復員に関する規程」（1945年11月12日）（浜井編『復員関係史料集成』第6巻、ゆまに書房、2010年）397-440頁。
21) 一復第744号「復員留守業務規程」（1946年4月15日調製、施行）（防衛省防衛研究所戦史研究センター所蔵）。
22) 引揚援護庁訓第1号「復員業務規程」（1951年3月5日調製、4月1日施行）（防衛省防衛研究所戦史研究センター所蔵）。
23) 復員連絡局は旧軍管区司令部の管轄を継承して設置された。1946年6月の復員庁設立時は、北部（札幌市）、東部（東京都）、中部（大阪市）、西部（福岡市）の各復員連絡局が置かれ、東部のもとには仙台支部が、中部のもとには名古屋支部・広島支部・善通寺支部がそれぞれ置かれた。
24) 地方世話部は旧連隊区司令部を継承して第一復員省の設立（1945年12月1日）と

ともに復員連絡局の前身である復員監部のもとに編成された。その後、地方長官（知事）のもとに置かれ、1947年5月3日以降は民生局（部）世話課に改編された。
25) 発宗第51号「公葬等について」（1946年11月1日）（国立公文書館所蔵）。
26) 海軍関係に関しては、第二復員省設立（1945年12月1日）後、大阪および各鎮守府（横須賀、舞鶴、呉、佐世保）の管轄区域を担当する地方復員局が置かれ、1948年3月以降は地方復員残務処理部に改編された。
27) 佐世保引揚援護局編『局史』上巻（1949年）77-78頁。
28) 新潟県民生部援護課編『新潟県終戦処理の記録』（1972年）223-227頁。
29) 山口書記生（舞鶴引揚援護局外務省連絡班）より芦田外務大臣宛「当地に於ける在外一般邦人遺骨遺留品等処理状況報告の件」（1947年10月25日）（外交記録公開文書、リール番号K'0086。外務省外交史料館所蔵。以下、外交記録公開文書の引用は、リール番号のみを明記）。
30) 厚生省引揚援護局編『舞鶴地方引揚援護局史』（1961年）143頁。
31) 『朝日新聞』（1951年9月10日）。
32) 中国派遣軍残務整理部編「支那派遣軍復員本部の歴史」（浜井編『復員関係史料集成』第1巻）112頁。
33) 業務課「復員史 第一案」（1948年8月）（防衛省防衛研究所戦史研究センター所蔵）。
34) 茨城県民生部世話課編『茨城県終戦処理史』（1972年）366頁。
35) 『朝日新聞』（1946年1月26日）。
36) 『浦賀引揚援護局史 上』（加藤聖文監修・編『海外引揚関係史料集成 国内篇』第2巻、ゆまに書房、2002年）135頁。
37) 『朝日新聞』（1946年8月4日）。
38) 前掲「支那派遣軍復員本部の歴史」45-48頁。「支那派遣軍復員本部」については、「史料解題」（浜井編『復員関係史料集成』第12巻、ゆまに書房、2010年）173-175頁を参照。
39) 『沖縄タイムス』（1952年11月20日）、『琉球新報』（1954年3月26日）。
40) 『琉球新報』（1960年3月16日）。これらの遺骨も沖縄出身者のものとみられ、本土復帰前における遺骨の沖縄への「帰還」には困難がともなっていたことが察せられる。
41) 新潟県民生部世話課「御遺族の参考」（前掲『新潟県終戦処理史』213-214頁）。なお、新潟県において遺族が受け取りを拒否した遺骨は、後日、新発田市の忠霊殿（納骨堂）に納骨を依頼したとされる（同上、228頁）。
42) 同上。
43) 前掲『舞鶴地方引揚援護局史』334頁。
44) この中には、1950年代に日本政府が派遣した「遺骨収集団」によって収容されたが、

遺族のもとへは「帰らなかった」ものも含まれている。
45) 復員局留守業務部「東部ニューギニア方面に於ける戦没者の遺体遺骨等の状況に就て」（1953年4月28日）（防衛省防衛研究所所蔵）。なお、ムッシュ島に埋葬された遺体は、1973年に派遣された「遺骨収集団」により収容された。
46) 「グワム島戦死者の遺骨（体）等に関する資料」（防衛省防衛研究所戦史研究センター所蔵）。
47) 日本政府の検討の詳細については、浜井「「内地還送」から「象徴遺骨」の収容へ」23-28頁を参照。
48) 厚生省引揚援護局総務課記録係編『続・引揚援護の記録』（1955年）161頁。
49) 浜井和史「沖縄戦戦没者をめぐる日米関係と沖縄」（『外交史料館報』第19号、2005年9月）92-93頁。
50) 『朝日新聞』（1951年9月10日）。
51) 「天声人語」（『朝日新聞』1951年9月17日）。
52) 寒川光太郎『遺骨は還らず』（双葉書房、1952年）は、『朝日新聞』の記事を契機とする国内の遺骨送還運動の内情と寒川の苦悩を伝えている。
53) 浜井「「内地還送」から「象徴遺骨」の収容へ」30-32頁。
54) 文部次官・引揚援護庁次長通達「戦没者の葬祭などについて」（1951年9月10日）（G'0006）。
55) 硫黄島および沖縄への遺骨調査団派遣については、エルドリッヂ『硫黄島と小笠原をめぐる日米関係』（368-371頁）および北村『死者たちの戦後誌』（78-98頁）をそれぞれ参照。
56) 「衆議院海外同胞引揚及び遺家族援護に関する調査特別委員会」（1952年4月22日）における木村忠次郎引揚援護庁長官の発言。木村長官は、「わが将兵の遺骨が手厚い取扱いを受けておりますることは、私ども当初予想し得なかつたところ」であったと述べた。
57) 守屋によれば、第174病院はもともとモンテンルパ収容所のニュービリビッド刑務所内に付設されており、同病院で死亡した日本人がカンルーバンの墓地に運ばれ埋葬された。特に1945年9・10月の死亡者が多く、病院での死亡者は1日に50人以上にのぼったという。その後、病院自体がカンルーバンに移設された（守屋正『比島捕虜病院の記録』金剛出版、1973年）。カンルーバン収容所の状況については、守屋同上書のほか、山中明『カンルーバン収容所物語』（光人社、1987年）、若尾静子『サンパギータよ永久に薫れ』（シーガル編集室、1996年）が詳しい。
58) 浜井「「内地還送」から「象徴遺骨」の収容へ」27頁。
59) From Department of Army to CINCFE, "Return to Japan of Japanese Dead Interred in Philippines", 13 Aug 1948（CTS01605, GHQ/SCAP Records, Civil Transportation Section）

(国立国会図書館憲政資料室所蔵).

60) 外務省管理局引揚渡航課 (以下、「引揚渡航課」と略記)「中部及西部太平洋地区内戦没将兵遺骨の処置に関する件」(1948 年 8 月 30 日) (G'0013).

61) 浜井「「内地還送」から「象徴遺骨」の収容へ」26–27 頁.

62) 引揚渡航課「比島に在る戦没将兵の遺骨持帰りに関する件」(1948 年 9 月 7 日) (K'0086).

63) 引揚渡航課「比島にある戦没将兵の遺骨持帰りについて」(1948 年 10 月 8 日) (K'0086).

64) 同上.

65) "Return to Japan of Japanese War Dead Interred in Philippines", 26 Oct 1948 (CTS01605).

66) 第 8 軍司令部より横浜連調経由日本政府宛覚書 (1948 年 12 月 30 日) (K'0086).

67) 引揚渡航課「比島からの引揚遺体処理に関する連絡会議の件」および引揚援護庁復員局長より外務省管理局長宛一復 2605「比島から還送された遺体の処理に関する件」(1949 年 1 月 6 日) (K'0086).

68) 「比島からの遺体の送還に関し引揚援護庁長官談」(1949 年 1 月 14 日) (K'0086).

69) 1949 年 2 月 25 日付「感謝状」. 3 月 4 日付覚書にて SCAP へ送付された (K'0086).

70) 復員局「比島から還送された遺体の処理についての状況説明」(1949 年 1 月 26 日) (K'0086).

71) 佐世保引揚援護局編『局史』下巻 (1951 年) 216 頁.

72) 同上.

73) 小西龍造『戦後なき遺体』(リアルマガジン社、1984 年) 18–21 頁、中牟田勇編『慟哭の釜墓地』(佐世保釜墓地戦歿者護持会、2005 年) 31–32 頁.「橘丸事件」については、喜多義人「赤十字標識の不正使用と戦犯裁判—横浜裁判における橘丸事件」(『国際法外交雑誌』第 87 巻 6 号、1989 年 2 月) を参照.

74) 復員局復員業務部長より管理局長宛連絡発 5598「比島から還送された遺体処理に関する第 8 軍司令部宛報告の件 (其の三)」(1949 年 2 月 10 日) (K'0086). ただしその後の調査報告には、台湾人の判明分のものもみられる.

75) 復員局長より管理局長宛一復 2705「比島から還送された遺体の処理に関する件」(1949 年 2 月 25 日) (K'0086).

76) 前掲「比島から還送された遺体処理に関する第 8 軍司令部宛報告の件 (其の三)」.

77) 復員局連絡課長より管理局長連絡発 5801「比島から還送された遺体処理に関する第 8 軍司令部宛報告の件 (其の四)」(1949 年 4 月 9 日) (K'0086).

78) 武藤武 (佐世保引揚援護局内外務省連絡事務所) より武野引揚調査室長宛「比島引揚遺体引取人調査に関する件」(1949 年 6 月 24 日) (G'0008).

79) 引揚援護庁『引揚援護の記録』(1950 年) 年表、57 頁。
80) たとえば『朝日新聞』には「比島から四千の遺体」(1949 年 1 月 11 日) との記事が掲載されたが、その扱いは非常に小さいものであり、続報は見られなかった。
81) 前掲『局史』下巻、117 頁。
82) その約 8 割は 1946 年中のものであり、死因は栄養失調症が最も多く、その他肺結核、コレラ、脚気によるものが多かった。佐世保引揚援護局では一日平均 20 数人、時には 70 から 80 人もの遺体を処理していたという (前掲『局史』上巻、76 頁)。
83) 「火葬責任者の「嘆願書」」(小西『戦後なき遺体』40-43 頁)。
84) 参議院外務委員会 (1957 年 9 月 11 日)。
85) この間の経緯は、中牟田編『慟哭の釜墓地』34-35 頁。
86) 『読売新聞』(1982 年 8 月 14 日・同 16 日)。
87) 中牟田編『慟哭の釜墓地』32-33 頁。
88) 読売新聞大阪社会部編『フィリピン——悲島』(読売新聞社、1983 年) 9-34 頁。
89) 衆議院社会労働委員会 (1984 年 6 月 28 日) および衆議院社会労働委員会 (1991 年 5 月 31 日)。
90) 『毎日新聞』(1985 年 8 月 9 日)。
91) 同上。
92) 千鳥ヶ淵戦没者墓苑奉仕会編『千鳥ヶ淵戦没者墓苑創建 50 年史』(2009 年) 3 頁。
93) この点について、墓苑の創設に関する閣議決定 (「「無名戦没者の墓」に関する件」1953 年 12 月 11 日) は、「遺族に引き渡すことのできないもの」としていたが、1959 年 3 月の厚生次官による経過報告 (田邊繁雄厚生事務次官「千鳥ヶ淵戦没者墓苑の建設に関する経過報告」1959 年 3 月 28 日) では「すべてが氏名の判明しないもの」と説明されており、また 1984 年当時の同墓苑の掲示板も「いずれも氏名の判明しないもの」と表記していた (前掲『毎日新聞』)。
94) この点に関しては、浜井「「内地還送」から「象徴遺骨」の収容へ」36-37 頁を参照。
95) 衆議院社会労働委員会 (1962 年 4 月 11 日) における厚生省援護局長の答弁。1950 年代末から 60 年代前半にかけて同趣旨の答弁が散見される。
96) 援護局「海外戦没者の遺骨の収集について」(1968 年 2 月)、厚生省「海外における生存未帰還者の救出及び戦没者遺骨の収集等の実施要綱」(1972 年 2 月)。
97) 遺骨の DNA 鑑定による遺族判明数は 832 人 (2012 年 1 月現在) である (「社会・援護局関係主管課長会議資料」(2012 年 3 月 1 日開催)、厚生労働省 HP より 〈http://www.mhlw.go.jp/topics/2012/03/tp0314-01.html〉 2012 年 6 月 27 日閲覧)。

※本稿の論旨は、執筆者個人の見解であって、外務省の公式見解ではありません。

参考文献リスト

※ 本書のテーマに関連し、理解を深めるための基本的文献を紹介する。

【史料集等】

・大蔵省管理局編『日本人の海外活動に関する歴史的調査　第九巻　台湾篇4』（ゆまに書房復刻版、2000年）
・加藤聖文監修・編『海外引揚関係史料集成』全35巻（ゆまに書房、2002年）
・樺太終戦史刊行会編『樺太終戦史』（樺太連盟、1973年）
・河原功監修・編『台湾協会所蔵　台湾引揚・留用記録』全10巻（ゆまに書房、1997～98年）
・厚生省援護局編『引揚げと援護三十年の歩み』（1977年）
・厚生省社会援護局監修『援護50年史』（ぎょうせい、1997年）
・台湾協会編・発行『台湾引揚史―昭和二十年終戦記録』（1982年）
・浜井和史編・解題『復員関係史料集成』全12巻（ゆまに書房、2009年～2010年）
・引揚援護庁編『引揚援護の記録』（1950年）、厚生省引揚援護局編『続・引揚援護の記録』（1955年）、同『続々・引揚援護の記録』（1963年）（以上3冊は、クレス出版より2000年に復刻版が刊行）
・満蒙同胞援護会編『満蒙終戦史』（河出書房新社、1962年）
・森田芳夫・長田かな子編『朝鮮終戦の記録　資料編』
　　『第1巻　日本統治の終焉』（巌南堂書店、1979年）
　　『第2巻　南朝鮮地域の引揚と日本人世話会の活動』（巌南堂書店、1980年）
　　『第3巻　北朝鮮地域日本人の引揚』（巌南堂書店、1980年）

【単行本】

・明田川融訳・解説『占領軍対敵諜報活動―第441対敵諜報支隊調書―1945年8月～1950年6月』（現代史料出版、2004年）
・阿部軍治『シベリア強制抑留の実態―日ソ両国資料からの検証』（彩流社、2005

年)
- 蘭信三編『中国残留日本人という経験—「満洲」と日本を問い続けて』(勉誠出版、2009年)
- 蘭信三編『帝国崩壊とひとの再移動—引揚げ、送還、そして残留』(勉誠出版、2011年)
- 石井明『中ソ関係史の研究 1945-1950』(東京大学出版会、1990年)
- 石堂清倫『大連の日本人引揚の記録』(青木書店、1997年)
- 一ノ瀬俊也『銃後の社会史—戦死者と遺族』(吉川弘文館、2005年)
- 江夏由樹・中見立夫・西村成雄・山本有造編『近代中国東北地域史研究の新視角』(山川出版社、2005年)
- 大濱徹也『日本人と戦争—歴史としての戦争体験』(刀水書房、2002年)
- 岡部牧夫・荻野富士夫・吉田裕編『中国侵略の証言者たち—「認罪」の記録を読む』(岩波書店、2010年)
- 香島明雄『中ソ外交史研究 1937-1946』(世界思想社、1990年)
- カタソノワ、エレーナ『関東軍兵士はなぜシベリアに抑留されたか—米ソ超大国のパワーゲームによる悲劇』(社会評論社、2004年)
- 加藤聖文『「大日本帝国」崩壊—東アジアの1945年』(中央公論新社、2009年)
- カルポフ、ヴィクトル『スターリンの捕虜たち—シベリア抑留:ソ連機密資料が語る全容』(北海道新聞社、2001年)
- 小林英夫・柴田善雅・吉田千之輔編『戦後アジアにおける日本人団体—引揚げから企業進出まで』(ゆまに書房、2008年)
- 下斗米伸夫『アジア冷戦史』(中央公論新社、2004年)
- 鈴木多聞『「終戦」の政治史—1943-1945』(東京大学出版会、2011年)
- スラヴィンスキー、ボリス『日ソ戦争への道—ノモンハンから千島占領まで』(共同通信社、1999年)
- 戦後強制抑留史編纂委員会編『戦後強制抑留史』全8巻(平和祈念事業特別基金、2005年)
- 田中宏巳『復員・引揚げの研究—奇跡の生還と再生への道』(新人物往来社、2010年)
- 中国帰還者連絡会編『帰ってきた戦犯たちの後半生—中国帰還者連絡会の四〇年』

（新風書房、1996 年）
- 永島広紀『戦時期朝鮮における「新体制」と京城帝国大学』（ゆまに書房、2011 年）
- 成田龍一『「戦争経験」の戦後史―語られた体験／証言／記憶』（岩波書店、2010 年）
- 長谷川毅『暗闘―スターリン、トルーマンと日本降伏』（中央公論新社、2006 年）
- 浜日出夫編『戦後日本における市民意識の形成―戦争体験の世代間継承』（慶應義塾大学出版会、2008 年）
- 松村史紀『「大国中国」の崩壊―マーシャル・ミッションからアジア冷戦へ』（勁草書房、2011 年）
- 森田芳夫『朝鮮終戦の記録―米ソ両軍の進駐と日本人の引揚』（巌南堂書店、1964 年）
- 山本有造編著『満洲―記憶と歴史』（京都大学学術出版会、2007 年）
- 吉田裕『兵士たちの戦後史』（岩波書店、2011 年）
- 若槻泰雄『〔新版〕戦後引揚げの記録』（時事通信社、1995 年）

【論文】
- 浅野豊美「折りたたまれた帝国―戦後日本における「引揚」の記憶と戦後的価値」（細谷千博他編『記憶としてのパールハーバー』ミネルヴァ書房、2004 年）
- 浅野豊美「敗戦・引揚と残留・賠償」（和田春樹・後藤乾一・木畑洋一・山室信一・趙景達・中野聡・川島真編『岩波講座 東アジア近現代通史 第 7 巻 アジア諸戦争の時代：1945-1960 年』岩波書店、2011 年）
- 阿部安成・加藤聖文「「引揚げ」という歴史の問い方」上・下（『彦根論叢』2004 年 5 月・7 月）
- 稲葉千晴「関東軍総司令部の終焉と居留民・抑留者問題―日本側資料の再検討とソ連接収文書の分析によせて」（『軍事史学』第 124 号、1996 年 3 月）
- 大澤武司「『人民の義憤』を超えて―中華人民共和国の対日戦犯政策」（『軍事史学』第 44 巻第 3 号、2008 年）
- 大澤武司「『ヒト』の移動と国家の論理―後期集団引揚の本質と限界」（劉傑・川島真編『1945 年の歴史認識―＜終戦＞をめぐる日中対話の試み』東京大学

出版会、2009 年)
・加藤聖文「台湾引揚と戦後日本人の台湾観」(台湾史研究部会編『台湾の近代と日本』中京大学社会科学研究所、2003 年)
・加藤聖文「戦後東アジアの冷戦と満洲引揚─国共内戦下の「在満」日本人社会」(『東アジア近代史』第 9 号、2006 年 3 月)
・加藤聖文「満洲体験の精神史─引揚の記憶と歴史認識」(前掲『1945 年の歴史認識』)
・加藤聖文「ソ連軍政下の日本人管理と引揚問題─大連・樺太における実態」(『現代史研究』第 5 号、2009 年)
・加藤陽子「敗者の帰還─中国からの復員・引揚問題の展開」(『国際政治』第 109 号、1995 年 5 月)(加藤陽子『戦争の論理─日露戦争から太平洋戦争まで』勁草書房、2005 年、に収録)
・喜多義人「英軍による降伏日本軍人の取扱い─南方軍終戦処理史の一断面」(『軍事史学』第 35 巻 12 号、1999 年 9 月)
・木村英亮「ソ連軍政下大連の日本人社会改革と引揚の記録」(『横浜国立大学人文紀要第一類　哲学・社会科学』第 42 輯、1996 年 10 月)
・佐藤晋「戦後日本外交の選択とアジア秩序構想」(『法学政治学論究』第 41 号、1999 年 6 月)
・関口哲矢「終戦処理過程における各省間議論の展開─復員引揚げ問題を事例として」(『ヒストリア』第 184 号、2003 年 4 月)
・高綱博文「上海日本人引揚者たちのノスタルジー─「わが故郷・上海」の誕生」(『近代中国研究彙報』第 24 号、2002 年 3 月)
・成田龍一「「引揚げ」に関する序章」(『思想』955 号、2003 年 11 月)
・成田龍一「「引揚げ」と「抑留」」(倉沢愛子・杉原達・成田龍一・テッサ・モーリス - スズキ・油井大三郎・吉田裕編『岩波講座　アジア・太平洋戦争 4　帝国の戦争経験』岩波書店、2006 年)
・浜井和史「戦後日本の海外戦没者慰霊─1950 年代遺骨収集団の派遣経緯と「戦没日本人之碑」の建立」(『史林』第 91 巻第 1 号、2008 年 1 月)
・横手慎二「スターリンの日本人送還政策と日本の冷戦への道(1)〜(3)」(『法学研究』第 82 巻第 9〜11 号、2009 年 9〜11 月)

あとがき

　2010（平成22）年6月16日午前、私は新宿区若松町の総務省別館4階にある平和祈念事業特別基金理事長室で国会の動きを見守っていた。まもなく「戦後強制抑留者に係る問題に関する特別措置法（平成22年法律第45号）」、いわゆる「シベリア特措法」が成立したとの報に接した。会期が終了する当日のことであった。前日まで同法案が成立するか否か予断を許さない状況にあったことなどまるで嘘であるかのように、実にあっけない結末であった。その瞬間、私は歴史の歯車が動いたような実感を味わった。自民党政権期には不可能と思われていた終戦後のシベリア抑留者への給付金問題が、2009（同21）年9月以降、民主党政権の誕生によって急速に勢いを増し、ついに長年に及ぶシベリア抑留者側の強い願望が実を結んだわけである。結局基金は、存命中のシベリア抑留者約8万9千名弱への給付金総額200億余円の支払業務をもって完了となり、2013（同25）年3月末に解散することとなった。

　私はこのような戦後史に直結する場面に遭遇できたことに深い感慨を覚えると同時に、偶然ながら、再度に及ぶ基金理事長職に在った計2年半（2005.1～06.12および2010.2-8）を通じて、シベリア抑留問題ばかりでなく、復員問題や引揚問題に対して行政者の立場から若干でも関与できたことを至福と感じた。この間、従来の大学教育の世界から離れて、別天地での政府行政部内に身を置き、公務上の視点や管理上の役割など無数のギャップに逡巡せざるをえなかった。それでも、公務の対象自体が日本外交史の専門領域であることに変わりがなく、そのため必然的に私の学問的関心は水平的に拡大していった。しかも残留者や引揚者など生き証人から発せられる体験談は、聞きしに勝る"生き地獄"そのものであり、その凄惨さや過酷さに身が引き締まる

ばかりであった。そのような立場が私個人をして復員、抑留、引揚の実態研究へと向かわせたのである。何ともこれは運命としか表現しようがない。われわれの研究会の発足も、上記の経緯と並行し深く結びついている。

われわれの復員・引揚研究は、6年前の 2006（平成 18）年まで遡る。同年 7月 10日、増田弘、加藤陽子（東京大学）、佐藤晋（二松学舎大学）、浜井和史（外交史料館）の4名が新宿住友ビル（当時）内の平和祈念事業特別基金の一室に会同し、戦後期の空白となっている「復員・引揚」研究を開始することを正式に決定した。東洋英和女学院大学現代史研究所の研究助成金（研究主題「復員・引揚に関する総合的研究」）を獲得できたことによって、事実上の研究会の発足となった。そして翌 07（同 19）年 6月 16日から六本木の東洋英和女学院大学大学院で本格的な第1回研究会が開始され、10月 19日の第2回、12月 21日の第3回研究会と続き、各人の研究の関心テーマが次第に絞られていった。こうして研究会の態勢が整ったわけである。

2008（同 20）年には計6回の研究会（5月 23日、7月 18日、8月 29日、9月 26日、10月 31日、12月 19日）を重ね、各人が順次研究の進捗状況について報告した。この年初から新たに引揚研究者の加藤聖文（国文学研究資料館）が加わり、復員問題と並ぶ引揚問題に対する研究密度が濃いものとなった。さらに翌 09（同 21）年には朝鮮問題専門家の永島広紀（佐賀大学）、中国問題専門家の大澤武司（熊本学園大学）が加わって、陣容に厚みを増すとともに、海外からの引揚・復員問題により広く取り組むことができた。

しかも同年度から3カ年（2009-2012）に及ぶ文科省科学研究費補助金・基盤B（研究課題名「第二次大戦の終結による日本帝国解体過程の基盤的研究」）を取得できた。この時点で、わが研究チームは7名へと拡大していた。そして計3回の研究会（6月1日、7月4日、9月 11日）を開催する一方、各研究者はアメリカ、中国、台湾、韓国、フィリピン、オーストラリア、グアム、サイパンなどの資料調査旅行を実施した。

2010（同 22）年には樺太専門家である竹野学（北海商科大学）が加わり、引揚研究が一層充実した。研究会は計5回（1月8日、2月 27日、5月 28日、6月 18日、9月 25日）開催した。なお2月と9月の研究会は、これまでの六

本木の東洋英和女学院大学大学院から離れて、佐賀大学と熊本学園大学で行われた。またこの間の8月21日〜28日には、念願叶って5名（増田、加藤（聖）、浜井、永島、大澤）によるパパアニューギニア方面の調査旅行を実施し、今なお戦争の傷跡が残る現地を視察できたことは大きな収穫となった。翌11（同23）年にも、引き続き研究会は計3回（6月10日、10月1日、12月10日）を重ねる一方、8月19日〜22日には韓国への視察旅行（同上の5名）を実施し、日本統治時代や引揚関連の歴史的遺跡を見学した。同時に、オランダ、イギリス、ロシア、マレーシア、シンガポール、中国、アメリカなどの海外での資料収集を継続した。

　そして本格的研究の開始から5年を経過した2011（同23）年の時点で、各人の研究成果がほぼまとまり始めた。そこから論文集の出版を目指す動きが表面化し、同年7月には慶應義塾大学出版会からの出版がほぼ確定した。しかも東洋英和女学院大学の同年度の出版助成金を得ることができた。こうしてわれわれの研究成果が、足掛け6年の歳月と合計20回に及ぶ研究会の蓄積の上に世に上梓できることとなった。編者として、これ以上の喜びはない。

　ここにいたる長い時間の経過を振り返りつつ、改めて本書の執筆陣に名を連ねていただいた関係者御一同に対して、とりわけ、諸氏の研究主題への熱い眼差しと問題の底の底まで掘り下げようとする強い研究意欲とその真摯さに敬意を表したい。同時に、同志的仲間といってもよい温かいチームワークに感謝したい。また本研究の進展を支えてくれた東洋英和女学院大学現代史研究所と科学研究費を供与してくださった文科省にも謝意を表したい。最後に、本書の刊行に多大なる力となってくださった慶應義塾大学出版会の乗みどり氏に厚く御礼を述べたい。2006年刊行の編著『ニクソン訪中と冷戦構造の変容』以来のお付き合いとなったが、毎回、的確なご助言を得たことは編者として大変勇気付けられた。まだまだ終戦史研究は発展途上にある。本書がその発展の一助となれば、幸いである。

2012年8月15日　　　　　　戦後67年目を迎えた終戦記念日に

　　　　　　　　　　　　　　　　　　　　　　増田　弘

索 引

〈人 名〉

ア行
アーノルド，アモルド　31
朝香宮鳩彦王　26
阿南惟幾　26, 49, 57
安倍能成　147
有田八郎　26
安藤利吉　38
イーサー，ケン　168, 169
池田純久　57, 59
石原莞爾　26, 151
石渡荘太郎　26
稲田周一　60
今村均　9, 11, 161-173, 176, 178
ヴィシンスキー，アンドレイ　111
ウィルソン，ウッドロウ　62
ウィロビー，チャールズ　87
ウェデマイヤー，アルバート　4, 11, 14, 32, 33, 35-37
梅津美治郎　5, 49, 59
閻錫山　7, 114-116, 128
緒方竹虎　4, 20, 26, 27, 69, 98, 102
岡村寧次　114
尾崎行雄　194
小畑敏四郎　26

カ行
笠島角次郎　198
加瀬俊一　61
加藤鑰平　167
金子定一　142, 144, 145
鹿子木員信　145
河辺虎四郎　73, 84
閑院宮春仁王　26
木戸幸一　16, 25, 26, 55-58, 68
木下道雄　60
魏道明　36
曲初　116

金源　119
草鹿仁一　162, 163, 167
楠本実隆　17
グルー，ジョセフ　63, 66, 67
董玉峰　118
小磯国昭　55, 76
呉浩然　118
近衛文麿　26, 51, 52, 55

サ行
斉藤惣一　198
齋藤美夫　128
相楽圭二　128
佐古龍祐　128
寒川光太郎　195
志賀潔　147
重光葵　4, 24, 26-28, 30, 51, 55, 61
幣原喜重郎　30, 195
下村定　26
周恩来　7, 116, 125, 126
蔣介石　15, 32-36, 49, 64, 66, 114, 125, 129
趙去非　118
城野宏　123, 128
鈴木貫太郎　16, 25, 49, 68, 69, 76
スターディ，ヴァーノン　15, 166, 167
スターリン，ヨシフ　16, 112, 118
澄田睞四郎　115
孫明斎　116

タ行
高木惣吉　26, 55, 67, 68
高木八尺　5, 12, 67, 68
高松宮宣仁親王　51
竹下正彦　57
竹田宮恒徳王　26
武部六蔵　121, 128, 130
多田武雄　19

ダレス，アレン　63, 67
譚政文　120
千田専平　141
チャーチル，ウィンストン　49
張景恵　119
張鼎丞　126
陳儀　38
寺崎英成　60
（昭和）天皇　4, 5, 25, 26, 49, 51, 52, 54-57, 59-62, 64-68, 76, 120, 165
東郷茂徳　16, 49
徳川無声　65
徳川義寛　56
土肥原賢二　26
豊田副武　5, 49
トルーマン，ハリー　4, 14, 15, 36-38, 49, 62, 63, 66, 96

ナ行
中居久二　128
南原繁　5, 12, 67, 68

ハ行
ハーレイ，パトリック　36
バーンズ，ジェームズ　4, 36, 53, 54, 58, 61, 62, 64, 76
梅汝璈　125
パターソン，ロバート　36
原弘志　128
原守　75
東久邇宮稔彦王　4, 13, 14, 25-27, 30, 61, 68, 69
平沼騏一郎　25
平山孝　19
ファース，チャールズ　66, 67
フォレスタル，ジェームズ　36
福家俊一　75
古海忠之　121, 128

ブレイミー，トーマス　165
ペトロフ，アポロン　35
彭真　127
細川護貞　51
穂積眞六郎　8, 141, 142, 150

マ行
マーシャル，ジョージ　4, 11, 14, 32, 36, 37, 39
マウントバッテン，ルイス　165
マッカーサー，ダグラス　14, 33, 35, 61, 83, 96, 161, 165, 198
松平康昌　60
松平慶民　60
三宅秀也　128
宮崎周一　57
宮崎舜市　115
美山要蔵　82, 83
明治天皇　59-61, 76
毛沢東　111, 117
森田芳夫　139, 145, 150, 151

ヤ行
山家信次　147, 148
山岡道武　115
山崎巌　30
山田乙三　24
山本善雄　53
吉田茂　195
吉積正雄　58
米内光政　16, 26, 49

ラ行
羅瑞卿　125
李克農　125
李徳全　8, 124
李甫山　120
廖承志　123
ローズヴェルト，フランクリン　15, 62, 63

〈事　項〉

ア行

有末機関　83
帷幄上奏　5, 55
遺骨帰還　10, 11, 185-187, 189, 201, 204, 205
遺骨収集団　185, 195, 200, 205
遺骨伝達式　188-190, 195, 204
移動医療局（MRU）　146
大型揚陸艦（LST）　4, 38, 176
オーストラリア戦争記念館　162
　　──研究センター　162
恩賜財団同胞援護会　145

カ行

海軍省　175, 188
「外地死没一般邦人遺骨取扱要領」　190
「外地部隊留守業務処理要領」　188
外務省北東アジア課外地整理室　144
カイロ会談　64
カイロ宣言　53
ガダルカナル島　161, 178, 187
釜墓地　201, 202, 206
カンルーバン強制収容所　10, 185, 196, 197, 201
北支那方面軍　114
京城帝国大学　3, 139, 144, 146-152
　　──大陸資源科学研究所　147, 148
　　──大陸文化研究会　148
　　──予科立正会　149
『京城日報』　149
京城日本人世話会　8, 139, 141, 143-146, 148-150, 152
京城府　143, 152
強制収容所（キャンプ）　9, 10, 169-172, 178
極東軍司令官（CINCFE）　196, 197
軍保有資材　68, 74
原子爆弾　15, 16, 57
現地定着　3, 4, 11, 13, 14, 16-18, 20, 21, 24, 25, 27, 28, 39
憲兵隊　171
公安課（PSD）　93
厚生省　175, 178, 202, 203
　　──地方引揚援護局　31, 175
　　──引揚援護課　31, 174
「公葬等について」　189, 190, 195, 201
降伏者（SOP/JSP）　171
国際赤十字委員会　30
国体　27, 51, 55, 58
　　──護持　4, 5, 11, 49, 50, 52-54, 60, 67, 76, 164
国柱会　151, 152
国民精神総動員朝鮮連盟　149
国民総力朝鮮連盟　139, 144, 149, 150
御前会議　16, 32, 49, 57, 60, 65
国務・陸海軍三省調整委員会（SWNCC）　36
葫蘆（コロ）島　34

サ行

在外同胞援護会　8, 145, 146, 148
在韓米軍政庁　31
最高戦争指導会議　4, 49, 51, 61
在ソ日本人捕虜の引揚に関する米ソ協定　40
宰領者　10, 11, 188, 189, 204
佐世保釜墓地戦歿者護持会　202-204
三国干渉　57-59, 76
山西省日本軍残留問題　114
サンフランシスコ平和条約　10, 194, 195
参謀第２部（G2）　81, 83, 85, 87, 89-91, 93, 95, 96, 98
次官会議　18-20
「支那派遣軍復員規定」　188
シベリア抑留　40
下関引揚援護局　144
終戦工作　51
終戦事務連絡委員会　5, 31, 69
終戦処理会議　18, 20, 26
終戦連絡中央事務局（終連：CLO）　4, 27, 28, 162
承認必謹　164
商船管理委員会（CMMC）　31
象徴遺骨　205, 206
尋問報告書　6

（昭和天皇の）聖断　4, 12, 16, 56-58
聖福病院　8, 145-148
西陵組　7, 111, 123
戦争犯罪人（戦犯）　3, 5, 7, 8, 12, 52, 60, 109-112, 116-128, 130, 170-172
戦争捕虜（POW）　172
『ソ連事情』　100, 101
ソロモン諸島　10, 161

タ行

第一復員省　84, 89, 171, 188
第二復員省　175, 188
（米）第7艦隊　33, 34, 38
第8方面軍　9, 11, 161, 163-165, 168, 172, 173, 175-177
第10方面軍　165
第14方面軍　165, 178
第17方面軍　8, 10, 161, 163, 164, 169, 173, 176-178
第18軍　10, 162, 165, 176, 177
第319軍事諜報中隊　6, 87, 89
太原組　7, 8, 111, 124, 127, 128
大政翼賛会　145
対敵諜報部隊（CIC）　83, 84, 88, 89, 92, 93, 95, 101
　　――第441対敵諜報部隊（441CIC）　6, 87, 93, 95
（米）太平洋艦隊　31, 38
太平洋問題調査会　67
大本営　54, 74, 171
大本営及政府終戦事務連絡委員会　27
台湾省行政長官公署　38
千鳥ヶ淵戦没者墓苑　186, 193, 202, 203
地方復員残務処理部　189
中央情報局（CIA）　81, 82, 84, 99, 100
中央尋問センター　6, 88-91
『中共事情』　7, 84, 99-103
中国帰還者連絡会（中帰連）　110, 130
中国戦域米軍（USFCT、のちの COMGENCHINA）　4, 14, 32, 33, 36-38
中ソ友好同盟条約　34
張鼓峰事件　113

朝鮮軍　8, 140, 145
朝鮮戦争　6, 12, 96-100, 103, 104, 117, 194
朝鮮総督府　3, 19, 139, 141, 144, 152
朝鮮大東亜細亜協会　145
朝鮮文人報国会　144
東亜連盟運動　151, 152
東南アジア連合軍（SEAC）　172
図南嶺司令部　164
トルーマン・ドクトリン　40

ナ行

内閣調査局　18, 25, 174
内閣調査室（内調）　6, 86, 96, 99-101, 102, 105
内地還送　11, 187, 197, 204-206
内務省管理局　18, 174
内務省終戦事務局　145
南方遺骨引揚協議会　10, 195
南方遺骨引揚促進会　10, 195
「南方軍復員に関する規程」　188
日本商船管理局（SCAJAP）　31, 34, 38
ニューアイルランド島　163, 165, 167, 168, 170, 176
ニューブリテン島　9, 161, 163, 165-167, 176
認罪大会　8, 121
認罪坦白　8, 120-123
ノモンハン事件　113

ハ行

博多引揚援護局　145
八路軍（中国共産党軍）　112
光部隊　171, 172
引揚援護局　25, 85, 198, 201
引揚者尋問調査　93, 95, 100, 104, 122
引揚者尋問プログラム　86, 89, 90, 97, 99
引揚に関する基本的指令　39
ブーゲンビル島　10, 161-166, 168, 176-178
「復員業務規程」　193
「復員留守業務規程」　187-189, 193
復員連絡局　188, 189, 204
釜山日本人世話会　148
撫順組　7, 8, 111, 112, 117, 124
撫順戦犯管理所　7, 111, 116
「撫順の奇蹟」　109, 110

武装解除　3-5, 9, 11, 12, 20, 36, 37, 49-51, 53-55, 57-59, 61, 69, 73, 76, 86, 87, 167-169, 171
俘虜虐待　9, 170, 171
平頂山事件　109
平和祈念事業特別基金　162
北京協定　123, 124
ポツダム宣言　4, 5, 14-16, 20, 28-30, 32, 49-55, 61, 62, 64, 65, 76, 165, 174

マ行
満州国協和会　145
満洲国蒙政部　145
満鮮拓殖株式会社　145
民間諜報局（CIS）　93
民政局（GS）　93
モンテンルパ収容所　196

ヤ行
ヤルタ会談　15

ラ行
ラバウル　3, 9-11, 161-171, 175-178
罹災民救済病院　146
リバティ型輸送艦　176
緑旗連盟　146, 149, 151, 152
遼東半島還附　59, 60
「留守業務規程」　187-189
留守業務部（のちの厚生省未帰還調査部）　193, 198, 199
連合国軍最高司令官（SCAP）　196
連合国軍最高司令官総司令部（GHQ/SCAP）　2-4, 6, 12-14, 24, 25, 27, 28, 30, 31, 33, 34, 38, 39, 54, 85, 111, 139, 170, 174, 189, 194, 197
連合国軍翻訳通訳部（ATIS）　6, 81, 83, 87-91, 96, 97, 101

英数字
October Plan　33
441CIC→（第441）対敵諜報部隊

執筆者紹介 (掲載順)

増田 弘（ますだ ひろし）
東洋英和女学院大学国際社会学部教授。1947年生まれ。慶應義塾大学大学院法学研究科博士課程修了。法学博士。専門分野：日本政治外交史。主要業績：『石橋湛山―「小日本主義者」の国際認識』（1990年、東洋経済新報社）、『公職追放―三大政治パージの研究』（東京大学出版会、1996年）、『ニクソン訪中と冷戦構造の変容―米中接近の衝撃と周辺諸国』（編著、慶應義塾大学出版会、2006年）、『マッカーサー―フィリピン統治から日本占領へ』（中央公論新社、2009年）、ほか。

加藤 聖文（かとう きよふみ）
人間文化研究機構国文学研究資料館助教。1966年生まれ。早稲田大学大学院文学研究科史学（日本史）専攻博士後期課程修了。専門分野：日本近現代史・歴史記録学。主要業績：『満鉄全史―「国策会社」の全貌』（講談社選書メチエ、2006年）、『検閲された手紙が語る満洲国の実態』（共著、小学館、2006年）、『「大日本帝国」崩壊―東アジアの1945年』（中公新書、2009年）、『史料 満鉄と満洲事変―山﨑元幹文書』上下巻（共著、岩波書店、2011年）、ほか。

加藤 陽子（かとう ようこ）
東京大学大学院人文社会系研究科教授。1960年生まれ。東京大学大学院人文科学研究科博士課程修了。博士（文学）。専門分野：日本近代史。主要業績：『満州事変から日中戦争へ』（岩波新書、2005年）、『それでも、日本人は「戦争」を選んだ』（朝日出版社、2009年）、『昭和天皇と戦争の世紀（天皇の歴史 08）』（講談社、2011年）、『新装版 模索する1930年代―日米関係と陸軍中堅層』（山川出版社、2012年）、ほか。

佐藤 晋（さとう すすむ）
二松学舎大学国際政治経済学部教授。1967年生まれ。慶應義塾大学大学院法学研究科後期博士課程修了。博士（法学）。専門分野：戦後日本政治外交史。主要業績：『池田・佐藤政権期の日本外交』（共著、ミネルヴァ書房、2004年）、『現代日本の東南アジア政策 1950-2005（アジア太平洋研究選書）』（共著、早稲田大学出版部、2007年）、『東アジア近現代通史』第9巻（共著、岩波書店、2011年）、『もう一つの日米交流史―日米協会資料で読む20世紀』（共著、中央公論新社、2012年）、ほか。

大澤 武司（おおさわ たけし）
熊本学園大学外国語学部准教授。1973 年生まれ。中央大学大学院法学研究科政治学専攻博士後期課程修了。博士（政治学）。専門分野：近現代日中関係、戦後東アジア国際政治。主要業績：『1945 年の歴史認識―＜終戦＞をめぐる日中対話の試み』（共著、東京大学出版会、2009 年）、『現代中国外交の六十年―変化と持続』（共著、慶應義塾大学出版会、2011 年）、『日中関係史　1972-2012　Ⅰ　政治』（共著、東京大学出版会、2012 年）、「『人民の義憤』を超えて―中華人民共和国の対日戦犯政策」（『軍事史学』第 44 巻第 3 号、2008 年）、ほか。

永島 広紀（ながしま ひろき）
佐賀大学文化教育学部准教授。1969 年生まれ。九州大学大学院人文科学府博士後期課程修了。博士（文学）。専門分野：朝鮮史・日韓関係史。主要業績：『戦時期朝鮮における「新体制」と京城帝国大学』（ゆまに書房、2011 年）、『大韓民国の物語』（翻訳、李栄薫著、文藝春秋、2009 年）、『植民地帝国人物叢書【朝鮮編】』全 20 巻（編著、ゆまに書房、2010 年）、『【第 2 期】日韓歴史共同研究報告書　教科書小グループ篇』（共著、日韓歴史共同研究委員会、2010 年）、ほか。

浜井 和史（はまい かずふみ）
外務省外交史料館「日本外交文書」編纂室外務事務官、二松学舎大学国際政治経済学部非常勤講師。1975 年生まれ。京都大学大学院文学研究科博士後期課程研究指導認定退学。専門分野：日本近現代史、日本外交史、国際政治学。主要業績：『復員関係史料集成』全 12 巻（※編集・史料解題、ゆまに書房、2009-2010 年）、「戦後日本の海外戦没者慰霊―1950 年代遺骨収集団の派遣経緯と「戦没日本人之碑」の建立」（『史林』第 91 巻第 1 号、2008 年 1 月）、ほか。

大日本帝国の崩壊と引揚・復員

2012 年 11 月 15 日　初版第 1 刷発行

編著者───増田　弘
発行者───坂上　弘
発行所───慶應義塾大学出版会株式会社
　　　　　〒108-8346　東京都港区三田 2-19-30
　　　　　TEL〔編集部〕03-3451-0931
　　　　　　　〔営業部〕03-3451-3584〈ご注文〉
　　　　　　　〔　〃　〕03-3451-6926
　　　　　FAX〔営業部〕03-3451-3122
　　　　　振替 00190-8-155497
　　　　　http://www.keio-up.co.jp/
装　丁───鈴木　衛
装丁写真───撮影・三宅一美／協力・平和祈念展示資料館
印刷・製本───株式会社加藤文明社
カバー印刷───株式会社太平印刷社

Ⓒ2012　Hiroshi Masuda, Kiyofumi Kato, Yoko Kato, Susumu Sato,
　　　　Takeshi Osawa, Hiroki Nagashima, Kazufumi Hamai
Printed in Japan ISBN978-4-7664-1975-7

慶應義塾大学出版会

ニクソン訪中と冷戦構造の変容
―米中接近の衝撃と周辺諸国
増田弘 編著　当事国の米中に加え、日・ソ・韓・ベトナム・インドネシアそして台湾など関係諸国への影響について、30年を経て公開された当時の米国政府機密資料、新発掘の各国一次資料をもとに、冷戦史を解き明かす。　●3,800円

敗戦と民主化
―GHQ経済分析官の見た日本
T. A. ビッソン 著／内山秀夫 訳　アメリカは日本の民主化に成功したか？　元GHQ民政局主席在日経済分析官として活躍した著者が、当時の占領政策をリアルタイムに分析した画期的論考。開戦までの日本のファシズム化を追ったレポートも併せて収載。　●3,200円

沖縄の記憶
―〈支配〉と〈抵抗〉の歴史
奥田博子 著　明治政府による琉球王国の併合から、本土復帰、そして現在に至るまで、実質的には日米両政府の内国植民地であり続ける沖縄の苦悩と闘争の歴史を、アメリカ、日本政府、沖縄三者それぞれの立場を勘案しながら、沖縄問題の起源を探究する。　●3,400円

原爆の記憶
―ヒロシマ／ナガサキの思想
奥田博子 著　戦後、ヒロシマとナガサキは、一体何を象徴し、神話化してきたのか。日本政府やマスメディアが形作る日本の戦争被害者観を透徹した眼差しで捉え返し、ヒロシマ／ナガサキの人類史的意義を問い直す。　●3,800円

表示価格は刊行時の本体価格（税別）です。